거룩한 독서를 위한 구약성경 주해 24

잠언

잠언

2022년 12월 21일 교회인가
2023년 3월 25일 1판 1쇄 인쇄
2023년 4월 5일 1판 1쇄 발행

지은이 | 이우식
펴낸이 | 이순규
펴낸곳 | 바오로딸
책임편집 | 정태현·송창현
편집 | 강지숙·민남현·송혜경·주원준

01166 서울 강북구 오현로7길 34
등록 | 제7-5호 1964년 10월 15일
전화 | 02) 944-0800 팩스 | 987-5275

취급처 | 중앙보급소
전화 | 02) 984-3611 팩스 | 984-3612

값 23,000원

이메일 | edit@pauline.or.kr
인터넷 서점 | www.pauline.or.kr 02) 944-0944
ISBN 978-89-331-1509-1 04230
ISBN 978-89-331-1040-9 04230(세트)

본 저서는 강엘리사벳 학술연구기금의 연구비 지원에 의해 작성되었음.

거룩한 독서를 위한 구약성경 주해 24

잠언

이우식 지음

바오로딸

추천글

하느님은 말씀을 통해 당신을 계시하십니다. 그분은 당신의 온 존재를 말씀에 온전히 담아서 건네주시기에, 말씀하실 때 그저 말씀하시는 것이 아니라 말씀을 '낳으십니다'. 그래서 하느님은 성부이시고 말씀은 성부로부터 태어나신 성자이시며 말씀 또한 하느님이십니다. 하느님은 우리에게 당신을 드러내시는 말씀이십니다.

하느님이신 말씀을 우리는 다른 무엇보다도 먼저 성경을 통해 만납니다. 파스카 사건 직후에 엠마오로 가던 제자들이 주님께서 풀이해 주신 성경 말씀으로 마음이 뜨거워지고 눈이 열려서 마침내 부활하신 주님께서 눈에 보이지 않는 모습으로 늘 함께 계심을 알아보았듯이, 우리 그리스도인들은 성경을 통해서 '부활 체험으로 들어가는 영적인 문'을 발견하고 열게 됩니다.

그리스도인의 영적인 성장을 위해 성경의 해석은 지극히 중요하기에, 단순히 학적인 목적을 넘어서서 그리스도인의 영적인 눈을 열어줄 성경 주해서의 편찬은 절실히 필요한 작업입니다. 초기 교회로부터 이어져 오는 교회 전통은, 우리가 성경을 올바로 알아듣는 데에 도움이 되는, 교부들과 교도권의 고귀한 가르침으로 가득한 보물창고입니다. 성경을 해석하는 데에 있어 어느 누구도 교회보다 더 풍성하고 더 지혜로울 수는 없습니다.

'거룩한 독서를 위한 성경 주해' 총서의 출판 방향을, 성경에 대한 순수 학적인 주해에 그치지 않고, 믿는 이들이 일상 안에 살아계신 하느님을 느낄 수 있도록 도우려는 지향으로 내용을 정돈하고, 교회 전통의 보고에서 가져온 교부들의 해석을 활용하는 것으로 정했다는 것은 참으로 고마운 일입니다. 다만 이렇게 좋은 목적을 어느 정도까지 달성하는가는 이 총서의 출판이 완결되는 마지막 순간까지 계속 고민하고 노력해야 할 힘든 과제가 될 것입니다.

이 주해서를 읽는 신앙인들이 우리 곁에 계시는 하느님을 보다 가까이 느끼고 그분의 말씀을 지키며 한마음으로 일치하여 살아가기를 기도합니다.

한국천주교주교회의 성서위원회 위원장 신호철 주교

신 호 철

‘거룩한 독서를 위한 성경 주해’ 총서를 발간하며

제2차 바티칸공의회 교부들은 교회의 책임자들에게 교회의 자녀들이 성경과 친숙해지고 그 정신에 젖을 수 있도록, 제때에 “필요하고도 충분한 해석을 갖춘 성경 번역”을 마련해 주어야 한다고 권고한다(계시헌장 25항). 이 권고에 부응하여 한국천주교회는 먼저 2005년 12월 신구약성경 공식 번역본 『성경』을 주석 없이 출간하였고, 뒤이어 2010년 12월 간단한 주석을 곁들인 『주석 성경』을 발간하였다.

그런데 이 『주석 성경』의 주석들은 일차적으로 성경 번역의 여러 가지 가능성을 제시한 번역 각주에 치중한 것이어서 일반신자들과 사목자들을 위한 “필요하고도 충분한 해석”이 되기에는 역부족이다. 또한 공의회 교부들은 모든 성직자와 말씀 봉사자와 수도자뿐 아니라 모든 신자들이 거룩한 독서Lectio Sacra를 통하여 하느님 말씀에 맛 들이고 그 안에서 “주 그리스도 예수님을 아는 지식”(필리 3,8)을 얻도록 간곡하게 권고한다.

따라서 오늘날 모든 계층의 그리스도인이 말씀을 올바로 이해하고 맛 들이는 거룩한 독서를 위해 신구약성경 전체를 총체적으로 다룬 주석서를 펴내는 일이 매우 시급하다. 한님성서연구소와 바오로딸출판사는 이 같은 공의회 교부들의 권고와 시대의 요청에 따라 ‘거룩한 독서를 위한 성경 주해’ 총서를 기획하고 출간하기로 의견을 모았다.

성경의 의미는 크게 세 가지다. 첫째는 문자적 의미literal sense다. 문자적 의미는 눈에 보이는 글자 그대로의 의미다. 대부분의 경우 문자적 의미만으로 충분할 수 있지만 많은 경우 이 의미만으로 성경의 깊은 가르침을 파악할 수 없다. 문자적 의미만을 고집하는 축자주의literalism는 때로 근본주의 해석을 낳고 이 해석이 반인륜적 범죄를 부추길 수 있다.

둘째는 문학적 의미literary sense다. 문학적 의미는 성경 저자가 본문 안에 담아 전달하려는 메시지다. 이 의미를 밝혀내기 위해서는 역사비평의 제반 방법이 유용하다. 그러나 문학적 의미에만 매달리게 되면 성경 본문을 과거의 틀에 가둘 수 있다. 또한 본문 해석에 대한 수많은 가설과 이론으로 본문 자체를 해체하는 결과를 초래할 수 있다.

셋째는 영적 의미spiritual sense다. 영적 의미는 문자적 의미와 문학적 의미를 넘어서 성경을 읽는 오늘의 독자에게 성령께서 선물하시는 현실적 의미다. 영적 의미를 얻기 위해서는 성령께서 도와주시도록 기도해야 한다. 교회는 전통적으로 이 의미를 얻는 가장 좋은 방법으로 거룩한 독서를 적극 권장해 왔다. 거룩한 독서의 소중한 전통은 라삐들의 성경 주석(미드라쉬와 미쉬나)과 교부들의 성경 해석에 바탕을 둔다.

'거룩한 독서를 위한 성경 주해' 총서는 이 세 가지 의미를 모두 고려하면서 특히 문학적 의미와 영적 의미를 밝혀내는 데 주력한다. 이 총서의 출판 방향은 아래와 같다.

첫째, 이 총서는 믿는 이들이 하느님 말씀을 일상의 삶에 연결시켜 그 의미를 정확하고 올바르게 깨우치도록 돕는다. 그러기 위해서는 문장이 평이하고 간결하되, 핵심을 찌르는 내용이어야 한다.

둘째, 문학적 의미를 밝히는 데는 역사비평의 성과를 이용하고, 영적 의미를 밝히는 데는 라삐들과 교부들의 해석을 참고한다. 역사비평의 성과를 이용할 때 유의할 점은 학자들의 결론 없는 논쟁을 산만하게 늘어놓지 말아야 한다는 것이다. 이를 위해 꼭 필요한 경우 서너 문장을 넘지 않도록 간결하게 소개한다. 교부들의 해석은 *Ancient Christian Commentary on Scripture*(IVP)(=『교부들의 성경 주해』, 한국교부학연구회 번역)를 활용한다.

셋째, 성경 전체를 다루는 만큼 전체적으로 통일성과 일관성을 갖추도록 한다. 신구약성경 곳곳에서 병행 대목과 연관성 있는 구절들을 풍부하게 찾아 제시한다.

바오로딸출판사와 한님성서연구소는 이상의 목적과 방향대로 총서를 출판하기 위해 함께 기획하고 진행하고 작업하는 데 최선을 다할 것을 약속하며 자모이신 성교회와 독자 여러분의 지속적인 기도와 관심을 부탁드린다.

바오로딸출판사
한님성서연구소

잠언 주해를 펴내며

잠언은 우리보다 앞서 살아온 현인들의 '통찰을 담은 교훈'이다. 그중에는 지극히 상식적인 지침도 있지만, 새로운 시야를 열어주는 깨우침도 있다. 이런 통찰을 얻는 방법은 어찌 보면 단순하다. 행동이나 양상이 비슷한 경우를 서로 비교할 수 있는 안목만 갖추면 된다. 실제로 히브리어 성경이나 그리스어 성경에 나오는 '잠언'이라는 책 이름은 '비유, 비교'라는 뜻이다. 두 대상을 비교해서 얻게 된 통찰을 담아 집대성한 셈이다.

예컨대, '누른다'는 행위를 여러 대상에 적용해서 화를 누를 때에 어떤 일이 벌어지는지를 일깨운다. "우유를 누르면 버터가 나오고 코를 누르면 피가 나오고 화를 누르면 싸움이 나온다"(잠언 30,33). 일상의 여러 경우를 비교해서 화를 해소하지 않고 마음속에 억누르기만 하면 싸움으로 번지기 마련이라는 깨우침을 알아듣기 쉽게 일러주고 있다.

그런데 비교한다고 모두 깨닫지는 못한다. 다른 사람들이 받는 연봉이나 자식들의 성적을 비교해서 우열을 가리려는 마음을 품고 있다면, 시기와 질투에서 벗어날 수가 없고 무한경쟁에 휘말려 행복의 길에서 멀어질 수밖에 없다. 바른 마음과 생각과 지향으로 인격적으로 성숙해지려는 자세를 지녀야만 좋은 열매를 맺을 수 있기에 다음과 같은 지침을 내린다. "네 마음이 교훈을 향하도록 이끌고 네 귀가 지식의 말씀을 향하도록 인도하여라"(23,12).

이렇듯 끊임없이 자기 자신을 갈고 닦는 이들이야말로 인격적으로 성숙하고 행복한 삶을 영위한다. 그래서 잠언에는 참행복이 여러 차례 선포된다. “행복하여라, 지혜를 찾은 사람! 행복하여라, 슬기를 얻은 사람!”(3,13) “행복하여라, 내 길을 따르는 이들!”(8,32) “행복하여라, 내 말을 듣는 사람!”(8,34) “행복하여라, 늘 두려워하는 마음을 지닌 사람!”(28,14)

예수님이 선포하신 참행복(마태 5,3-12; 루카 6,20-23)도 이와 유사한 형식으로 선포되었다. ‘행복하여라’라는 선언구 다음에 어떤 내용을 채울지는 각자의 가치관에 따라 달라지리라. 나만의 행복을 추구하는지 아니면 하느님의 인정을 받는 삶을 추구하는지…. 그리고 그 길이 맞는지 다시금 곱씹게 한다.

이 주해서를 내기까지 함께해 주신 모든 분이 행복하시길 축원한다. 성경의 말씀을 깊이 새길 수 있도록 지도해 주신 정양모 신부님과 박요한 영식 신부님, 연구 결과가 출판되기까지 오랜 세월 동안 후원해 주신 강엘리사벳 연구회와 한님성서연구소 관계자들, 주해서라는 최종 결과가 나오기까지 꼼꼼히 살펴주신 바오로딸출판사 편집자들 모두에게 감사드린다. 끝으로 책을 마치기까지 늘 곁에서 응원해 준 아내 글라라와 슬비, 슬기, 후동, 예은, 그리고 새 가족이 된 윤호와 은아에게도 기쁨을 전한다. “눈에 빛을 주시는 분은 주님”(잠언 29,13), 그분께 우리의 앞길을 맡긴다.

2023년 부활절에

차 례

일러두기

- 잠언 본문의 장절과 대목 구분은 『성경』을 따랐다.
- 그리스어와 히브리어 음역은 『주석 성경』(2010) 별책 「성경 고유명사 음역 원칙과 관용·예외 목록」을 따랐다.
- 그리스어·히브리어 원어는 Linguist's Software(www.linguistsoftware.com)에서 만든 GraecaUBS와 HebraicaII 서체를 사용하였다.
- 교부 인명은 『교부학 인명·지명 용례집』, 하성수 엮음(분도출판사 2008)을 따랐다.
- 참고 문헌은, '(저자와 연도, 쪽수)'로 표기하였다. 예: (정태현 2008, 30).
- 중요하게 참조한 주석서는 관련된 장과 절이 일치하면 저자 이름만 제시한다. 장절이 다르거나 서론에서 인용한 경우 쪽수도 표기하였다.
- 『교부들의 성경 주해』(한국교부학연구회)에서 인용한 교부 문헌은 교부 이름만 제시하고, 교부 문헌에서 직접 인용한 경우 '(교부, 작품명, 장절)'로 표기하였다. 예: (에우세비우스, 『교회사』, 1.13).

잠언

입문

잠언 입문

1. 책 이름과 생성 과정

'잠언(마샬 מָשָׁל)'이라는 이름은 이 책의 첫 단어에서 따왔다. 히브리어 '마샬'은 '비유, 비교'라는 뜻으로 잠언, 권면, 비유, 시, 노래 등의 문학 유형을 모두 포괄한다(민수 21,27; 23,7; 시편 49,5; 이사 14,4; 에제 17,2; 21,5 참조). 칠십인역은 비유, 비교란 뜻을 살려 책 이름을 '파로이미아이 *παροιμίαι*'라 하였고, 우리말 성경은 삶의 통찰을 담은 교훈이라는 의미를 살려 잠언箴言으로 옮겼다. 우리말로 잠언이라고 하면 사람이 살아가는 데 훈계가 되는 짧은 경구를 뜻하는데, 히브리어 마샬은 길든 짧든 다양한 문학 양식을 포괄하기에 경구에 한정되지 않는다.

잠언은 사람들 사이에 통용되던 경구와 권면을 단순히 한데 묶은 모음집이 아니라, 그런 모음집을 여러 차례에 걸쳐 수집하고 편찬한 '모음집의 모음집'이다. 실제로 잠언에는 '솔로몬의 잠언'(잠언 1,1; 10,1; 25,1), '현인들의 잠언'(22,17; 24,23), '아구르의 말'(30,1), '르무엘의 말'(31,1) 등 모음집의 표제가 종종 언급된다. 표제에 등장하는 인물은 '현인들'로 뭉뚱그려 제시되거나 아구르와 르무엘처럼 특정인이다. 그러나 대상을 특정했어도 어떤 사람인지 구체적 정보를 찾아볼 수 없다. 표제에 등장하는 인물 중에서는 유일하게 솔로몬만 잘 알려져 있다. 그는 삼천 개의 잠언을 지었다고 알려진 지혜로운 임금으로 명성이 높아 모든 민족이 그 지혜를 들으러 왔다고 전해진다(1열왕 5,9-14).

그렇지만 표제가 '솔로몬의 잠언'이라고 해서 솔로몬이 직접 이 잠언을 지었다고 할 수는 없다. 대부분 오래도록 구전되어 온 경구와 권면이다. 솔로몬이 '지었다'라고 번역된 히브리어 동사를 직역하면 '말하다(다바르 דִּבֵּר)'이다. 다시 말하면 솔로몬 임금은 삼천 개의 잠언을 지었다기보다는 능수능란하게 말할 수 있었다는 것이다. 이런 맥락에서 솔로몬의 잠언은 솔로몬이 말한 잠언이거나 솔로몬과 연관된 잠언으로 볼 수 있다. 잠언뿐 아니라 아가, 코헬렛, 지혜서도 같은 방식으로 솔로몬의 이름을 내세우거나 그 권위를 빌려 작성되었다(아가 1,1; 코헬 1,1; 지혜 6,22—7,14). 시편을 다윗과, 오경을 모세와 관련짓는 것과 유사하다.

잠언은 표제를 중심으로 크게 서언(잠언 1,1-7), 지혜 권면(1,8—9,18), 솔로몬의 잠언집(10,1—22,16; 25,1—29,27), 현인들의 잠언집(22,17—24,34), 아구르의 잠언(30,1-33), 르무엘의 잠언(31,1-9), 훌륭한 아내에게 바치는 시(31,10-31)로 구분할 수 있다. 잠언은 경구와 권면이라는 문학 유형의 특성상 우리 삶에서 일반적으로 벌어지는 일들을 전형화시켜 다룬다. 그런 이유로 시대적 배경이 잘 나타나지 않아 각 모음집의 작성 시기를 한정하기가 어렵다. 더구나 역사적 사건이나 인물 등 이스라엘의 구원 역사에 대해서 거의 언급하지 않는다. 솔로몬이 언급되기는 하지만(1,1; 10,1), 특정한 역사 상황이 아니라 지혜로운 임금이라는 점에서 현인의 대표 격으로 언급될 뿐이고, 그 외에는 유다 임금 히즈키야의 신하들이 경구를 수집했다고 서술되어 있는 정도다(25,1).

다만 학계에서는 일반적으로 솔로몬의 잠언집이 초기 왕정 시대에 생겨났을 것으로 본다. 그리고 1—9장과 31장은 바빌론 유배에서 귀환한 후인 페르시아 초기 시대의 것으로 추정된다. 1—9장의 내용이 10장 이하보다 문장이 더 길 뿐만 아니라, 7,16의 '아마포(에툰 אֵטוּן)'와 같이 그리스어에서 유래한 후기 히브리어가 나타나기 때문이다. 또한 31,27의 '보살피고(초피야 צוֹפִיָּה)'에 해당하는 단어가 히브리어와 그리스어를 함께 감안한 말놀이라면, 알렉산드로스 대왕이 팔레스티나를 정복한 기원전 332년 이후에 작성되었을 가능성도 배제할 수 없다. 칠십인역에서 아구르의 잠언(30,1-14)이 24,22 이후에 나오고, 수 잠언(30,15-

33)과 르무엘의 잠언(31,1-9)이 24,23-34 이후에 나오는 등 수록된 잠언의 순서가 히브리어 성경과 다른 것을 감안할 때, 헬레니즘 시대부터 다른 역본이 통용되었음을 알 수 있다.

이를 바탕으로 잠언의 생성 과정을 추론해 보면 다음과 같다. 우선, 히즈키야 임금 시대에 25—29장이 솔로몬의 잠언집이라는 표제 아래 모아졌을 것이다. 그리고 솔로몬 임금부터 히즈키야 임금에 이르는 삼백 년이라는 기간 동안 통용된 경구들의 모음집에 다른 나라에서 유래한 아구르의 잠언과 르무엘의 잠언이 덧붙여졌을 것이다. 그리고 바빌론에 유배된 이후 솔로몬에게서 유래되었다고 알려진 또 다른 잠언(10,1—22,16)과 그 외의 현인들의 잠언집(22,17—24,34)을 모아서 확장시켰고, 기원전 4세기경에 1—9장이 잠언 전체의 서론으로 자리 잡았을 것이다.

2. 사회적 배경

잠언이 생성되고 읽혔던 주 무대가 어디인지는 학계에서 여전히 논의되고 있다. 솔로몬이 잠언을 작성한 유일한 저자가 아닌데도, 솔로몬의 이름으로 경구와 권면이 모아졌다는 것은 왕궁이 지혜 전승의 수집과 확산에 큰 영향을 발휘했음을 시사한다. 이런 기획을 성공리에 수행하기 위해서는 재정적인 뒷받침과 이를 진행해 나갈 역량 있는 일꾼이 필요하다. 따라서 왕궁에서 일하던 서기관들이 왕궁 재정의 후원으로 잠언을 집대성했을 개연성이 높다(폰 라트). 솔로몬의 둘째 잠언집(잠언 25,1—29,27)의 첫머리에서 "유다 임금 히즈키야의 신하들이 수집한 것"(25,1)이라고 명시한 것도 이를 뒷받침한다.

실제로 잠언에는 임금과 관련된 경구가 전반적으로 흩어져 있다. 임금의 분노와 호의를 대비시키기도 하고(14,35; 19,12), 임금 앞에서 올바르게 처신하라고 권유하기도 하며(16,13; 22,11.29; 24,21; 25,6), 임금에게 어울리는 품성과 행동양식을 다루기도 한다(16,10; 20,8.26.28; 25,2; 29,4; 31,3-4). 그러기에 왕궁은 잠언이 생성되고 집대성된 장소로 우선적으로 거론된다. 또한 『아멘호텝의 가르침』, 『슈르팍의 가르침』과 같은 고대 근동의 지혜 문헌이 잠언과 내용이나 표현상으로 유사하다는 사실은 경구와 권면이라는 문학 유형 자체가 왕궁과 긴밀하게 연관을 맺을 수밖에 없음을 시사한다. 아멘호텝은 이집트의 관리이고, 솔로몬의 잠언을 수집·편찬한 이는 히즈키야의 신하들이기에 서로 공통된 기반에서 활동했다는 점도 고려되어야 한다.

학계에서는 잠언에 귀족적인 사회상이 반영되어 있다고 본다. 임금만이 아니라 군주들(8,15; 31,4), 통치자와 신하들(25,1; 29,12), 제후들과 수령들(8,16; 14,28; 19,10; 28,16), 우두머리와 감독과 지도자(6,7; 28,2)라는 당대의 조직 체계를 바탕으로 판결, 억압, 세금 수탈, 반란 등의 문제를 경구와 권면에 담아 전하고 있기 때문이다. 현인들은 임금 앞에서 올바른 의견을 제시하고 정책을 수립해 왔던 이들이다. 그러기에 자신들의 경험을 바탕으로 관직에 나갈 후손들에게 궁정에서 임금을 올바르게 보필할 때 유념해야 할 사항을 가정에서 전수했을 수도 있다. "내 아들아"(1,10.15; 2,1; 3,1.11.21; 4,10.20; 5,1.20: 6,1.3; 7,1 등)와 같은 호칭은 우선적으로 가정에서 부모가 자식에게 지혜를 전수하려는 상황을 연상시킨다. 실제로 잠언에서는 '아버지의 교훈과 어머니의 가르침'이라고 구체적으로 명시하면서 그 가르침을 들어야 한다고 권면하기도 한다(1,8; 6,20).

그런데 '내 아들아' 호칭은 스승이 학생들을 자식처럼 친근하게 대하는 표현으로 고대 근동의 지혜 문헌에 자주 나온다. 이를 근거로 서기관들이 세운 학교에서 경구가 생겨났을 수 있다는 주장도 제기된다. 임금을 소재로 한 경구라 하더라도, 젊은이들이 자신의 인생을 잘 살아갈 수 있도록 방향을 잡아주는 지침으로 왕궁이나 성전의 학교에서 생겨났을 가능성을 배제할 수 없다는 것이다(르마이어, 퍼듀). 성경의 집회서에서는 "배우지 못한 자들아, 내게 가까이 오너라. 내 배움의 집에 와서 묶어라"(집회 51,23)라며 처음으로 학교에 대해 언급한다. 그런데 집회서는 기원전 2세기 초에 작성된 문헌이기에, 바빌론에 유배되기 이전에 이스라엘 왕정에서 학교가 운영되었는지에 대해서는 입증해 주지 못한다. 기원전 10세기의 게제르 농사력 비문과 카데스 바르네아에서 발견된 숫자 기록판을 바탕으로 학교가 운영되었다고 주장하기도 하지만(데이비스), 유배 이전에 학교가 별도로 운영되었는지를 뒷받침해 주는 결정적인 증거라고 보기는 어렵다(크렌쇼). 설사 교육 활동이 이루어졌다 하더라도 왕궁에 부속되어 있거나 가정에서 개별적으로 시행되었을 것이다.

한편, 잠언에 수록된 상당수의 경구는 이스라엘 농민의 시각을 반영한다(와이브레이). 거친 표현을 다듬고 최종적으로 잠언 모음집에 수록하는 역할은 서기관들이 수행했겠지만(잠언 25,1), 경구들이 생겨난 최초의 환경은 일생토록 농사를 지어야만 했던 이스라엘 농민이었다(골카). 그들에게 삶은 힘들고 어려웠으며 생존의 문제였다. 엉겅퀴가 우거지고 쐐기풀이 뒤덮이지 않도록 바깥일을 정리하고 밭일을 준비한 다음, 돌이 무겁고 모래가 묵직하더라도 돌담이 무너지지 않도록 손보아야 했다(24,27.31; 27,3). 배고픔을 참아내며 생계를 걱정하고, 마른 빵 한 조각이 불화 섞인 잔치 음식보다 낫다며 스스로 위로하는 나날을 보내야만 했다(16,26; 17,1). 그리고 부유하면서도 도와주기를 꺼려하는 이웃에게 싫은 내색을 하지 않고 옷 한 벌, 밭 한 뙈기, 소 한 마리를 하나씩 마련해 가는 소소한 기쁨을 누렸다(3,28; 14,4; 27,26; 31,16). 이렇게 농민으로 살아가면서 터득한 삶의 지혜가 투박한 경구와 권면으로 자연스럽게 표현되고 여러 지역에서 회자되면서 오랜 세월을 거쳐 수집되고 다듬어졌을 것이다.

3. 문학 유형

잠언은 여러 차례 수집 과정을 거치면서 같은 경구가 다른 모음집에 반복되거나 조금 변형된 형태로 재수록되었다(잠언 6,10-11과 24,23-34; 10,1과 15,20; 10,2과 11,4; 11,1과 20,23; 14,12과 16,25; 18,8과 26,22). 또한 오랜 세월에 걸쳐 다양한 유형의 글들이 한데 모아졌기에 하나의 문학 유형으로 한정지을 수 없다. 1,6에서 '잠언과 비유, 현인들의 말씀과 수수께끼'라고 열거되듯이, 서로 다른 유형의 경구와 권면들이 섞여있다. 예컨대 1—9장이 아버지나 지혜 여인이 아들에게 길게 이야기하는 지혜 권면이라면, 10—31장은 간결한 대구로 메시지를 전달하는 경구라 할 수 있다.

지혜 권면에는 청중에게 주의를 환기시키고 핵심 통찰을 담아 가르침을 전수한 다음 그 가르침에 따라 실행하라고 동기를 유발시키는 내용이 포함되어 있다. 때로는 가르침에 귀를 기울였을 때와 그러지 않을 때에 일어나는 결과를 대조하기도 한다. 2장을 예로 들면, '내 아들아'라는 호칭으로 청중에게 주의를 환기시키고(2,1), 지혜를 추구한다면 주님의 도움을 받아 선한 길을 깨닫게 되리라고 동기를 유발시킨 다음(2,1-9), 지혜는 사악한 사람들에게서 구해줄 것이므로(2,10-19) 의인들의 행로를 따르라고 촉구하며 끝마친다(2,20-22).

경구는 청중에게 어떻게 행동하라고 제시하는 권면과 달리, 경험을 바탕으로 현실에 관한 정보를 통찰이나 관찰이나 조언 형태로 제공하여 청중이 스스로 자신의 길을 선택하도록 열어놓는다. "게으른 손바닥은 가난을 지어내고 부지런한 이의 손은 부를 가져온다"(10,4)는 경구를 예로 들면, 게으르면 가난해진다는, 일반적으로 받아들여지는 통념을 제시한다. 이 통념이 실제로 적용되는지에 대해 의문을 제기하거나 구체적으로 어떤 의미인지에 대해서는 부연해 설명하지 않는다. 그리고 부지런하게 일해야 부유해진다는 결과를 대구로 제시함으로써 열심히 일할 수 있도록 동기를 부여한다.

경구는 많은 경우, 보편적으로 통용되는 진리보다는 알맞은 때에 적절한 상황에서만 적용될 수 있는 진리를 제시한다. "사람은 자기의 올바른 대답으로 기쁨을 얻으니 알맞은 때에 나오는 말이 얼마나 좋으냐!"(15,23) 이 경구는 같은 말이라도 알맞은 때에 하지 않으면 좋지 않은 결과를 가져올 수 있음을 나타낸다. 예컨대 명랑하고 활기찬 인사는 언제나 좋게 받아들여질 수 있다고 간주되지만, 현인들이 보기에 그렇게 인사하면 환영받지 못하는 시간대가 있다고 이른다(27,14 참조). 시간대를 예민하게 감지하여 구분하는 것은 이스라엘의 지혜문학이 가지는 특성이라기보다는 경구라는 문학 유형의 특성에 해당된다.

우리의 삶은 단순하지 않고 복합적이다. 그런 까닭에 서로 모순되는 경구가 연달아 제시되기도 한다. "우둔한 자에게 그 어리석음에 맞추어 대답하지 마라. 너도 그와 비슷해진다. 우둔한 자에게 그 어리석음에 맞추어 대답하여라. 그러지 않으면 자기가 지혜로운 줄 안다"(26,4-5). 우둔한 자에게 대답을 해야 할지, 하지 말아야 할지는 여러 상황적 요소를 고려하여 선택할 문제다. 경구는 상황에 맞추어 적용되어야만 하기에, 상황에 영향을 미치는 사람들과 제반 요인을 종합해서 즉각적으로 파악할 수 있는 능력이 중요하다(코헬 3,1-15 참조).

4. 문체와 기법

잠언은 산문이 아니라 많은 내용을 함축된 시어로 간결하게 기술하는 운문으로 작성되어 있다. 따라서 잠언을 올바로 이해하기 위해서는 속독이 아니라 음미하듯 숙고하면서 읽어야 한다. 시로 대표되는 운문은 산문과는 달리 사람들의 감정과 상상력을 생동감 있게 자아낼 수 있도록 여러 기법을 사용한다. 그중에서도 잠언에 전체적으로 적용된 기법으로는 간결성, 대구법, 구체화, 의인화 등을 들 수 있다.

4.1. 간결성

시는 충분히 연상할 수 있는 어휘를 곧잘 생략하여, 간결하면서도 여운을 남기는 효과를 유도한다. 선행구에 나온 명사나 동사를 후행구에서 의도적으로 생략하거나 선행구와 후행구에서 모두 언급하지 않음으로써, 명시적으로 제시되지는 않지만 그 의미가 함축되어 전달된다. 예컨대 "물이 얼굴을 비추듯 사람의 마음도 그 사람을 비춘다"(잠언 27,19)라는 경구를 직역하면, '물처럼 얼굴은 얼굴에게, 이렇게 사람의 마음은 사람에게(כַּמַּיִם הַפָּנִים לַפָּנִים כֵּן לֵב־הָאָדָם לָאָדָם)'이다. '물'이라는 단어로 말미암아 굳이 '비추다'는 동사를 제시하지 않더라도 그 의미가 함축성 있게 전달된다.

또한 서술어 없이 명사구만 나열해도 선행구와 후행구가 상호작용으로 의미를 충분히 전달할 수 있다. 한 문장으로 매끄럽게 번역된 "입과 혀를 지키는 이는 곤경에서 제 목숨을 지킨다"(21,23)라는 경구는, '제 입과 제 혀를 지키는 이, 곤경에서 제 목숨을 지키는 이(שֹׁמֵר פִּיו וּלְשׁוֹנוֹ שֹׁמֵר מִצָּרוֹת נַפְשׁוֹ)'라는 두 명사구가 병렬된 것이다. 히브리어 '마샬'이 '비교'라는 뜻이므로 두 명사구를 병렬해 놓기만 해도 서로 비교되면서, 입을 함부로 놀리지 않으면 곤경에 빠질 일이 없다는 메시지를 간결하면서도 효과적으로 전달한다.

때로는 선행구와 후행구에서 핵심 단어를 생략하여 상호보완하는 작용을 하도록 여운을 남기기도 한다. "마음이 지혜로운 이는 계명을 받아들이지만 미련한 말을 하는 자는 멸망에 이른다"(10,8)는, 선행구에서 마음이 지혜로운 이가 계명을 받아들인 결과에 대해서 이야기하지 않고, 후행구에서 미련한 말을 하는 이가 멸망에 이르게 된 이유에 대해서 밝히지 않는다. 그래도 이 경구를 함께 연관시켜 읽으면, 전하고자 하는 메시지를 충분히 떠올릴 수 있다. 마음이 지혜로운 이는 계명을 받아들여 멸망에 이르지 않지만, 미련한 말을 하는 자는 계명을 받아들이지 않아 멸망에 이른다는 뜻이다. 더 길게는, 마음이 지혜로운 이는 미련한 말을 하지 않고 계명을 받아들여 멸망에 이르지 않지만, 미련한 말을 하는 자는 마음이 지혜롭지 않고 계명을 받아들이지 않아 멸망에 이른다는 뜻으로 이해할 수 있다. 이렇게 양쪽 구에서 꼭 필요한 단어만 남기고 적절히 생략함으로써, 전달하고자 하는 메시지를 간결하게 표현한다.

4.2. 대구법

대구법은 두 행의 구를 나란히 제시해서 메시지를 전달하는 문학 기법이다. 선행구에서 제시한 착상을 후행구에서 비슷한 말로 되풀이하거나(동의적 대구), 더욱 발전시키거나(종합적 대구), 대비되는 생각을 펼쳐나간다(반의적 대구). 선행구와 후행구의 관계에 따라 동의적 대구법인지 종합적 대구법인지 반의적 대구법인지가 결정된다. 예를 들어 "자애와 진실로 죄가 덮이고 주님을 경외함으로 악이 멀어진다"(잠언 16,6)는 주님을 경외함으로 악이 멀어진다는 후행구가 자애와 진실로 죄가 덮인다는 선행구와 대비되지도 않고 같은 뜻이라고 볼 수도 없으므로 종합적 대구법이다.

동의적 대구법으로는, "내 아들아, 내 지혜에 주의를 기울이고 내 슬기에 귀를 기울여라"(5,1)를 들 수 있다. 내 지혜에 주의를 기울이라는 선행구와 내 슬기에 귀를 기울이라는 후행구는 '지혜'와 '슬기', '주의를 기울이다'와 '귀를 기울이다'라는 유의어를 번갈아 사용하여 경청할 것을 강조한다. 이런 특징은 청중이 이해할 수 있도록 같은 말을 표현을 달리해서 되풀이했던 구전문화권에서 볼 수 있다. 이어지는 "그러면 네가 현명함을 간직하고 네 입술이 지식을 보존하리라. / 정녕 낯선 여자의 입술은 꿀을 흘리고 그 입속은 기름보다 매끄럽지만 / 그 끝은 쓴흰쑥처럼 쓰디쓰고 쌍날칼처럼 날카롭다. / 그 여자의 발은 죽음으로 내려가고 그 걸음은 저승을 향한다"(5,2-5)는 한 절씩 분석하면 모두 동의적 대구로 사용되었다. 그러나 3절과 4절을 함께 제시하면, 달콤하고 매끄럽다는 표현과 쓰고 날카롭다는 표현 사이에 반의적 대구가 성립된다.

의인과 악인을 대비시키는 경구에는 반의적 대구법이 곧잘 사용된다. "의인의 소득은 생명에 이르고 악인의 소출은 죄악에 이른다"(10,16)가 그 대표적 예다. 그런데 우리 현실에서는 경구와 달리 의롭게 사는 이는 가난하게 살고 불의를 저지른 이는 부유하게 사는 경우가 적지 않다. 이와 관련하여 '…보다 낫다(톱 민 טוֹב מִן)'라는 독특한 표현방식이 나온다. 두 가지 물품이나 삶의 방식을 비교해서 어느 쪽이 더 낫다는 상대적 가치 판단으로 메시지를 전달한다. "정의로 가진 적은 것이 불의로 얻은 많은 소득보다 낫다"(16,8). 비록 가난하게 살더라도 불의하게 살기보다는 정의롭게 사는 삶이 훨씬 낫기에, 의롭게 살아가기를 은연중에 권한다.

두 행이 아니라 여러 행을 대구로 사용하는 독특한 기법으로는 수메르에서 생겨난 수 잠언을 들 수 있다. 주어진 현상에 해당하는 실례가 여럿일 때, 구체적인 숫자를 제시한 후에 다음 숫자를 덧붙이는 식으로 진행된다. 대표적인 예로 30,18-19을 들 수 있다. "나에게 너무 이상한 것이 셋 내가 이해하지 못하는 것이 넷 있으니, 하늘을 날아다니는 독수리의 길, 바위 위를 기어 다니는 뱀의 길, 바다 가운데를 떠다니는 배의 길, 젊은 여자를 거쳐가는 사내의 길이다." 이해하지 못하는 일을 우선 셋으로 거론해 하늘과 땅과 바다를 다룬 다음, 끝으로 남녀 사이에 벌어지는 일을 제시함으로써 마무리한다. 달리 말하면, 맨 끝에 제시한 현상이 그 무엇보다도 이해할 수 없는 일임을 부각하는 것이다.

4.3. 구체화

이스라엘 사람들은 추상적인 개념을 그대로 전달하기보다 그 뜻을 잘 반영해 줄 이미지에 빗대어 구체화시키곤 한다. 예컨대 우리가 살아가는 인생 여정을 '길'로 표현한다. "나는 정의의 길을, 공정의 길 한가운데를 걷는다"(잠언 8,20). 잠언은 지혜로운 삶과 어리석은 삶을 대비시키는 구도를 곧잘 사용한다. '올곧은 이들의 길'과 '악인들의 길'을 조금씩 표현을 달리하여 다양한 방식으로 제시한다. '올곧은 이들의 길'은 "선한 길"(2,9), "공정의 길"(2,8; 8,20), "지혜의 길"(4,11), "생명의 길"(5,6; 15,24), "정의의 길"(8,20), "예지의 길"(9,6), "흠 없는 길"(11,20), "지성의 길"(21,16) 등으로 나열한다. 이로써 그 길이 공정과 정의를 추구하고 흠없이 지혜와 예지를 따르며 선하게 사는 삶임을 반복해서 일깨운다. 반면에 '악인들의 길'은 "어둠의 길"(2,13), "비뚤어진 길"(10,9), "그릇된 길"(14,2; 28,6.18), "좋지 않은 길"(16,29), "나쁜 길"(28,10)이라고 제시하여, 눈앞에 펼쳐진 인생이 대로 같다 하더라도 그 길이 그릇된 어둠의 길인지를 분별하도록 이끈다.

현인들의 경구와 권면을 모아놓은 잠언은 말에 대해서도 큰 관심을 보인다. 상냥한 말을 '꿀송이'에 빗대어 달콤하고 생기를 준다는 면을 부각하고(16,24), 알맞게 표현된 말을 은 쟁반에 담긴 황금 사과와 같다고 하여 주어진 상황에 부합하는 조언을 높이 평가한다(25,11). 또한 아버지의 교훈과 어머니의 가르침을 각각 머리에 쓰는 우아한 화관과 목에 거는 목걸이에 비유해, 아버지의 교훈을 따르면 화관을 쓰는 영광을 누릴 것이고, 어머니의 가르침을 목걸이처럼 늘 지니고 다녀야 함을 일깨운다(1,8-9). 나아가 계명을 등불에 비유하여 내 앞의 길을 비추어 주고 주변 사물을 분간할 수 있게 하는 가르침임을 일깨우고(6,23), 먼 땅에서 온 기쁜 소식을 타는 목에 시원한 물과 같다고 하여 소식을 오래도록 기다리는 사람들의 갈증을 생생하게 그려낸다(25,25).

사회에서 일어나는 불의와 폭력의 현장도 구체화된 비유로 생생하게 전달한다. "그들은 불의의 빵을 먹고 폭력의 술을 마신다"(4,17)에서 예시되듯이, 불의와 폭력이 일상화되어 있다는 사실을 빵과 술에 빗대어 표현한다. 드물게 먹는 요리가 아니라 아침저녁으로 쉽게 접하는 음식을 먹듯이, 불의와 폭력이 몸에 배어있는 사람들의 생리를 비판적으로 서술하는 것이다. 또한 제 이웃의 아내와 간통하여 언제 발각될지 모르는 위태로운 상황을 불을 품에 안고 다니다가 옷을 태우거나 숯불 위를 걷다가 발을 데는 모습으로 구체화한다(6,27-28). 마찬가지로 임금의 분노를 사자의 으르렁거림에 빗대고(19,12), 가난하고 불쌍한 이들을 집어삼키는 무도한 사람들을 "이는 단도요 이빨은 칼인 세대"(30,14)라고 신랄하게 비판한다.

이렇게 구체화된 특성으로 말미암아, 경구는 머릿속에 이미지로 각인된다. 열심히 일하지 않고 게으름을 피우면 가난하게 된다고 이야기하면 당연한 교훈이 되지만, "가난이 부랑자처럼, 빈곤이 무장한 군사처럼 너에게 들이닥친다"(24,34)는 구체적인 표현은 막무가내로 밀고 들어오는 부랑자와 무장한 군사 이미지 때문에 몸서리치는 반응을 자아낸다. 이대로 게을리 지내서 가난해지면 안 된다는 경각심을 일깨우는 효과도 있다. "악인 앞에서 흔들리는 의인은 흐려진 샘물이며 못 쓰게 된 우물과 같다"(25,26)는 경구 역시 '흐려진 샘물'과 '못 쓰게 된 우물'이라는 이미지로 말미암아 의인으로서 악인의 말에 혹하거나 위협에 몸을 사려서는 안 되겠다고 굳게 다짐하게 한다.

4.4. 의인화

의인화는 구약성경에서 메시지를 생생하게 전달하기 위해 자주 사용된 문학 기법이다. 추상적인 개념을 구체화시키되 특정 이미지가 아니라 사람으로 특정화한다. 이를테면 예레미야는 예루살렘을 두고 "내

딸 내 백성아"(예레 6,26)라고 부르고, 호세아는 이스라엘을 정숙치 못한 주님의 신부인 것처럼 이야기한다(호세 2장). 더 나아가 이스라엘의 예언자들과 시인들은 구체적인 사물이 아니라 추상적 개념이 스스로 활동하는 주체인 것처럼 설정하여 생동감을 자아내곤 하였다(크렌쇼). "자애와 진실이 서로 만나고 정의와 평화가 입 맞추리라. 진실이 땅에서 돋아나고 정의가 하늘에서 굽어보리라"(시편 85,11-12). 지혜(호크마 חָכְמָה)는 여성명사라서 의인화시키면 지혜 여인(숙녀 지혜)이 된다. 이와 대응되는 짝으로 '우둔함'을 여자로 의인화시키고(잠언 9,13-18), '낯선 여자(이샤 자라 אִשָּׁה זָרָה)'와 '낯모르는 여자(노크리야 נָכְרִיָּה)'로 우둔함을 나타내기도 한다(2,16; 5,3.20; 6,24; 7,5).

지혜 여인과 낯선 여자는 페르시아 시대에 팔레스티나에 살았던 여인을 본으로 설정되었을 것이다(요더). 지혜 여인이 현인들의 가르침을 의인화시켜 대변하듯이, 낯선 여자는 참된 신앙을 거스르는 온갖 이교적 가르침의 영향을 형상화한다고 볼 수 있다(블렌킨솝). 둘 다 여인으로 묘사되고 있으니만큼 '찾고' '품는다'는 식의 성적 언어로 묘사되며(5,3.20; 6,24-27; 7,13-22 참조), 행동보다는 매끄러운 말로 유혹하고 있다(머피). 이 두 여인은 사람들에게 전혀 다른 성격의 사랑을 제공한다. 지혜 여인과의 만남은 삶을 향상시켜 주지만 낯선 여자와의 만남은 죽음과 거래하는 것이기에 전혀 다른 결과를 낳는다(8,35-36 참조).

5. 지혜오경

구약성경에는 잠언 외에도 욥기, 코헬렛, 지혜서, 집회서 등의 지혜문학이 있다. 모두 다섯 권이기에 모세오경(창세기, 탈출기, 레위기, 민수기, 신명기)이나 축제오경(아가, 룻기, 애가, 에스테르기, 코헬렛)처럼 지혜오경으로 불린다. 이 가운데 지혜서와 집회서는 시대적으로 늦게 편찬되었고, 히브리어가 아니라 그리스어로 된 작품이라는 이유로 히브리어 성경의 경전으로 인정받지 못했다. 개신교에서는 히브리어 성경의 전통을 따르므로 이 두 권을 외경Apocrypha으로 간주하지만, 가톨릭에서는 정경이다.

잠언은 지혜오경 가운데 기본이 되는 책이다. 지혜문학은 일반적으로 하느님의 구원 역사를 명시적으로 제시하지 않은 채, 인간으로서 어떻게 살아야 하는가에 대해 누구나 공감할 수 있는 통찰을 전해준다. 그중에서도 잠언은 사회생활을 인과응보와 상선벌악이라는 시각으로 바라본다. 대표적인 예로 "의인들의 희망은 기쁨을 가져오지만 악인의 기대는 무너지고 만다"(잠언 10,28)를 들 수 있다. 의인들과 악인들은 각각 밝은 미래를 꿈꾸지만, 그동안 쌓아온 업보로 말미암아 완전히 상반된 결과를 맞이할 수밖에 없다는 점을 지적함으로써 바른 삶을 살도록 이끈다. 이런 점에서 잠언은 율법 못지않게 도덕적 지침 역할을 하는 원천으로 받아들여졌다.

욥기는 우리 삶에서 예기치 않게 닥쳐오는 고통에 대해 다룬다. 인과응보와 상선벌악의 원칙이 적용되는 세계에서는 악한 이들만 벌을 받고 고통을 받아야 한다. 그런데 주변을 둘러보면 악행과 비리를 저지르면서도 떵떵거리며 잘사는 이가 있는가 하면, 법 없이도 살 수 있을 것 같은 사람들이 비참하게 살아가기도 한다. 욥기는 욥과 세 친구의 대화라는 틀을 빌려 현실에서 이루어지지 않는 인과응보의 문제를 다룬다. "악인들의 등불이 얼마나 자주 꺼지던가? 받아 마땅한 파멸이 얼마나 자주 그들을 덮치던가? 그분께서 진노하시어 고통을 내리시던가?"(욥 21,17) 그리고 의인들이 겪는 고통을 바라보는 현인들의 다양한 시각을 제시한다.

코헬렛은 욥기와 마찬가지로 인과응보의 원칙이 그대로 적용되지 않는 문제를 제기한다. 우리 삶에 모순되는 점이 있다는 데에 초점을 맞추어, 인간의 지혜에는 한계가 있으므로 적절한 선을 지켜 살아가기를 촉구하는 통찰을 담고 있다. 예컨대 지혜가 어리석음보다 더 쓸모 있기는 하지만, 죽음이나 고통과 같은 운명을 똑같이 겪는다는 점을 지적하면서 지혜를 추구하는 자체가 허무하다고 말한다(코헬 2,13-15). 또한 의롭게 살았지만 일찍 죽는 사람이 있고, 사악하지만 오래 사는 사람이 있으니 어느 한쪽으로 치우쳐 살지 말라고 당부한다(7,15-17). 이런 통찰을 통해 현실에서 인과응보의 질서가 이루어지지 않더라도 하느님을 경외하는 가운데 인생을 즐겁게 살아가라고 이른다(3,22; 5,6.18; 8,12.15; 9,9).

집회서는 헬레니즘 문화가 범람하는 시대에 이스라엘의 전통에 충실하게 지혜 전승을 발전시킨다. 율법은 지혜를 강처럼 흘러넘치게 한다든가, 교훈과 가르침을 예언처럼 쏟아붓는다는 식으로 율법과 예언의 전통을 지혜 전승과 연관시킨다(집회 24,25.32-33). 머리글에서도 저자가 율법과 예언서와 다른 선조들의 글에 충분한 소양을 갖추고 교훈과 지혜에 대한 글을 썼다고 밝힌다. 그리스 문화가 밀려와 전통적인 가치관이 흔들리는 시기에 집대성되었기에 인과응보에 관한 전통적인 관점을 재확인한다(39,24.27). 그러다 보니 독창적인 내용을 담기보다는 짧은 경구를 장문의 시와 결합하는 방식으로 생생하게 표현하는 데에 주력하였다.

지혜서는 집회서와 달리 전통에 충실하면서도 그리스 문화와 사상을 적극 수용하는 경향을 보인다. 창세기, 이사야서, 잠언, 시편 구절을 선호하며, 지혜가 절제, 예지, 정의, 용기를 가르쳐 준다고 이른다(지혜 8,7). 성경 내용을 되새기면서 아담에서 시작된 인류 역사를 이끌어온 원동력이 지혜임을 밝힌다. 또한 인간을 전인적인 존재로 본 히브리 사상과는 달리, 영혼과 육신으로 구분한 그리스 사상을 반영한다. "지혜는 간악한 영혼 안으로 들지 않고 죄에 얽매인 육신 안에 머무르지 않는다"(1,4). 이처럼 지혜를 영혼 안으로 들어오는 영으로 묘사해서, 기도와 간청을 통해 지혜의 영을 받은 이들이 기적과 표징을 일으키며 임금들과 맞설 수 있었다고 밝힌다(7,7; 10,16).

6. 고대 근동의 지혜 문헌과의 유사성

사람들은 자신의 체험을 바탕으로 삶의 지혜를 습득하고, 다음 세대에 전수하려는 성향을 보인다. 기본 상식을 비롯해서 온갖 체험을 바탕으로 정리된 지침과 처세술은 시대 및 장소와 무관하게 살아가는 데 공통적으로 필요하다. 이런 지혜는 세대를 거듭할수록, 유수한 전통을 지닌 나라일수록 더욱 알찬 내용으로 채워진다. 이스라엘만이 아니라 바빌로니아와 이집트에서도 지혜 문헌이 편찬되었다. 잠언이 다양한 삶의 영역에서 수집된 이스라엘의 전통적인 지혜 모음집이라면, 이집트에서는 『아니의 가르침』, 『아멘호텝의 가르침』, 『파피루스 인싱어』 등이 나왔고, 바빌로니아에서는 『나는 지혜의 주를 찬양하리라』, 『비관주의자의 대화』, 『바빌론의 신정론』, 『아히칼의 잠언』 등이 나왔다.

잠언을 비롯한 지혜 문헌에는 경험과 관찰을 통해 발견한 지혜와 통찰이 담겨있기에, 다른 나라의 지혜 문헌과 공통되는 부분이 많다. 역사서나 예언서는 제 나라의 고유한 신이나 독특한 역사를 다루지만, 지혜 문헌은 실천적 삶의 문제에 관심을 갖기에 자연스럽게 서로 공감하면서 발전시켜 나갈 수 있었던 것 같다. 실제로 솔로몬이 지혜로운 임금으로 명성을 떨칠 때, 모든 민족들이 그 지혜를 들으러 왔다고 보도될 정도로 국제교류가 활발히 이루어졌다(1열왕 5,14; 10,1-13.24). '현인들의 잠언집'(잠언 22,17—24,34)은 이집트의 신왕국 시절인 기원전 10-6세기에 생겨났을 것으로 보이는 『아멘호텝의 가르침』과 유사한 부분이 적지 않아 이집트의 지혜 문헌에서 영향을 받았음을 부인할 수 없다.

예컨대 23,1은 군주와 식사하는 자리에서 유의해야 할 점에 대해 다룬다. 잠언에는 "군주와 식사하는 자리에 앉게 되면 네 앞에 무엇이 있는지 잘 살펴라"로 되어있는데, 『아멘호텝의 가르침』에는 "군주 앞에서 빵을 먹지도 말고, 먼저 이야기하지도 말라"(23장)로 되어있다. 『아멘호텝의 가르침』은 식사와 이야기라는 구체적인 항목을 다루고, 잠언에서는 네 앞에 무엇이(누가) 있는지 유념하라고 하여 차이는 있지만, 군주 앞에서 식사하는 자리라는 상황은 똑같다. 더구나 『아멘호텝의 가르침』에 수록된 서른 가지 잠언은 "내가 너에게 충고와 지식이 담긴 서른 가지 잠언을 써주지 않았느냐?"(잠언 22,20)라는 말씀을 떠올리게 한다.

『아멘호텝의 가르침』은 궁중에서 슬기롭게 처신하는 법만이 아니라, 사회에서 힘 있는 이들이 가난한 이들을 수탈하지 않도록 경계하는 지침도 담고 있다. 잠언에서는 "빈곤한 이를 강탈하지 마라. 그가 빈곤하지 않으냐? 성문에서 가난한 이를 억누르지 마라"(22,22)라고 하는데, 『아멘호텝의 가르침』에서는 "빈곤한 이를 강탈하지 않도록, 허약한 이에게 폭력적으로 대하지 않도록 너 자신을 경계하여라"(4장)라고 한다. '빈곤한 이', '강탈하다'라는 어휘만이 아니라 사회적 약자를 폭력적으로 대하는 모습까지 매우 유사하다. 그 외에도 토지의 경계선을 옮기는 일, 친구와 사귀는 일, 임금을 섬기는 서기관의 일, 재산을 추구하는 일 등 실생활에서 벌어지는 다양한 문제를 다루고 있다. 이런 문제는 어느 나라든 공통 관심사에 속해 서로 교류하는 데 어려움이 없었을 것이다.

7. 구성

잠언은 표제를 중심으로 서언(잠언 1,1-7), 지혜 권면(1,8—9,18), 솔로몬의 잠언집(10,1—22,16; 25,1—29,27), 현인들의 잠언집(22,17—24,34), 아구르의 잠언(30,1-33), 르무엘의 잠언(31,1-9), 훌륭한 아내에게 바치는 시(31,10-31) 등으로 구분된다. 비교적 짧은 분량이라 후대에 덧붙여진 30—31장을 제외하고는, 별도의 표제를 지닌 독립된 모음집으로 전해오다가 집대성되었다. 그런 만큼 각 모음집만의 특성을 간직하고 있기도 하지만, 최종 모음집의 편집 의도도 분명히 드러난다.

예컨대 1—9장은 전반적으로 아버지가 아들에게 이야기하는 형식으로 열 가지의 교훈을 전달하고 있다(1,8–19; 2,1–22; 3,1–12.21–35; 4,1–9.10–19.20–27; 5,1–23; 6,20–35; 7,1–27). 사람들에게 지혜의 길을 가라고 호소하고 초대하는가 하면, 지혜의 길이 얼마나 좋은지를 찬미하며, 자연현상에 빗댄 수 잠언을 중간에 끼워 넣는다(1,20–33; 3,13–20; 6,1–19; 8,1—9,18). 이를 통해 10—29장에 모아진 다양한 경구와 권면을 해석하는 틀을 제공한다. 하느님이 모든 일을 지혜로 만드셨기에(3,19–20; 8,22–31), 식탁예절이나 농경 생활, 재판과 일상 가운데서 벌어지는 일체의 사건도 지혜와 무관할 수가 없다는 것이다. 또한 30—31장과 함께, 지혜는 하느님을 경외하는 데에서 비롯된다는 점을 거듭 밝힌다(1,7; 9,10; 31,30).

솔로몬의 첫째 잠언집(10,1—22,16)은 일정한 주제로 아들에게 교훈과 가르침을 내리는 방식인 1—9장과 달리, 짧은 대구로 이루어진 경구 375개로 이루어져 있다. 375개는 솔로몬(שְׁלֹמֹה)의 히브리어 이름이 의미하는 숫자를 더해서 나온 결과다[שׁ(300) + ל(30) + מ(40) + ה(5)]. 이 경구들은 대부분 선행구에서 이야기한 주제를 후행구에서 대구로 더 심화시키는 방식으로 짜여있어, 한 주제를 다른 측면에서 다시금 생각해 볼 수 있도록 시야를 열어준다.

이 잠언집은 크게 둘로 구분된다(10—15장과 16—22장). 두 단락 모두 1—9장에서 다룬 주제를 짧은 대구로 압축하여 제시한다. 예를 들면 지혜로운 아들과 우둔한 아들(10,1), 게으른 손바닥과 부지런한 이의 손(10,4), 근심과 기쁨(12,25) 등이 모음집 전반에서 서로 대비되면서 지혜를 따르는 삶이 실생활에 어떻게 반영되는지 드러낸다. 특히 10,1을 지혜로운 아들과 우둔한 아들을 이야기하는 것으로 시작함으로써, 1—9장에서 아들로 시작하는 열 가지의 교훈을 연상시키는 동시에 지혜로움과 어리석음을 대비시키는 구도를 설정하고 있다.

10—15장에서는 행동과 결과가 단순 명확하게 연관된다. 예를 들어

"미움은 싸움을 일으키지만 사랑은 모든 허물을 덮어준다"(10,12), "마음이 즐거우면 얼굴이 밝아지고 마음이 괴로우면 기가 꺾인다"(15,13)는 식이다.

16—22장에서는 행동과 결과가 기본 상식대로 적용되지 않는다는 점에 주목한다. 사람이 시간과 노력을 다 쏟아부어도, 주님의 자유와 임금의 영향을 피할 수 없기에 좋은 결실을 맺으리라고 확신할 수 없다는 것이다. "마음의 계획은 사람이 하지만 혀의 대답은 주님에게서 온다"(16,1), "임금의 마음은 주님 손안에 있는 물줄기 주님께서 원하시는 대로 이끄신다"(21,1)는 식으로 인간의 지혜에는 한계가 있으며 사건은 의외의 변수로 틀어질 수 있다는 현실을 인정한다. 이런 통찰은 두 단락의 분기점에서 "지혜의 교훈은 주님을 경외하는 것"(15,33)이라며 겸손을 강조한 데에서 이미 드러났다.

현인들의 첫째 잠언집(22,17—24,22)은 객관적으로 서술하기보다 바로 앞에 있는 상대방에게 지침을 주듯이 이인칭으로 말을 건넨다. 그리고 "네가 주님을 신뢰하도록 내가 오늘 너에게, 바로 너에게 가르쳐 주리라"(22,19)처럼, 어떤 일을 하려는 이유와 동기를 구체적으로 밝힌다. 반면에 솔로몬의 둘째 잠언집(25,1—29,27)에서는 첫째 잠언집과 마찬가지로 두 행으로 된 짧은 경구로 사회 구성원으로서 어떻게 살아야 하는지와 임금이 추구해야 할 정의에 대해서 다룬다.

이처럼 잠언에 수록된 경구와 권면은 시대 여건과 사회적 상황에 맞추어 다양한 방식으로 여러 차례 소모음집으로 모아졌기에, 비슷한 이야기가 반복될 뿐 아니라 일관된 내용이나 주제가 없어 세분하기가 쉽지 않다.

편의상 소모음집을 바탕으로 잠언을 구분하면 다음과 같다.

잠언

1. 서언(1,1-7)
2. 지혜 권면(1,8—9,18)
   - 2.1 첫 번째 교훈(1,8-19)
   - 2.2 지혜의 호소(1,20-33)
   - 2.3 두 번째 교훈(2,1-22)
   - 2.4 세 번째 교훈(3,1-12)
   - 2.5 지혜 찬미가(3,13-20)
   - 2.6 네 번째 교훈(3,21-35)
   - 2.7 다섯 번째 교훈(4,1-9)
   - 2.8 여섯 번째 교훈(4,10-19)
   - 2.9 일곱 번째 교훈(4,20-27)
   - 2.10 여덟 번째 교훈(5,1-23)
   - 2.11 삽입구와 수 잠언(6,1-19)
   - 2.12 아홉 번째 교훈(6,20-35)
   - 2.13 열 번째 교훈(7,1-27)
   - 2.14 지혜의 초대(8,1—9,18)
3. 솔로몬의 첫째 잠언집(10,1—22,16)
   - 3.1 의인과 악인(10,1—15,33)
   - 3.2 인간의 지혜와 주님의 주권(16,1—22,16)
4. 현인들의 첫째 잠언집(22,17—24,22)
5. 현인들의 둘째 잠언집(24,23-34)
6. 솔로몬의 둘째 잠언집(25,1—29,27)
   - 6.1 처세술(25,1—27,27)
   - 6.2 임금과 정의(28,1—29,27)
7. 아구르의 잠언(30,1-33)
8. 르무엘의 잠언(31,1-9)
9. 훌륭한 아내에게 바치는 시(31,10-31)

8. 신학적 주제

8.1. 인과응보

잠언에는 지혜롭게 처신하면 좋은 결과가 나오고, 어리석게 행동하면 나쁜 결과가 초래된다는 인과응보의 원칙이 전제되어 있다. 궁극적으로 지혜로운 행동은 생명을 가져다주고, 어리석은 행동은 죽음을 초래한다(잠언 3,2; 24,20). 생명과 죽음은 최종적인 보상일 뿐이다. 살아가면서 누리는 장수와 명예, 부유와 행복은 지혜롭게 살아가는 이들의 몫이고, 싸움과 폭력은 우둔한 자에게 주어진 몫이기에 단명하거나 벌을 받는다(3,9-10; 16,5; 18,6; 21,7; 22,4; 24,16 참조). 인과응보가 어떤 과정을 거쳐 이루어지는지에 대해서는 전혀 언급하지 않은 채, 행동과 결과의 상관관계만 단순 명쾌하게 제시한다.

현인들도 인과응보가 기계적으로 이루어지지 않는다는 것을 알고 있었다. 의인이라고 꺾이지 않는 것이 아니라 일곱 번 쓰러져도 일어날 수 있는 저력과 끈기를 보인다고 보았다(24,16). 의인에게도 일시적으로 불행이 닥칠 수 있지만 극복하지 못할 불행은 주어지지 않는다는 점을 분명히 한다. 마찬가지로 악인이 행복을 누리거나 권세를 떨치더라도 그것은 일시적으로 주어졌을 뿐이다(24,19; 25,26). 잠언은 세상 일이 인과응보의 법칙대로 이루어진다는 사실을 확고하게 믿는다. 그러기에 자식들이 일생 동안 올바른 길을 걸을 수 있도록 아이 때부터 가르치라고 권면한다. "마땅히 걸어야 할 길을 아이에게 가르쳐라. 그러면 늙어서도 그 길에서 벗어나지 않는다"(22,6).

8.2. 지혜와 창조

지혜는 창조 사건과 밀접하게 관련되어 있다. 우선, 주님이 지혜와 슬기로 하늘과 땅을 창조하셨다고 서술한다. "주님께서는 지혜로 땅을 세우시고 슬기로 하늘을 굳히셨다. 그분의 지식으로 심연이 열리고 구름이 이슬을 내린다"(잠언 3,19–20). 다음으로 지혜 여인의 목소리로 주님이 세상을 창조하기 이전에 가장 먼저 지혜를 창조하셨다고 전한다(8,22–31). 지혜 여인은 하느님의 지혜를 의인화한 존재이므로, 궁극적으로는 하느님이 하늘과 땅을 창조하셨다는 근원적인 진리를 표명하는 셈이다.

이로 볼 때 창조 세계에 내재되어 있는 하느님의 지혜와 친숙해지는 길이야말로 세상의 질서와 법칙을 이해하는 가장 좋은 방법이다. 세상의 질서와 법칙에 따라 살아갈 때에, 그 안에 내재되어 있는 지혜가 하느님처럼 사람들을 보살피고 지켜준다(2,8.10–11 참조). 같은 맥락에서 요한 1장의 로고스 찬가에서는 지혜 찬미가의 형식을 취해 예수님을 지혜 여인과 연관시킨다. 잠언 8장에서 하느님이 지혜 여인을 통해서 창조를 하셨다고 하듯이, 요한 1장에서는 말씀이신 예수 그리스도를 통해서 우주가 창조되었다고 한다. 또한 주님이야말로 우리가 바른 삶을 살아갈 수 있도록 이끌어 주는 길이요 진리요 생명이심을 넌지시 드러낸다(요한 14,6).

8.3. 지혜의 원천

잠언은 사람이 지혜로워지는 다양한 방식을 전해준다. 오랜 관찰과 경험을 거쳐 지혜를 터득하기도 하고, 전통적인 가르침 안에서 선조들에게서 유래하는 지혜를 습득하기도 하며, 주님을 경외하는 경건한 마음으로 받아들이는 계시로 삶을 통찰하는 새로운 시야를 얻기도 한다.

우선, 관찰과 경험은 우리 주변에서 벌어지는 일들의 원인과 결과를 파악할 수 있게 해준다. 현인들은 어떤 행동을 했을 때 왜 그런 결과가 생겨났는지에 대해 성찰하고 숙고하는 습관을 지니고 있다. 경험의 폭이 넓어질수록 전체를 아우르는 식견이 늘어나고, 실수를 하더라도 그 과정을 통해 더욱 성숙하는 기회를 맞는다(잠언 12,13; 17,9; 28,13 참조). 더구나 농경사회는 큰 변화가 없어 노인들의 연륜과 경험과 삶을 꿰뚫어 보는 통찰이 존중받았다. "백발은 영광의 면류관, 의로운 길에서 얻어진다"(16,31).

다음으로, 전통적인 가르침은 개인이 직접 겪지 못한 분야의 일에도 정통할 수 있게 해준다. 선조들이 오랜 세월 관찰하고 사색한 결과를 정립시켰기에, 이 가르침은 매 시대에 반복되면서 효과적인 전략으로 전수되었다. 이 가르침을 전하는 역할을 주로 맡았던 이는 아버지나 현인들이다(7,6–9; 26,15 참조). "아들들아, 아버지의 교훈을 들어라. 귀를 기울여 예지를 얻어라. 내가 너희에게 유익한 지침을 주었으니 내 가르침을 저버리지 마라"(4,1–2). "귀를 기울여 현인들의 말씀을 듣고 나의 지식에 마음을 쏟아라. 그것들을 가슴에 간직하고 다 말할 수 있게 준비를 갖추는 것은 흐뭇한 일이다. 네가 주님을 신뢰하도록 내가 오늘 너에게, 바로 너에게 가르쳐 주리라"(22,17–19).

관찰과 경험과 전통적인 가르침이 인간적인 지혜에 해당한다면, 인간의 노력이 아니라 하느님을 경외함으로 계시되는 지혜도 있다. 엄밀히 말하자면, "듣는 귀와 보는 눈 이 둘도 주님께서 만드셨기에"(20,12) 관찰과 경험과 전통적인 가르침이 하느님과 무관할 수 없다. 인간이 세상만사를 이해하려고 아무리 노력하고 계획을 세운다 하더라도, 그대로 실현될지는 하느님께 달린 것이다(16,1; 19,21 참조). 그러기에 "주님을 경외함은 지식의 근원"(1,7)이며, 주님을 경외하면 하느님을 아는 지식을 찾아 얻을 수 있다(2,5).

8.4. 성性과 신학

잠언은 경구와 권면으로 구성된다. 그중에서도 잠언 1—9장의 권면에서 "내 아들아"(1,8.10.15; 2,1; 3,1.11.21; 4,1.10.20 등)란 호칭이 자주 언급되듯이 분명히 남성들에게 초점을 맞춘다. 주로 아버지가 자신의 입장에서, 그리고 어머니를 대신해서 아들들에게 교훈을 전하고 훈계한다(1,8; 6,20). 특이하게도 르무엘의 잠언(31,1-9)만큼은 어머니가 마싸 임금 르무엘을 가르친 것으로 명시되어 있다. 의인화 기법으로 제시되는 지혜 여인과 우둔함이라는 여자의 가르침은 젊음의 혈기를 지닌 아들들에게 훨씬 호소력 있게 들린다(1,20-33; 8,1—9,6; 9,13-18).

10—31장에서는 누가 훈계를 하는지가 명시되지 않는다. "내 아들아"(19,27; 23,15.26; 24,13.21; 27,11)란 호칭이 여러 차례 나오고, 훌륭한 아내를 얻으라고 권하는 것으로 보아 아들을 훈육하는 데 초점을 맞춘 것 같다(31,10-31). "지혜로운 아들"(10,1; 13,1; 15,20)과 "우둔한 아들"(10,1)이라는 표현도 아들들을 교육시키는 데 주안점을 두고 있음을 드러낸다. 우리말 성경에는 아들과 딸을 둘 다 가리키는 "자식"(13,24; 17,25; 19,18.26; 28,7; 29,17)이라는 표현이 여러 차례 등장하는데, 실제 히브리어로는 '아들(벤 בֵּן)'이다. 이 단어가 자식을 모두 아우르기는 하지만, 아들을 대표명사로 사용한다는 점에서 영어의 man의 용례와 똑같다. 만족할 줄 모르고 끊임없이 보채는 거머리의 빨판을 나타내는 표상에서만 '딸(바트 בַּת)'로 한정시킬 뿐이다(30,15).

이를 볼 때 잠언은 기본적으로 남성들의 시각에서 집필되고 모아졌다. 그렇지만 잠언을 최종적으로 편집하면서 목적을 밝힐 때에는 '아버지'와 '아들'이라고 특정하지 않고, '어수룩한 이들'과 '젊은이들'에게 영리함과 현명함을 베풀기 위한 잠언이라고 명시한다(1,4). 또한 '지혜로운 이'와 '슬기로운 이'에게는 견문을 더하고 지도력을 얻으리라고 제시함으로써, 잠언이 남녀 모두에게 꼭 필요한 가르침이라는 점을 은연중에 드러낸다(1,5).

잠언

주해

1. 서언(1,1-7)[1]

표제

1 1 이스라엘 임금
다윗의 아들 솔로몬의 잠언.[2]

---

1) 잠언을 본격적으로 제시하기에 앞서 표제와 목적을 분명히 밝힌다. 표제는 잠언이라는 문학 유형과 솔로몬 임금을 명시하는데, 이 표제에서 '잠언'이라는 책 이름이 나왔다. 잠언은 여러 소모음집들을 한데 집대성한 모음집이기에, 잠언 1,1과 비슷한 표제가 본문 중간에 여러 차례 나온다(10,1; 22,17; 24,23; 25,1; 30,1; 31,1). 표제에는 보통 문학 유형과 저자가 언급되고, 때로 목적과 생성 연대가 나오기도 한다(이사 1,1; 나훔 1,1 참조).

목적(잠언 1,2-7)에서는 잠언을 왜 수록했는지를 밝힌다. 이 목적을 설명하는 데 거론된 지혜와 교훈과 예지, 정의와 공정과 정직 등 지혜 문학의 핵심 용어들은 책 전반에서 되풀이된다(3ㄴ절과 2,9; 2절과 23,23 비교). 그 외에도 2-6절에 여러 용어가 많이 나오는데, 그 의미 범위가 서로 겹쳐있어서 냉철하게 구별하기 어려우므로 히브리어가 아닌 언어로는 제대로 번역하기 어렵다(폰 라트). 잠언을 가르칠 우선 대상으로 어수룩한 이들과 젊은이들이 손꼽히는데(4절), 지혜롭고 슬기로운 이들도 배제되지 않는다(5-6절). 끝으로, 이런 교육으로 체득하는 지식은 주님을 경외하는 데 바탕을 두고 있음을 천명한다(7절).

2) "잠언(마샬 מָשָׁל)"의 기본 의미는 '비슷함, 모방'이며, 주로 직유와 은유를 통해 사물의 본질을 파악하는 문학 유형을 가리킨다. 표제에서는 특정 유형으로 한정되기보다 비유와 풍자, 노래와 속담, 가르침과 권

목적

2 이 잠언은 지혜와 교훈을[3] 터득하고[4]

면 등의 여러 유형을 포괄하는 말로 사용되었다. 교부들은 잠언이 무엇이고 어떤 영향을 미치는지에 초점을 맞추었다. 잠언은 간접적으로 의미를 나타내는 은밀한 격언으로서(오리게네스), 물리 현상을 빌려 진리를 알기 쉽게 표현하여(에바그리우스), 삶의 여정에 두루 도움을 주는 안내와 표지 역할을 한다(히폴리투스).

'솔로몬의 잠언'이라는 것은 솔로몬이 직접 작성한 잠언이 아니라, 지혜로운 임금으로 명성을 떨쳤던 솔로몬과 같은 탁월한 현인의 말씀이 수록되어 있다는 뜻이다. 예언서는 표제어로 누구의 예언이나 환시인지를 분명히 나타내지만(이사 1,1; 예레 1,1; 에제 1,1-3; 호세 1,1; 요엘 1,1; 아모 1,1 참조), 지혜문학은 오래도록 전해 내려온 전승을 수록한 것이기에 표제어에 등장하는 인물은 저자라기보다 전승이 어디서 비롯되었는지를 나타내는 경우가 많다(코헬 1,1; 아가 1,1 참조). 예컨대, 비파를 뜯어서 악령을 제어했던 다윗은 시편의 저자로 여겨진다(1사무 16,14-23 참조). 이처럼 솔로몬도 잠언을 삼천 개나 짓고 온갖 동식물에 대해서 이야기할 수 있을 정도로 지혜로운 임금으로 인정되어 지혜문학의 저자로 여겨졌다(1열왕 5,12-13 참조).

3) "교훈(무사르 מוּסָר)"은 '혼내다, 바로잡다'라는 의미에서 파생되었으므로, 말로 타일렀을 때 알아듣지 못하면 체벌할 수 있다는 의미도 함축되어 있다(잠언 10,13; 13,24; 19,18.25; 20,30; 22,15; 23,13-14; 26,3; 29,15.17.19 참조). 매를 들어서라도 학생들을 제대로 가르쳐야 한다는 그 시대의 교육 철학이 들어있다.

4) '터득하다(야다 יָדַע)'는 잠언에서 가장 처음 나오는 동사로, 명사 형태는 7절에 나오는 '지식(다아트 דַּעַת)'이다. '지혜와 교훈'을 목적어로 받는

예지의 말씀을 이해하며[5]
3 현철한 교훈과
정의와 공정과 정직을[6] 얻게 하려는 것이다.

것으로 보아, 이 동사는 단순히 지식을 수용하는 행위를 넘어서서 그 사물과 관계를 맺는다는 의미를 간직하고 있음을 알 수 있다.

5) 2-3절에서는 훈육 대상을 아예 언급하지 않음으로써 모든 독자를 대상으로 삼고 있음을 나타낸다. 이 문장에 등장하는 '터득하다', '이해하다', '얻다' 등 세 동사는 사람들이 잠언을 학습하는 과정을 떠올리게 한다.

6) "정의와 공정과 정직"은 오경과 예언서와 시편의 핵심 개념으로, 잠언이 최종 편집될 때 '지혜'와 관련되었을 것이다(창세 18,19; 신명 4,5-8; 34,9; 시편 1; 72; 99편; 이사 11,1-5; 호세 14,10 참조). 정의와 공정과 정직이라는 원칙을 분명히 세우고, 앞으로 벌어질 구체적인 상황이나 맥락에 그 원칙대로 적용해 나갈 것임을 시사한다. 이를 부각하기 위해서 2절과 7절에 '지혜와 교훈'을 등장시켜 앞뒤로 호응 관계를 이룬다. '지혜-어리석음', '정의-불의' 범주는 공통되는 부분이 많다. 정의는 지혜와 마찬가지로 우주적인 개념으로(시편 50,6; 72,3.16; 97,6; 이사 45,8; 말라 3,20 참조), 법·사회·도덕 분야에서 옳고 그름을 분별하는 데에 적용된다. '지혜'와 '정의'는 주님을 경외한다는 틀 안에서만 성립될 수 있다.

교부들은 공정을 참된 공정과 불완전한 공정으로 세분하여 인간의 한계를 지적하는 동시에 둘을 세심하게 구별하라고 당부한다. 인간은 아무리 공정한 이라고 해도 불완전한 공정에 지나지 않는다고 지적하거나(히에로니무스), 누가 보아도 공정이 아니라 악덕임이 분명한 경우도 있지만, 복수하려는 갈망처럼 공정인 척하는 악덕도 있음을 주지시키기도 한다(아우구스티누스).

4 또한 어수룩한 이들에게[7] 영리함을,[8]
젊은이들에게 지식과 현명함을[9] 베풀려는 것이니

---

7) 히브리어로 어리석은 자들을 가리키는 어휘는 “어수룩한 이들(퍼타임פְּתָאיִם)”, “미련한 자들(잠언 1,7: 에윌림אֱוִילִים)”, “우둔한 자들(1,22: 커실림כְּסִילִים)”, “빈정꾼들(1,22: 레침לֵצִים)” 등 여럿이다. 그중에 어수룩한 이들은 무엇이 옳고 그른지 제대로 분간하지는 못하지만, 삶을 지혜롭게 살아가려는 지향으로 현인들의 가르침에 귀 기울이는 사람들을 가리킨다. 유혹에 빠질 수 있는 상태에 머물러 있으면서 선과 악에 쉽게 영향을 받는 사람들이다(발트케, 로저스). 그들은 무엇이 바른길인지 알지 못하기에 밀어닥치는 위험에서 빠져나오지 못하고 우왕좌왕하는 태도를 보인다. 이로 인해 언제까지 어리석은 상태에 머물러 있겠느냐는 한탄을 자아내게 한다(1,22). 우리말 성경에는 ‘어리석은 이들’(1,22.32; 8,5; 9,4.16; 14,18 등)로도 번역되었다. 후행구에서 동의적 대구로 쓰인 “젊은이들”은 인생 경험이 짧아서 어수룩한 면을 지녔음을 의미한다.

8) “영리함(오르마עָרְמָה)”은 주님을 경외하는 가운데 이성을 사용하여 인생의 문제를 해결해 나가는 능력을 뜻한다(8,12 참조). 그런데 잠언 외의 다른 성경에서는 부정적인 의미로도 사용된다. 대표적인 예로 창세기에서 하와를 유혹하는 뱀을 설명할 때, “뱀은 주 하느님께서 만드신 모든 들짐승 가운데에서 가장 간교하였다”(창세 3,1)라고 기술한다. 여기서 ‘간교하다(아룸עָרוּם)’에 해당하는 형용사는 앞서 다룬 ‘영리함’이라는 단어와 어원이 같다. 히브리어로는 같은 단어지만, 긍정적 의미인지 부정적 의미인지에 따라 ‘영리하다’와 ‘간교하다’로 달리 번역된다.

9) “현명함(머짐마מְזִמָּה)”은 악의 길에 빠져들지 않고 생명의 길을 걸을 수 있도록 계획이나 대책을 세우는 능력을 뜻한다(잠언 2,11; 3,21 참조). ‘영리함’과 마찬가지로 부정적인 의미로도 사용될 수 있다(시편 21,12 참조). 주님을 체험한 욥이 “당신께서는 모든 것을 하실 수 있음을, 당신

5 지혜로운 이는 이것을 들어 견문을 더하고
슬기로운 이는[10] 지도력을 얻으라.
6 그러면 잠언과 비유,[11]
현인들의 말씀과[12] 수수께끼를[13] 이해하게 될 것이다.

께는 어떠한 계획도 불가능하지 않음을!"(욥 42,2) 하고 고백할 때에 언급되는 '계획'이 현명함과 같은 단어다.

10) "슬기로운 이(나본נָבוֹן)"는 대구법에서 대부분 '지혜로운 이(하캄חָכָם)'와 비슷한 말로 등장하지만, 주님을 지칭하지 않고 언제나 사람을 가리킨다는 점에서 차이를 보인다(슈팍).

11) "잠언"은 동사로 쓰일 때 '…와 같다'라는 의미를 지니므로, 직유와 은유로 중요한 착상을 전해주는 문학 유형을 시사한다. 반면 "비유(멀리차מְלִיצָה)"는 '조롱하다'라는 의미이기에, 풍자하거나 비꼬는 투로 사용된 수수께끼에 가깝다. 이 단어는 하바 2,6에 한 차례 더 나오는데, '비웃는'이라는 수식어가 붙은 '수수께끼'로 번역되었다.

12) "현인들의 말씀"은 공식적으로 기록된 지혜 모음집과 대비해서 비공식적인 금언으로 받아들이기 쉽다. 그러나 그보다는 이름이 명시되지는 않지만, 젊은이들을 교육시켜 왔던 현인들의 주옥같은 가르침을 뜻한다(잠언 22,17; 24,23 참조).

13) 삼손이 결혼식 하객에게 "먹는 자에게서 먹는 것이 나오고 힘센 자에게서 단것이 나왔다"(판관 14,14)라고 낸 문제가 수수께끼(히다חִידָה)로 불린다. 그런데 잠언에는 이런 유형이 수록되어 있지 않다. 그래서 잠언에서는 수수께끼를 "누가 하늘에 올라갔다 내려왔느냐? 누가 제 손바닥에 바람을 모았느냐? 누가 겉옷으로 물을 감쌌느냐? 누가 세상 끝들을 세웠느냐? 그의 이름이 무엇이냐? 그리고 그 아들의 이름은? 정녕 너는 그것을 알고 있지 않느냐?"(잠언 30,4)와 같이 답변을 이미 알고 있는 수사학적 의문문으로 이해하기도 한다. 하지만 여기서는 더 넓은 의

7 **주님**을[14] 경외함은[15] 지식의 근원이다.[16]

미로 '이해하기 어려운 알쏭달쏭한 말씀'을 나타내는 듯하다(롱맨). 문맥상으로는 앞에 언급된 '잠언과 비유'와 동격으로 제시되어, 현인들의 말씀 가운데 알아듣기 쉬운 가르침이 있는가 하면 알아듣기 어려운 가르침도 있음을 시사한다.

14) "주님"은 야훼를 의미하는 호칭이다. 이스라엘 사람들은 하느님의 이름을 함부로 부를 수 없다고 여겨, 히브리어 성경에 야훼라는 이름이 나올 때마다 주님(아도나이 אֲדֹנָי)이라는 말로 대신했다. 가톨릭 공인 성경은 이 전통을 이어받아 야훼는 '주님'으로 옮기고, 엘이나 엘로힘 אֱלֹהִים은 '하느님'으로 옮긴다. 야훼라는 호칭은 대사제가 일 년에 한 번 속죄일에 지성소에 들어가서 백성의 죄를 용서해 달라고 청할 때에 나지막이 부르곤 해서 오랜 세월이 흐른 뒤 정확한 발음을 잊어버렸다. 그런 이유로 후대에는 하느님의 이름을 정확하게 발음할 수 없어서, 신성 사문자(יהוה)에 아도나이의 모음자를 결합시켜 '여호와'라 부르기도 했다. 예외도 있지만(2,5.17; 3,4; 25,2; 30,5.9), 잠언에서는 야훼를 주로 주님이라는 호칭으로 바꾸어 사용한다. 이 호칭은 모세가 이집트에서 강제 노역으로 시달리던 이스라엘 백성을 탈출시키라는 사명을 부여받을 때 계시된 이름이다(탈출 3,13–15 참조). 그리고 시나이산에서 모세에게 나타나서 증언판을 주시며 야훼라는 이름을 다시금 선포하심으로써 이스라엘 백성과 계약을 맺으신 분이라는 인상을 강하게 준다(33,18–20; 34,5–7). 잠언은 다른 하느님이 아니라 계약의 하느님을 염두에 두고 집대성되었음을 은연중에 드러낸다.

15) "주님을 경외함은 지식의 근원이다"라는 경구는 잠언 전체를 압축한다고 할 수 있다. 이 경구는 조금씩 다른 형태로 전해진다. 잠언 9,10에서는 '지혜의 시작은 주님을 경외함'이라고 제시하면서 '거룩하신 분을 아는 것이 곧 예지다'라는 대구를 덧붙인다. 잠언 외에 욥기와 시

편에서도 주님 경외를 지혜, 슬기와 결부시킨다. “주님을 경외함이 곧 지혜며 악을 피함이 슬기다”(욥 28,28). “지혜의 근원은 주님을 경외함이니 그것들을 행하는 이들은 빼어난 슬기를 얻으리라”(시편 111,10). 주님을 경외하는 이유가 강력하고 변덕이 심한 미지의 신에 대한 두려움이나 완전히 타자이신 분이 현존하심으로써 불러일으키는 공포 때문이 아니라, 지혜롭게 되기 위해서라는 점을 분명히 천명한다.

“주님을 경외함”은 창조주이자 우리 삶을 안전하게 지켜주고 지탱해 주며 온갖 지혜를 제공해 주시는 분 앞에서 신앙인들이 취하는 자세다(잠언 1,7; 8,13; 10,27; 14,26-27; 19,23; 22,4 참조). 주님은 사람들의 주도면밀한 계획이나 대책을 순식간에 뒤집으실 수 있는 분이기에 그분 앞에서는 겸허한 자세를 취할 수밖에 없다(16,1.9; 19,21; 21,30-31; 27,1 참조). 고대 근동에서 ‘주님을 경외함’은 제의적 행동을 뜻했다. 단순히 주님을 경배하는 것이 아니라, 주님의 직무에 완전히 봉헌하는 삶을 영위하는 것을 의미한다(알렉산더). 세상사를 좌우하고 지탱하는 권능을 지니신 주님을 도외시한다면, 사람의 지혜가 아무리 뛰어나더라도 어리석은 결과를 초래하게 될 것이다(2사무 16,15—17,23; 1코린 1,18-31 참조).

아우구스티누스도 주님을 경외할 때에 인간의 교만은 무너지고 약해진다며, 올바로 살아가기 위해서는 이해가 되지 않고 모순되는 성경 구절이더라도 거부하거나 거기에 자신의 생각을 주입시켜서는 안 된다고 가르친다.

16) “근원(레쉿 רֵאשִׁית)”은 ‘시작, 최상’을 의미한다. 주님께 합당하지 않거나 주님과 관계를 맺지 않은 지식은 있을 수 없으며, 지혜를 연구하거나 심화하는 과정에서 깨닫는 가장 가치 있고 중요한 발견은 참된 원천이신 창조주를 경배하는 것이라는 뜻이다. 어느 의미로 보든 잠언을 훈련하거나 연구함으로써 지혜를 추구하는 일체의 노력은 종교적 경건함에 바탕을 두고 있음을 일깨운다. 이스라엘 역사 초기에는 일상적 지혜

그러나 미련한 자들은[17] 지혜와 교훈을 업신여긴다.

가 만연했다가 후기에 신학적 지혜가 퍼져나갔으리라고 추정되지만, 시초부터 일상적 지혜와 신학적 지혜가 함께 생겨나 확산되었을 수도 있다(퍼듀). '영리함과 지식과 현명함'에 대해서는 잠언 1,4 주해 참조.

17) "미련한 자들"은 우둔한 이들과 빈정꾼들 사이에 위치해 있어, 더 이상 구제할 수 없을 만큼 무지막지한 사람들을 가리킨다(27,22 참조). 세상의 모든 것은 주님의 우주적 질서에 매여있기에(8,22-31 참조), 그 질서에 편입할 수 있는 지혜와 교훈을 업신여기는 미련한 자들은 무신론자에 가깝다. 주님을 섬기는 일과 세상일을 구분할 수도 있겠지만, 잠언 저자에게는 주님을 섬기며 주님의 규정에 따라 살아가는 종교적 삶만 있을 뿐이었다(알렉산더).

2. 지혜 권면(1,8—9,18)[18]

부모의 교훈을 들어라[19]

8 내 아들아,[20] 아버지의 교훈을 들어라.[21]

---

18) 잠언 1—9장의 지혜 권면은 열 번의 교훈(1,8-19; 2,1-22; 3,1-12.21-35; 4,1-9.10-19.20-27; 5,1-23; 6,20-35; 7,1-27)으로 이루어진다(와이브레이, 펨버튼). 이 교훈은 모두 '내 아들아' 또는 '들어라'라는 어휘로 시작하고 아버지나 스승의 권위를 천명한다. 그런 점에서 찬미시나 행복 선언문 등의 문학 유형과 구분된다. 각각의 교훈은 자신의 가르침을 들으라고 권면하거나, 자신의 가르침을 잊지 말라고 촉구하거나, 낯선 여자의 가르침에 말려들지 말라고 충고하는 세 가지 방식으로 시작된다. 또한 '길', '여인', '집' 등의 이미지를 통해 기본적인 세계관을 그려내고, 어떤 삶을 살아야 하는지를 대비시켜 제시한다(르우벤).

19) 1—9장에서는 부모와 지혜 여인과 우둔함이라는 여자가 화자로 등장해 젊은이들을 교육시키는 역할을 맡는다. 첫 번째 교훈(1,8-19)은 아버지와 어머니를 거론함으로써 가정 안에서 부모에게 윤리적 가르침을 받는다는 것을 분명히 한다. 지혜가 생겨난 배경으로 가정과 왕실이 손꼽히므로, 부모가 가정 안에서 자녀들을 올곧게 키우려고 훈육한다는 것은 분명하다. 지혜문학에서 부모는 현인으로 불리지는 않지만, 부모의 교훈과 가르침은 자식들이 성인으로 잘 성장할 수 있도록 방향을 잡아주는 지침이 되었다.

20) 잠언은 아들들을 교육할 목적으로 집필되었기에, 아들(벤בֵּן)이 교훈을 들을 대상으로 명시된다. 여성은 주로 남성의 상대역으로만 등장한다. 어머니는 아들들을 가르치고(1,8; 6,20; 10,1; 31,1), 매력적인 여인

어머니의 가르침을[22] 저버리지 마라.
9 그것들은 네 머리에 우아한 화관이며
네 목에 목걸이다.[23]

은 지혜로 의인화되어 존중되며(1,20−33; 8,1−35; 9,1−6 참조), 살림을 잘하는 아내는 칭송을 받는다(12,4; 31,10−31).

"내 아들아(버니 בְּנִי)"는 고대 근동의 지혜 문헌에서 쉽게 찾아볼 수 있는 표현법으로, 가정 안에서 교훈이나 가르침이 시작되었음을 시사해 준다. 지혜문학에서는 스승에게 아버지와 같은 권위가 있기에 학생들을 자식을 일컫는 호칭으로 불렀다. 교부들은 하느님이 아버지와 같은 역할을 한다면, 교회는 어머니와 같은 역할을 하므로 그 가르침을 충실히 받아 하늘나라에 들어가라고 권면했다(디디무스, 존자 베다, 풀겐티우스).

21) "들어라(셔마 שְׁמַע)"는 가르치는 내용에 귀 기울여 그 안에 담긴 덕목을 연구하고 되새기며 실천하라는 의미다.

22) '가르침(토라 תּוֹרָה)'은 히브리어 성경에서 모세오경을 일컫는 이름이기도 하다. 모세오경은 주님의 가르침이라는 의미에서 토라로 불린다. "어머니의 가르침"은 이곳과 6,20에서만 언급될 정도로 드물게 나온다. 고대 근동 문헌에서도 어머니의 가르침이 공식적으로 이야기되는 경우가 거의 없다. 여기서는 '어머니의 가르침'의 대구로 '아버지의 교훈'이 제시되어 부모가 자식들을 훈육하고 있음을 나타낸다.

23) 교훈과 가르침의 가치를 화관과 목걸이 등 장식품에 빗대며, 거기에는 머리와 목이 연관된다. 주님의 계명과 규정들과 법규들을 항상 염두에 두기 위해 손과 이마에 표지로 붙이고, 문설주와 대문에 써놓으라고 권유하는 가르침과 유사하다(신명 6,8−9). 더 나아가 순금이나 은 같은 귀중품과 비교되기도 하는데, 지혜로운 사람들에게는 장수와 부와 영광이 따르기에 그런 귀중품보다 훨씬 낫다고 한다(잠언 3,14−16; 8,11.19; 욥 28,15−19 참조).

나쁜 친구들을 조심하여라[24)]

10 내 아들아, 죄인들이 너를 유혹하여도
따라가지 마라.
11[25)] 그들은 이렇게 말할 것이다.
"우리와 함께 가자!
숨어서 남을 기다렸다가 그 피를 쏟고
매복하였다가 이유를 찾지 말고 죄 없는 이를 덮치자.
12 저승처럼 그들을 산 채로 집어삼키자.
구렁으로 내려가는 이들을 삼키듯 통째로 삼켜버리자.
13 우리는 온갖 값진 재물을 찾아내어

24) 사람들에게 상해를 입히거나 부정한 이익을 추구하는 사람들을 죄인들로 전제하고, 그들의 유혹에 빠지지 말라고 당부한다. 인과응보 사상을 분명하게 보여주는 예로, 죄인들의 말에 솔깃해서 함께 길을 가면 악의 구렁텅이로 빠져들어 결국에는 생명을 대가로 내놓아야 함을 전달한다. 나쁜 친구들의 유혹을 저승과 연관시키는 방식은 낯선 여인과 우둔함이라는 여자의 초대에서도 재현된다(잠언 7,10-27; 9,13-18). "죄인들의 길에 들지 않으며"(시편 1,1)로 표현한 시편의 첫머리와 유사하다.

25) 11-14절은 죄인들의 말을 직접 인용하는 것처럼 제시하는 디아트리베diatribe 기법으로, 논란의 대상자가 눈앞에 있는 것처럼 대화를 구성해 메시지를 생생하게 전달한다. 폭력과 강탈을 일삼는 죄인들의 극단적인 행태를 다루고 있으며, 잠언 7장에서 낯선 여자가 젊은이들을 유혹하는 방식과 비슷한 면이 많다. 우선, 대상자를 물색하느라 기다리고(1,11과 7,12), 우리말 성경에 '가자', '자' 등으로 번역된 '러카לְכָה'라는 용어로 유혹할 뿐 아니라(1,11과 7,18), 저승으로 이끌어 들이는 결과를 가져온다는 점이 공통된다(1,12과 7,27).

우리 집을 약탈물로 그득 채우게 될 것이다.
14 너도 우리와 함께 제비를 뽑고
돈 자루는 우리 모두 하나만 두자."
15 내 아들아, 그들이 이렇게 말할지라도
그들과 함께 길을[26] 가지 마라.
그들의 행로에[27] 발을 들여놓지 마라.

교부들은, 숨어서 죄 없는 이를 덮쳐 저승처럼 산 채로 집어삼키자고 모의하는 장면을 예수님의 비유 말씀과 수난 행위와 결부시킨다. 또한 포도밭 소작인들이 포도밭을 차지하기 위하여 주인이 보낸 종들과 아들을 때리고 죽여버리는 사악한 행동(마태 21,33–39)과 비슷하다고 평하거나(아우구스티누스), 예수님의 수난에 관한 예언으로 풀이하기도 한다(알렉산드리아의 클레멘스).

26) "길(데렉 דֶּרֶךְ)"은 한 사람의 인생 여정을 나타내는 비유로, 잠언에서 처음으로 등장한다. 지혜문학에서는 아들을 부르는 호칭과 더불어, 좋은 길과 나쁜 길의 기로에서 올바로 분별하고 선택하라는 요청에서 자주 언급된다. 교부들은 우리 앞에 놓인 인생에는 두 가지 길이 있다면서 올바른 길을 택하라고 권유한다. 주님이 하시고자 하는 것은 무엇이든 받아들이는 것이 바른길인데, 쾌락의 유혹에 넘어가 그 길에서 벗어나면 가시덤불과 장애물투성이인 행로를 가다가 해를 입는다(알렉산드리아의 키릴루스, 요한 카시아누스).

27) "행로(나팁 נָתִיב)"는 '길'과 유의어로 사용되었다. 잠언 2,13에는 다른 히브리어 단어(오라흐 אֹרַח)가 나오는데 우리말로 '행로'로 번역되었다. 이 단어는 다른 구절에서는 '길'로 번역될 정도로 혼용된다(1,19; 2,8.19; 17,23). 단순히 인생에서 벌어진 사건이나 과정을 가리키기보다는 사람들이 자신들이 걸어가는 길에서 생긴 사건들을 처리해 나가는 종교 윤리적인 방식을 가리킨다(알렉산더).

16 그들의 발은 악을 저지르러 줄달음치고
남의 피를 쏟으려고 서두른다.[28]
17 무슨 날짐승이든 그 눈앞에서
그물을 치는 것은 헛된 일이건만
18 그들은 제 피를 쏟으려고 숨어서 기다리고
제 목숨을 잃으려고 매복하는 꼴이다.
19 부정한 이득을[29] 뒤쫓는 자의 길은 다 이러하니[30]
그 이득이 그들의 목숨을 앗아가 버린다.[31]

---

28) 이사 59,7ㄱ의 "그들의 발은 나쁜 짓 하러 달려가고 죄 없는 이의 피를 쏟으려고 서두른다"와 표현이 유사하다. 아마도 난외주로 있다가 유배 이후에 삽입되었을 것이다. "발"은 앞에 나오는 15절과, "피"는 뒤에 이어지는 18절과 자연스럽게 연결되는데, 잠언 6,17-18에도 같은 발상이 나온다. 나지안주스의 그레고리우스는 영성적으로 접근하여, 발이 가야 할 올바른 방향을 제시한다고 풀이한다. 그는 복음과 하느님이 주시는 상을 향해 달려가는 가운데 그리스도를 맞아들이는 것이 중요하다고 한다.

29) "부정한 이득(베차 בֶּצַע)"은 정당하지 않은 방법이나 폭력을 휘둘러서 만들어 낸 이득을 가리킨다. 죄인들의 폭력성은 피를 쏟고 매복하였다가 덮치자는 모의 과정에 암시되어 있다(1,11-14 참조).

30) '…의 길은 다 이러하니(켄 아르홋 כֵּן אָרְחוֹת)'는 앞서 말한 내용을 요약해서 평가하는 전형적인 구절로, 지혜문학에서 자주 등장한다(욥 8,13; 18,21; 이사 14,26 참조).

31) 죄인들은 부정한 이득으로 풍족한 삶을 추구하지만, 정상적이지 않은 방식으로 무리수를 두기에 결국 죽음을 맞이하게 된다. 참된 생명과 재산은 지혜가 설정한 올바른 한계 안에서만 찾을 수 있다. 죽음으로 이끄는 초대라는 모티브는 간음녀(잠언 7,10-27)와 우둔함이라는 여자

지혜의 간절한 호소[32)]

20 지혜가 바깥에서 외치고
광장에서 목소리를 높인다.
21 법석대는 거리 모퉁이에서 소리치고
성문 어귀에서 말을 한다.[33)]
22 "어리석은 자들아, 언제까지[34)] 어리석음을 사랑하려느냐?
언제까지 빈정꾼들은[35)] 빈정대기를 좋아하고

(9,13–18)와 관련해서 다시 등장한다.

32) 20–21절에서는 지혜가 목소리를 높인다고 소개하고, 22–33절에서는 지혜가 의인화되어 사람들을 꾸짖는다. 그 지혜 여인의 목소리로, 예언자들처럼 심판을 선포하고 자신의 모든 충고와 훈계를 듣지 않았으므로 재앙이 밀어닥치리라고 경고한다. 예언적 모티브(24–28절)와 지혜적 모티브(29–33절)를 혼합해서 어리석은 자들을 꾸짖고 재앙을 선포한다는 점이 독특하다. 지혜 여인은 8—9장에도 등장하는데, 거기서는 심판 선포 없이 사람들이 지혜의 가르침에 귀 기울이도록 여러 방식으로 권면한다.

33) 지혜 여인은 순회 설교자나 예언자처럼 사람들이 많이 오가는 "거리 모퉁이"와 "성문 어귀"를 강론 장소로 삼고 메시지를 선포한다. 다른 단락에서도 '언덕 위, 거리가 내려다보이는 곳, 네거리, 성읍 어귀 성문 곁, 여러 대문간'(8,2–3), "성읍 언덕 위"(9,3) 등 사람들의 눈에 띄고 목소리가 잘 전달되는 장소에서 강론한다.

34) "언제까지"로 시작되는 수사학적 물음에는 꽤 오래도록 아무런 변화도 보이지 않는 데에서 오는 안타까움이 잘 반영되어 있다(욥 8,2; 19,2; 시편 4,3; 6,4; 13,2 등 참조).

35) "빈정꾼들"은 '어리석은 자들'의 유의어로 사용된다. 빈정꾼은 자

우둔한 자들은[36] 지식을[37] 미워하려는가?
23 내 훈계를[38] 들으러 돌아오너라.
그러면 너희에게 내 영을 부어주어[39]
내 말을 알아듣게 해주리라.
24 내가 불렀건만 너희는 들으려 하지 않고
손을 내밀었건만 아무도 아랑곳하지 않았기에[40]

신의 실수에 방어적인 자세만 취할 뿐이다. 실수를 통해 배우거나 성장하기를 기대할 수 없다는 점에서 피교육자로서 최악이다. 그들은 오만불손하여 자신들을 가르치는 이들을 비꼬거나 맞받아쳐 망신을 주기까지 하지만, 그 과정을 통해 어수룩한 자를 깨우치는 의외의 효과를 거두기도 한다(잠언 9,7; 21,11.24).

36) "우둔한 자들"은 '어리석은 자들'의 유의어로 사용된다. 히브리어 '우둔한 자들'에는 약삭빠르지 못하다는 가치 판단이 들어가 있고, '어리석은 자들'은 순박하다는 어감을 준다. 미련하거나 우둔한 자들은 훈계와 권면을 받아들이지 못하거나 곡해하는 사람들이다.

37) '영리함과 지식과 현명함'에 대해서는 1,4 주해 참조.

38) "훈계(토카핫תּוֹכַחַת)"는 시 형식으로 된 지혜 여인의 디아트리베(1,22–33; 1,11 주해 참조)를 하나로 연결하는 핵심 단어로서 세 차례 언급된다(23.25.30절). 처음에는 지혜 여인이 지혜가 필요한 이들을 단순하게 초대하는 말에 나타나지만, 곧이어 그들이 원하지 않아 업신여겨졌음을 두 번에 걸쳐 명시한다.

39) '붓는' 행위는 통제할 수 없는 흐름을 나타낸다(18,4 참조). 영이 내려와 하느님의 뜻을 이루어 나가는 현상은 사람이 통제할 수 없음을 나타낼 때 자주 사용되었다(에제 39,29; 요엘 3,1–2; 즈카 12,10; 사도 2,17–18 참조).

40) 사람들을 불러도 아무 반응을 보이지 않았다는 지적은 예언서

25 나의 모든 충고를 저버리고
나의 훈계를 원하지 않았기에
26 나도 너희가 불행할 때 웃고
파멸을 당할 때 비웃으리라.
27 파멸이 너희에게 폭풍처럼 닥치고
불운이 너희에게 태풍처럼 들이치며[41)]
곤경과 재앙이 너희 위로 닥칠 때
나는 그렇게 하리라.
28 그때 그들이 나를 불러도 대답하지 않으리라.
그들이 나를 찾아도 찾아내지 못하리라.[42)]

에 자주 언급된다(이사 50,2; 66,4; 예레 7,13.24-27; 즈카 7,13 참조). 사람들에게 손을 내밀었음에도 거절당했다는 표현은 "나는 반항하는 백성에게 날마다 팔을 벌리고 있었다. 그들은 자기네 멋대로 좋지 않은 길을 걷는 자들"(이사 65,2)이라는 이사야 예언서 구절을 떠올리게 한다. 예언서에서는 주님이 손을 내미셨다고 하는데, 지혜문학에서는 지혜 여인이 손을 내밀었다고 한다.

41) 파멸과 불운이 밀려오는 모습을 폭풍이나 태풍 같은 자연 재앙에 연결시켜 생생하게 전달한다(잠언 10,24-25; 욥 1,19 참조). 재난은 어리석은 자들에게 순식간에 밀어닥쳐서 아무것도 남겨놓지 않을 정도로 압도적인 힘을 발휘한다.

42) 지혜 여인의 무응답은 앞서 보인 청중의 무응답(24절)을 고스란히 되돌려 주는 방식을 취한다. 이는 상해나 재산 피해를 받은 대로 돌려주는 동태복수법을 연상시킨다(탈출 21,24; 레위 24,20; 신명 19,21; 마태 5,38 참조). 교부들은 그들이 부르기는 했어도 하느님을 부르지 않았다거나(아우구스티누스), 우리가 먼저 하느님의 말씀을 듣지 않았기에 우리의 기도를 들어주시지 않는다고 풀이한다(살비아누스).

29 그들이 지식을 미워하고[43)]
주님을 경외하려 하지 않았기에[44)]
30 나의 충고를 원하지 않고
나의 모든 훈계를 업신여겼기에
31 그들은 제 행실의 열매를[45)] 먹고

---

43) '미워하다(사네שָׂנֵא)'는 감정적인 반응을 나타낸다기보다 거리감을 표현한다. 어리석은 이들은 하느님이 어떤 분이신지 알기를 멀리했다는 뜻으로, 하느님을 경외하는 삶을 살아가지 않았음이 암시된다.

44) 예언적 모티브를 간직한 본문(24-28절)과 지혜적 모티브를 간직한 본문(29-33절)이 비슷한 방식으로 전개된다. 우선, 두 본문은 청중을 초대하고 그들의 반응을 전한 뒤(24절과 29절), 청중이 지혜 여인의 충고와 훈계를 원하지 않았다고 평가한다(25절과 30절). 그런 다음 청중이 겪게 될 불행과 파멸을 예고한다(26-27절과 31-32절). 끝으로, 파멸에 직면한 청중이 이전과 다른 반응을 보일 때 대처하는 방식을 전한다(28절과 33절). 다만, 모티브가 다르기에 세부 내용에서는 차이를 보인다. 우선, 24절에서는 청중이 자신들을 부르는 예언 선포에 귀 기울이지 않았다고 서술하고, 29절에서는 지혜 용어를 사용해 청중이 지식을 미워하고 주님을 경외하려 하지 않았다고 제시한다. 다음으로, 28절에서는 청중이 거절했기에 미래에 주님을 찾아도 응답받지 못하리라고 고발되는데, 33절에서는 현재 시점에 초점을 맞추어 그런 일을 피하려면 지혜 여인의 말에 귀 기울이라고 다시금 권면한다. 또한 지혜적 모티브를 간직한 본문에서는 청중을 '어리석은 자들'과 '우둔한 자들'로 명시한다는 점도 다르다.

45) "행실의 열매"는 행실로 말미암아 파생된 결과를 뜻한다. 훗날 자신이 한 행실에 따라 책임을 져야 한다는 뜻이다. 성경에는 이 같은 방식의 표현이 많이 나온다. 그 예로 "노고의 열매"(집회 14,15), "뱀

자기들이 꾸며낸 것으로 배부르리라.[46)]
32 어리석은 자들의 배반은 자신을 죽음으로 이끌고
우둔한 자들의 방심은 자신을 파멸시킨다.[47)]
33 그러나 내 말을 듣는 이는 편안히 살고
불행해질 걱정 없이 평온히 지내리라."

지혜는 감추어진 보물[1)]

2[2)] 1 내 아들아, 네가 만일 내 말을 받아들이고
내 계명을[3)] 네 안에 간직한다면[4)]

의 열매"(이사 14,29), "입술의 열매"(이사 57,19; 히브 13,15), "거짓의 열매"(호세 10,13), "정의의 열매"(아모 6,12), "의로움의 열매"(필리 1,11; 히브 12,11; 야고 3,18), "빛의 열매"(에페 5,9) 등을 들 수 있다. "제 입이 맺는 열매"(잠언 12,14; 13,2; 18,20)도 직역하면 '입의 열매'다.

46) "먹고"가 행실로 말미암아 심판이 초래되었다는 점에 강세를 두었다면, "배부르리라"는 심판이 어떤 규모로 닥쳐올 것인지를 강조한다. 자신이 어떻게 행동할지 선택하는 순간부터 그에 따른 결과로 심판을 고스란히 감수할 수밖에 없음을 나타낸다(발트케).

47) 어리석은 자들이 파멸과 죽음에 이른다는 발상은 자주 언급된다(8,36; 11,19; 12,28; 14,27; 21,6). 여기서 벗어나기 위해서는 재물과 보화도 아무 소용이 없고 현인의 가르침을 받아 생명의 길을 걸어야 한다(10,2; 11,4; 13,14; 24,11). 그리하여 우둔함이라는 여자의 유혹에서 벗어나고, 바른길로 포장되어 있더라도 끝내는 죽음에 이르는 길을 분간할 수 있는 지혜를 갖추어야 한다(2,18; 5,5; 7,27; 16,25). '어수룩한 자들과 어리석은 자들'에 대해서는 1,4 주해, '우둔한 자들'에 대해서는 1,22 주해 참조.

1) 지혜를 추구함으로써 얻는 이점을 둘로 구분해서 제시한다(2,1-5

과 2,6-9). 주님의 계명을 간직하고 지혜에 귀를 기울이는 기본자세를 갖출 때와 주님의 도움과 보호를 받을 때 얻게 될 깨달음이 별도로 제시된다. '그때에 깨닫게 되리라'는 어휘가 반복된다. 먼저 주님 경외함을 깨닫고 주님을 아는 지식을 찾아 얻으리라고 약속되고, 다음에는 정의와 공정과 정직 그리고 모든 선한 길을 깨닫게 되리라고 약속된다. 주님을 믿고 따르는 경건한 신앙인으로서의 자세가 바로잡혀야 바람직한 사회질서를 추구할 수 있음을 시사한다.

2) 2장은 첫 번째 교훈(1,8-19)에 이어 나오는 두 번째 교훈으로, 히브리어 알파벳 수와 같은 22행으로 되어있다. 히브리어 알파벳 첫 번째 글자인 알렙(א)으로 시작하는 시행이 세 번(1.5.9절), 열두 번째 글자 라멧(ל)으로 시작하는 시행이 세 번(12.16.19절) 나온다는 점이 특이하다. 히브리어 글자 순으로 시행을 만드는 알파벳 시는 짜임새 있게 작성되는데, 잠언에는 한 편만 수록되어 있다(31,10-31). 시편에는 알파벳 시가 여러 편 있다(시편 9—10; 25; 34; 37; 111; 112; 119; 145편).

이 두 번째 교훈은 "내 아들아"라는 호칭으로 시작한다는 점에서 다른 훈계와 같지만, 훨씬 정교하게 구성되어 있다. 이것은 노력해서 선물로 받은 지혜가 주는 이점을 나열하는 전반부(1-11절)와 악인들과 낯선 여자의 위험에서 보호해 주는 후반부(12-22절)로 나눌 수 있다. 우선 조건법으로 지혜와 슬기를 얻기 위한 여덟 가지 양상을 제시하는데(1-4절), 그렇게 하면 주님께 선물로 받은 지혜와 슬기의 도움으로(5-8절) 선한 길을 깨닫게 되고(9-11절), 그로 말미암아 악의 길에서 벗어날 뿐만 아니라(12-15절), 낯선 여자에게 넘어가 죽음으로 빠져드는 일 없이(16-19절) 의인들의 보상을 받아 땅에서 뿌리 뽑히지 않고 살아가게 될 것이다(20-22절). 지혜에 귀 기울이라는 요청이 전반부 전체에 달하고 구체적인 조언을 하지 않는다는 점이 독특하다(폭스).

3) "계명/명령(미츠오트מִצְוֹת)"은 신명기에 자주 나오는 용어다(신명 4,2;

2 지혜에 네 귀를 기울이고
슬기에 네 마음을[5] 모은다면
3 그래, 네가 예지를 부르고
슬기를 향해 네 목소리를 높인다면
4 네가 은을 구하듯 그것을 구하고
보물을 찾듯 그것을 찾는다면[6]

6,17; 8,6; 10,13; 11,27-28; 28,9.13). 계명은 신명기에서 주님이 주신 것으로 제시되지만, 이 구절에서는 먼저 언급된 '내 말'에서 알 수 있듯이 아버지와 현인들의 가르침을 가리킨다(머피). 계명과 같은 비중으로 받아들여 반드시 간직하고 지켜야 한다는 의미로 사용되었다(롱맨).

4) 두 번째 교훈은 청중을 '내 아들'로 부르며 시작한다는 점에서 첫 번째 교훈과 같다. 그런데 "아버지의 교훈을 들어라. 어머니의 가르침을 저버리지 마라"(잠언 1,8)라고 명령하는 첫 번째 교훈과 달리, '만일 …한다면 …하리라'라는 조건을 여럿 나열한다. 이는 법조문의 흔적이기에 법조계에서 일했던 현인들이 참여한 증거로 여기기도 한다(탈출 20,22-23,33 참조).

5) "마음(렙לֵב)"은 사람의 의지와 생각과 감정이 머무는 장소로 생각되기에(잠언 14,10.13; 16,1.9; 17,22; 19,21 참조), 지혜가 머물 자리도 마음이다. 주님을 섬기고 이웃을 다사롭게 품으려는 기본 성향도 마음이 좌우한다고 여겼다(잠언 3,5; 신명 6,5; 1사무 12,20). 교부들은 마음을 지키는 행위를 구체적으로 제시한다. 악마적 본성이나 적대자들의 영이 제 뜻대로 우리의 생각을 바꾸지 못하게 하고(오리게네스), 육체적으로는 동정을 지키지만 마음으로는 정욕에 빠지지 않도록(페트라의 게론티우스) 끊임없이 주의하면서 살라고 제시한다(아타나시우스). 또한 마음을 지키는 일을 스스로 할 수 없으면 형제들의 충고와 중재로 이루어 낼 수 있으므로 형제들에게 도움을 청하라고 권한다(존자 베다).

5 그때에 너는 **주님** 경외함을 깨닫고
하느님을 아는 지식을 찾아 얻으리라.[7)]
6 **주님**께서는 지혜를 주시고
그분 입에서는 지식과 슬기가 나온다.[8)]

---

6) 지혜문학에서 지혜와 슬기를 찾는 사람들이 쏟는 노력은 귀금속을 캐는 광부들의 노고와 비교되곤 한다(욥 28,1-12 참조). 지혜와 슬기는 숨겨진 보물이기에 반드시 구하고 찾겠다는 단호한 의지가 절실히 요청된다. 이는 아버지와 현인들이 지혜 교육을 받는 젊은이들에게 바라는 학구열이기도 하다. 교부들은 지혜와 돈을 비교하는 것은 적절치 않지만, 돈을 사랑하는 사람이 쏟는 열정과 노력만큼 지혜를 추구하면 참된 덕행을 얻게 될 것이라고 권면하며(아우구스티누스), 지혜를 추구하기 위해서는 먼저 하느님을 경외함으로써 깨끗하게 되어야 한다고 이른다(대 바실리우스).

7) "주님을 경외함"과 "하느님을 아는 지식"이 서로 연관되어 있다. '주님을 경외함'을 지식의 근원과 관련시키는 잠언 1,7에 비추어 보면, 하느님을 아는 지식이야말로 지식의 시작이자 가장 중요한 깨우침이다. 이는 진실도 신의도 없는 이 땅에서 가장 필요한 것은 하느님을 아는 예지라고 한 호세아 예언자의 선포와도 일맥상통한다(호세 4,1; 6,6 참조). 교부들은 하느님을 아는 지식을 내적 인식이나 신적 감각으로 풀이한다. 사람들이 의롭게 될 때 자기들 스스로 도울 힘을 간직하게 되면서 내적 인식이 하느님 공경으로 이어진다거나(알렉산드리아의 클레멘스), 인간적 감각이 아니라 신적 감각으로 하느님을 볼 수 있다고 가르친다(오리게네스).

8) 사람들은 지혜를 찾으려 노력하지만, 지혜는 주님의 선물로 주어짐을 명시한다. "지식과 슬기"의 출처가 주님이시므로, '하느님을 아는 지식' 또한 주님에게서 비롯된다. 따라서 지혜에 관한 물음은 필연적으로

7 그분께서는 올곧은 이들에게 주실 도움을 간직하고 계시며
결백하게 걸어가는 이들에게 방패가[9] 되어주신다.
8 그분께서는 공정의 길을[10] 지켜주시고
당신께 충실한 이들의 앞길을 보살피신다.
9 그때에 너는 정의와 공정과 정직을,[11]
모든 선한 길을 깨닫게 되리라.

지혜는 보호자[12]

10 그러면 지혜가 네 마음속으로 들어가고

주님에 관한 물음일 수밖에 없다(알렉산더). 주님이 주시는 지혜는 전통과 가르침, 경험과 계시 등 다양한 방식으로 전해진다(이사 28,23–29 참조).

9) 주님은 자주 '방패'로 비유되었는데(창세 15,1; 2사무 22,3.31.36; 시편 3,4; 18,3; 28,7 참조) 여기서 지켜준다는 생각이 나온다(잠언 2,8 참조). "방패"와 "도움"은 시편 등에서 함께 언급된다(시편 33,20: 115,9–11). "그분은 너를 도우시는 방패이시며 너를 힘있게 하시는 칼이시다"(신명 33,29).

10) 현인들은 인생을 길에 비유하여 지혜로운 삶을 "공정의 길", "당신께 충실한 이들의 앞길", "모든 선한 길" 등으로 다양하게 표현한다. 현인들의 가르침을 추종하는 사람들은 이미 닦인 지혜의 길을 따라가기에 어둠 속에서도 올곧게 걸어갈 수 있다. '길과 행로'에 대해서는 잠언 1,15 주해 참조.

11) "정의와 공정과 정직"이라는 세 가지 덕목은 지식으로만 아는 것이 아니라 실천할 때에 참으로 이해할 수 있고 진가를 발휘한다. 이에 대해서는 1,3 주해 참조.

12) 지혜를 마음속으로 받아들인 이들은 나쁜 친구들(12–15절)과 낯선 여자들(16–19절)에게서 악한 영향을 받지 않도록 보호를 받는다. 사

지식이 네 영혼에 감미로우리라.[13]
11 현명함이 너를 보살피고
슬기가 너를 지켜[14]
12 악의 길에서,[15]
사악한 것을 말하는 자에게서 너를 구해주리라.
13 그들은 어둠의 길을 걸으려고
바른 행로를 저버린 자들

람들은 첫 번째 훈계에서 폭력을 휘두르고 탐욕스러운 죄인들의 유혹에 넘어가지 않도록 조심하라는 경고를 이미 받았다(1,8-19). 이제는 그들이 걷는 길이 악과 어둠의 길이라고 단정하며, 매끄러운 말로 다가오는 낯모르는 여자에게 빠져들다가는 죽음에 이를 뿐이라고 구체적으로 경고한다. 그러니 지혜가 보살피고 구해줄 것이라는 믿음으로 의인들의 행로를 꿋꿋이 걸어가야 땅에서 살아남을 수 있다고 제시한다.

13) '마음'에 대해서는 2,2 주해, '영리함과 지식과 현명함'에 대해서는 1,4 주해 참조.

14) 지켜주고 보살피는 행동은 8절과 똑같지만 주체가 다르다. 8절에서는 주님이고, 이 구절에서는 현명함과 슬기다. 곧 지혜의 유의어가 주님과 같은 역할을 수행한다. 지혜와 주님의 관계는 지혜서에서 "지혜는 하느님 권능의 숨결이고 전능하신 분의 영광의 순전한 발산"(지혜 7,25)이라고 명료하게 밝힌다.

15) 8-9절의 지혜를 추구하는 이들이 걷는 선한 길과 달리, 바른 행로를 저버린 자들이 걷는 악과 어둠의 길을 제시한다. 의인들의 길과 악인들의 길을 대비시키는 본격적인 가르침은 잠언 4,10-27에서 다룬다. 두 가지 인생길에 대한 사상은 멸망으로 이끄는 널찍한 길과 생명으로 이끄는 좁은 길로 대비되어 마태오 복음에 등장한다(마태 7,13-14). '길과 행로'에 대해서는 잠언 1,15 주해 참조.

14 악행을 즐겨 하고
사악한 것을 기뻐하는 자들
15 그 길이 빗나가고
그 행로가 엇나간 자들이다.
16 또 슬기는 너를 낯선 여자에게서,
매끄러운 말을 하는 낯모르는 여자에게서 구해준다.[16)]
17 그런 여자는 제 젊은 시절의 친구를 버리고[17)]
자기 하느님과 맺은 계약을[18)] 잊은 자다.

---

16) 1—9장에서 '낯선 여자'가 나오는 구절은 모두 예순다섯 절로, '지혜 여인'을 다룬 구절보다(1,20–33; 8,1–36) 더 많다. 낯선 여자(이샤 자라אִשָּׁה זָרָה)와 낯모르는 여자(노크리야נָכְרִיָּה)는 유의어로 함께 제시되며(7,5), 낯선 여자는 이교 여신의 부정적 영향을 받아 공동체의 구성원을 탈선으로 이끄는 상징적 인물로 묘사된다(2,16–19; 5,3–23; 6,24–35; 7,5–27; 9,13–18 참조). "창녀는 깊은 구렁이고 낯선 여자는 좁은 우물이다"(23,27)처럼 대구법으로도 사용되고, "낯선 여자들의 입은 깊은 구렁"(22,14) 등의 표현은 '창녀'를 에둘러서 가리키는 것 같다. 이 낯선 여자와 낯모르는 여자를 경계하라는 아버지의 가르침은 세 차례에 걸쳐 제시된다(2,16–19; 5,1–14; 6,23–35).

17) "젊은 시절의 친구"는 남편을 가리킨다(17,17 참조). 곧 남편과 맺은 결혼 서약을 저버리고 다른 남자를 유혹했음을 지적한다. 이 표현은 구약성경에서 한 번 더 등장하는데, 거기에서는 유다와 이스라엘을 여인으로 설정해서 하느님을 아버지이자 친구로 제시한다. "지금도 너는 나를 '저의 아버지' '당신은 제 젊은 시절의 친구'라 하지 않느냐?"(예레 3,4)

18) '계약(브리트בְּרִית)'이라는 용어는 잠언에서 이곳에만 나온다. 그래서 "자기 하느님과 맺은 계약"이 무슨 뜻인지 이해하기 위해서는 언어적으로나 사상적으로 가장 근접한 말라 2,14–16과 비교해 보아야 한

18 그 여자의 집은 죽음 속으로 빠져들고[19)]
그 길은 죽은 자들에게 이른다.
19 그 여자에게 가는 자들은[20)] 모두 돌아오지 못하고
더 이상 생명의 길에 이르지 못한다.
20 그러니 너는 선인들의 길을 걷고
의인들의 행로를 따라야 한다.[21)]
21 올곧은 이들은 이 땅에서[22)] 살고

다. "네가 배신한 젊은 시절의 네 아내와 너 사이의 증인이 바로 주님이시기 때문이다. 그 여자는 너의 동반자이고 너와 계약으로 맺어진 아내이다"(말라 2,14). 잠언에서 약속을 어긴 이가 아내라면, 말라키서에서는 남편이다. 따라서 남편이든 아내든 정결 서약을 어기는 것은 그 결혼의 증인이신 주님과 맺은 계약도 어기는 것이라는 뜻으로 풀이된다. 예언자들은 이스라엘과 주님이 맺은 계약을 결혼에 비유했으므로(예레 3,4; 에제 16,8; 호세 2,18–20 참조), 이교 제의에 빠진 이스라엘을 간음한 여자로 빗댄 것으로 풀이할 수도 있다(와이브레이).

19) '빠져든다'는 서술어는 "깊은 구렁"(잠언 22,14)으로 비유되는 낯선 여자와 어울린 결과를 나타낸다. 낯선 여자의 몸과 집과 길은 일단 발을 들여놓으면 죽음이라는 동일한 결과를 초래한다. 이스라엘에서 간통죄는 쌍방 모두를 사형에 처하도록 규정되었다(레위 20,10; 신명 22,22–24).

20) '그 여자에게 간다'는 표현은 성적 의미를 함축한다(잠언 6,29; 판관 15,1 참조).

21) '길과 행로'에 대해서는 잠언 1,15 주해 참조.

22) "땅"은 주님이 아브라함과 그 후손에게 약속한 이래(창세 12,1–8), 이스라엘 역사를 일관하는 구약성경의 핵심 주제다(브루거만). 그렇지만 지혜문학에는 성조들에게 하신 주님의 약속, 계약, 이집트 탈출, 시나이, 바빌론 유배 등 이스라엘의 역사에 신학적으로 관심을 보이는 내용

흠 없는 이들은[23] 이곳에 남아있겠지만
22 악인들은 이 땅에서 잘려 나가고
배신자들은[24] 이곳에서 뽑혀 나갈 것이다.

은 드물다(잠언 10,30; 욥 15,18–19 참조). 21–22절에서도 역사에 관심을 갖기보다는 땅에서 심판이 벌어져 의인들과 악인들의 운명이 갈릴 때, 악인들은 뿌리 뽑히고 올곧은 이들과 흠 없는 이들은 약속의 땅에서 계속 살아가게 될 것이라고 대비시킬 뿐이다(즈카 13,8; 시편 37편 참조). 신약성경에서는 온유한 사람들이 땅을 차지할 것이라는 행복선언으로 이어진다(마태 5,5).

23) "흠 없는 이들(타밈 תְּמִימִים)"이 안전하게 걸어갈 수 있는 이유는 주님이 도움을 주시고 방패가 되어주시기 때문이다(잠언 2,7). 시편 26편에는 악인들의 모임을 싫어하며 경건하게 살아가다가 주님께 자비를 청하는 흠 없는 이의 삶이 잘 드러나 있다. 성경에서는 흠 없는 인물로 욥을 제시하는데, 함께 나열되는 "올곧으며 하느님을 경외하고 악을 멀리하는"(욥 1,1)이라는 수식어가 흠 없이 사는 삶의 특성을 잘 보여준다. 흠 없이 걷는 이는 하느님을 경외하는 가운데 악을 멀리하고 제 길을 잘 살펴 올곧은 길로 가기에 의롭다는 평판을 받는다(잠언 10,9; 19,1; 21,29; 28,6 참조). '흠 없는(바톰 בְּתֹם)'은 직역하면 '결백함 안에서'이다. 히브리어에서 결백함은 상대적 용어로서, 자기 결백이나 완전무결함을 뜻하기보다는 다른 사람들에게서 받는 평판에 가깝다. 흠 없이 사는 사람은 의로워서 그 자손들이 행복하다는 내용은 인과응보의 원칙을 반영한다(20,7). 이 원칙은 욥의 예에서 볼 수 있듯이 이후에 크게 도전받는다. 욥처럼 흠 없이 의롭게 살아간 사람에게 닥친 재앙을 두고 인과응보를 기계적으로 적용할 수 없다는 통찰이 이후 지혜문학에서 발전한다.

24) "배신자들(보그딤 בֹּגְדִים)"은 '딴 마음을 먹은', '불성실하게 행동하는'이라는 뜻이다. 이들은 초심을 지키지 못하고 자신들의 욕망을 따

주님을 경외함과 지혜[1)]

3 1 내 아들아, 너는 내 가르침을 잊지 말고
너의 마음이 내 계명을 지키게 하여라.[2)]

르다가, 동료들에게 크나큰 상처를 입히고 파멸하게 된다(11,3.6; 13,2.15; 25,19).

1) 세 번째 교훈(3,1-12)에서는 두 행으로 구성된 대구들이 여섯 쌍 나열된다. 첫 행에서는 "계명을 지키게 하여라"(1절), "새겨두어라"(3절), "의지하지 마라"(5절) 식으로 권면하고, 다음 행에서는 그 이유나 동기를 제시한다. 예컨대, 계명을 지키면 행복을 더해주고(1-2절), 자애와 진실을 새기면 호의와 호평을 받으리라는 것이다(3-4절). 이유를 나타내는 접속사(키 כִּי)가 2절과 12절에 등장하는 것도 이와 상통한다. 계약 당사자인 신앙인들이 경건하고 윤리적인 삶을 살면, 또 다른 당사자인 주님이 당신을 섬기는 신앙인들에게 호의와 행복과 장수로 보상해 주신다고 전한다. 한편 "내 아들아"(1.11절)라는 호칭이 단락의 첫 대구와 마지막 대구에 나옴으로써 앞뒤로 호응하는 구조를 이룬다.

또한 이스라엘의 신앙을 고백하는 쉐마(신명 6,4-9)와 공통적인 요소가 여섯 가지나 된다(오버랜드). '묶는다(카샤르 קָשַׁר)'라는 표현을 '기억하고 준수하다'라는 비유적 의미로 사용하고(잠언 3,3; 신명 6,8), '쓰다(카타브 כָּתַב)'라는 표현을 '묶는다'와 결합해서 사용한다(잠언 3,3; 신명 6,8-9). 또한 우리말 성경 표현에는 잘 드러나지 않지만, '마음'을 '모든(콜 כֹּל)'이라는 어휘로 수식한다(잠언 3,5; 신명 6,5). 그리고 신체를 언급하는 요소도 병행하는데, 신명기에서는 목구멍을 뜻하는 네페쉬(נֶפֶשׁ)를, 잠언에서는 눈(아인 עַיִן)과 배꼽(쇼르 שֹׁר)과 뼈(에쳄 עֶצֶם)를 언급함으로써 심리적이고 개인적인 열망을 함께 연관시킨다(잠언 3,7-8; 신명 6,5). '힘(머오드 מְאֹד)'을 다하라는 요청(신명 6,5)은 '재물과 모든 소출의 맏물로 주님께 영광을 드리

2 그것들이 너에게 장수와 수명을,
그리고 행복을 더해주리라.[3)]
3 자애와[4)] 진실이[5)] 너를 떠나지 않도록 하여라.[6)]

라'는 말로 명시한다(잠언 3,9). "주 너희 하느님을 사랑해야 한다"(신명 6,5)라는 명령은 "자애와 진실이 너를 떠나지 않도록 하여라"(잠언 3,3)라는 지침으로 더 구체화시킨다. 요컨대 3,1–12은 쉐마를 일상생활에서 구현하기 위한 실행안이라고 할 수 있다.

2) 잠언에는 아버지의 가르침에 귀를 기울이라는 권면이 자주 등장한다(4,1–2.10; 5,1; 7,1–3 등). 이 구절에서는 한 번은 잊지 말라는 부정문 형태로, 또 한 번은 지키게 하라는 긍정문 형태로 아버지의 가르침에 충실할 것을 권면한다. 또한 "가르침"이 '토라תּוֹרָה'일 뿐 아니라 "계명(미츠오트מִצְוֹת)"을 유의어로 제시하고 있으므로, 아버지의 가르침이 모세오경이 전하는 율법과 같은 권위를 지니고 있음을 시사한다. '계명'에 대해서는 2,1 주해 참조. '마음이 지키게 하여라'는 아버지의 가르침을 마음으로 배울 뿐 아니라 야곱이나 마리아처럼 간직하라는 의미다(창세 37,11; 루카 2,19 참조). '마음'에 대해서는 잠언 2,2 주해 참조.

3) "장수와 수명(אֹרֶךְ יָמִים וּשְׁנוֹת חַיִּים)"은 직역하면 '날들의 길이와 인생의 햇수'다. 주님은 사람이 살날의 길이를 주관하시는 분이다(시편 39,6; 61,7; 89,46). 신명기도 부모님을 공경할 때 장수를 보상으로 받는다고 언급한다(신명 5,16). 다른 보상으로 제시되는 "행복(샬롬שָׁלוֹם)"은 갈등이나 분쟁이 없는 평온한 상태가 아니라 질적으로 풍요롭고 의미 있는 삶을 가리킨다. 질병이나 심적 고통을 겪으면서 그저 오래 살기만 하는 삶은 주님의 은총이 아니라 저주에 가깝다. 그래서 지혜문학에서는 장수와 행복을 소중한 가치로 함께 나열하곤 한다(잠언 3,16–17; 바룩 3,14 참조).

4) "자애(헤세드חֶסֶד)"는 계약에 기반을 둔 사랑을 뜻하므로, "신의"(잠언 19,22; 20,6; 21,21)로 번역되기도 한다. 주님이 이스라엘을 노예생활에

그것들을 네 목에 묶고
네 마음속에 새겨두어라.[7)]

서 구해냈듯이, 자애로운 사람은 이웃에게 해를 입히지 않고 인격적으로 대한다. 야곱은 죽을 때가 임박하자 요셉에게 신의를 지켜 자신을 이집트 땅에 묻지 않을 것을 다짐하게 하고(창세 47,29), 미카 예언자는 신의를 지키는 일을 하느님이 사람들에게 요청하시는 세 가지 가운데 하나로 꼽을 정도로 중시한다(미카 6,8). 집회서에서도 친구와 이웃에게 신의를 지키는 일이 중요함을 계속해서 다룬다(집회 27,17; 29,3).

'헤세드'는 자기 자신의 능력과 자질을 존중하고 이웃을 있는 그대로 받아들여서 성장할 수 있게 한다. 라삐 힐렐도 "내가 나를 위하지 않으면 누가 나를 위하느냐? 내가 내 자신만을 위한다면 내가 무엇이냐?"(『선조들의 어록』 1,14)라고 함으로써, 개인의 성장과 공익이 함께 조화를 이루어 나아가야 함을 일깨운다. 대 레오는 자애로운 품성을 자선과 관련지어, 가난한 이웃을 돕는 데 사용된 재물만이 영원한 재물로 변화되어 최고의 보상을 받게 될 것이라고 풀이한다.

5) "진실(에메트אֱמֶת)"과 거짓은 현인들의 주요 관심사다(잠언 3,3; 8,7; 12,17.19.22; 14,5.22.25; 16,6; 20,28; 22,21; 29,14).

6) '자애와 진실'은 구약성경에서 종종 함께 제시된다(시편 25,10; 40,11–12; 61,8; 85,11; 86,15; 89,15; 108,5; 115,1; 138,2). 주님은 모세 앞을 지나가면서 당신을 자애와 진실이 충만한 분으로 소개하는가 하면(탈출 34,6), 자애와 진실을 임금에게 나누어 주어 그를 지키게 하시는 분이다(잠언 20,28; 시편 40,12; 61,8). 더구나 잠언에서는 주님을 경외함으로 악이 멀어지는 현상을 대구로 제시하기에 앞서 자애와 진실로 죄가 덮인다고 서술할 정도다(잠언 16,6). 여기서는 의인화 기법을 사용하여 자애와 진실이 떠나지 않고 남아 영원한 동료가 될 수 있게 하라고 권면한다.

7) 몸에 무언가를 묶는 행위는 모세를 통해 선포한 주님의 모든 규

4 그러면 네가 하느님과 사람 앞에서
호의와 호평을 받으리라.[8)]
5 네 마음을 다하여 **주님**을 신뢰하고
너의 예지에는 의지하지 마라.[9)]

정과 계명을 "손에 표징으로 묶고 이마에 표지로 붙여라"(신명 6,8)라는 말씀을 떠올리게 한다. 다른 구절에서는 손가락에 계명과 가르침을 묶으라고 권면한다(잠언 7,3). 그런데 이 구절에서처럼 '목에 묶는다'는 표현은 다른 성경에 나오지 않는다. 이스라엘이 주님의 계명에 복종하지 않고 고집을 부려 목을 뻣뻣이 세웠기에 손이나 이마 대신 "목"이 언급되었을 것으로 보인다(잠언 29,1; 느헤 9,16-17.29; 예레 7,26; 17,23 참조).

"마음속에 새겨두어라"를 '목에 묶어라'와 함께 제시함으로써(잠언 6,20; 참조: 7,3), 주님의 명령을 내면화시켜 행동만이 아니라 동기까지도 순수해지라고 권면한다. 자애와 진실, 아버지의 계명과 어머니의 가르침(6,20)에 충실하다 보면, 인격만이 아니라 주님과의 관계도 새롭게 변화될 것이다(예레 31,33; 로마 12,2; 2코린 3,3 참조).

8) 하느님과 사람 앞에서 받는 "호의와 호평"은 자신의 정체성을 긍정적으로 설정하는 데 크게 기여한다(1사무 2,26; 루카 2,52; 사도 2,47; 로마 14,18 참조). 잠언에서는 주님의 이름으로 야훼יהוה가 주로 등장하는데, 여기서는 고대 근동에 보편적으로 통용되는 엘로힘אֱלֹהִים이 언급된다. 이는 자애롭고 진실하게 살아가는 삶은 이스라엘에서만이 아니라 다른 나라에서도 보편적으로 인정받음을 나타낸다.

9) 현인들은 주님을 "신뢰"하는 마음가짐이야말로 신앙생활을 영위하는 데 가장 핵심이라고 가르친다. 인간의 지혜와 슬기는 주님이 펼치시는 일 앞에서 자취도 없이 사라져 버리기 때문이다(이사 29,14 참조). 바오로 사도도 "세상은 하느님의 지혜를 보면서도 자기의 지혜로는 하느님을 알아보지 못하였습니다"(1코린 1,21)라고 인정한다. 인간의 행복과

6 어떠한 길을 걷든 그분을 알아 모셔라.
그분께서 네 앞길을 곧게 해주시리라.[10)]
7 스스로 지혜롭다 여기지 말고[11)]
주님을 경외하며 악을 멀리하여라.
8 그것이 네 몸에 약이 되고
네 뼈에 활력소가 되리라.
9 네 재물과 네 모든 소출의 맏물로

안전은 주님을 신뢰하는 바탕에서 이루어지기에(잠언 16,20; 29,25 참조), 자신의 생각을 고집스럽게 내세우기보다는 주님의 능력과 지혜에 열려 있어야 한다.

10) 인생은 정해진 틀에 매이지 않고 열려있다. 그 길에서 벌어지는 온갖 사건을 통해 우리는 주님을 만나고, 그분이 제시해 주신 정의와 공정과 정직이라는 규범에 구체적으로 응답한다(잠언 1,3; 16,12; 예레 22,13-16; 아모 5,21-24 참조). 그 응답에 따라 큰 굴곡 없이 곧은길로 가느냐, 아니면 행로가 엇나가 굽은 길로 가느냐가 판가름 난다(잠언 2,15 참조). 곧은길은 어려움이나 난관이 없다는 것이 아니라 인생의 목표와 방향이 명확히 설정되어 있다는 뜻이다. '길과 행로'에 대해서는 1,15 주해 참조.

11) 자기 자신을 지혜롭다고 여기거나 자랑하는 오만한 태도를 경계하는 가르침은 여러 곳에 나온다(26,12; 27,1; 28,11.26 참조). "스스로 지혜롭다"는 직역하면 '제 눈에 지혜롭다(חָכָם בְּעֵינֶיךָ)'이다. 개인이 주관적 평가에 따라 제 눈에 옳게 보이는 대로 행동한다면 큰일이 생기기 마련이다(판관 17,6; 21,25 참조). 바오로 사도도 "자기가 무엇을 안다고 생각하는 사람은 마땅히 알아야 할 것을 아직 알지 못합니다"(1코린 8,2) 하고 따끔하게 지적한다. 알렉산드리아의 키릴루스도 우리가 지닌 지식이 모두 진실이 아니라는 점을 지적하며, 열정에 휘둘려 성급하게 판단하지 말고 편견 없이 공평하게 판단하는 것이 옳다고 가르친다.

주님께 영광을 드려라.[12)]
10 그러면 네 곳간은 그득 차고
네 술통은 포도즙으로 넘치리라.
11 내 아들아, **주님**의 교훈을[13)] 물리치지 말고
그분의 훈계를 언짢게 여기지 마라.
12 아버지가 아끼는 아들을 꾸짖듯
주님께서는 사랑하시는 이를 꾸짖으신다.[14)]

---

12) 그동안은 내면적인 성향에 초점을 맞추어 권면이 이어졌는데(1.3.5.7절), 여기서는 외적으로 바치는 제물 봉헌으로 시선을 돌린다. "맏물(레쉿 רֵאשִׁית)"은 수확기마다 맨 처음 거두는 소출이자 가장 좋은 몫을 나타낸다. 주님이 소출을 거둘 수 있도록 보살펴 주셨으므로 그 은혜에 감사하는 제물을 바쳐야 한다는 것이다. 그 밖의 제사 언어로 "친교 제물"(잠언 7,14), "제물"(15,8; 21,3), "제사"(21,27) 등이 언급되기는 하지만, 예배나 전례는 잠언의 관심사가 아니다. 그보다는 주님의 현존 안에서 살아가는 일상생활에 관심을 보인다.

교부들은 주님께 바치는 재물이 어디에서 비롯되었는지에 주목한다. 스스로 일해서 번 재물은 주님이 기꺼이 받지만 다른 사람의 소유물을 약탈해서 바치는 재물은 역겨워하신다거나(아우구스티누스, 대 그레고리우스), 주님께 바치는 재물 자체는 본래 하느님이 우리에게 소유하도록 허락하신 것임을 일깨운다(사제 살비아누스).

13) '교훈'에 대해서는 1,2 주해 참조.

14) 주님께 제사를 드리면 재산이 불어난다는 9-10절과 대조적으로, 주님은 당신이 사랑하는 이들의 삶을 위태롭게 하는 태도와 행동을 좌시하지 않고 사랑의 훈육을 하신다고 기술한다(잠언 1,7-8; 13,24; 15,5; 신명 8,5; 욥 5,17; 호세 6,1; 히브 12,11 참조). 전통적인 인과응보 원칙에 따르면 주님이 사랑하시는 이는 복을 받아야 하는데, 현실은 그렇지 않

지혜는 생명의 나무[15]

13 행복하여라,[16] 지혜를 찾은 사람!

은 경우도 있다. 인과응보의 시각을 지닌 잠언 저자도 이를 자각하고 있었음을 드러내 주는 예다. 우리의 현실이 인과응보에 부합되지 않는 경우가 많다는 사실을 인식하고 통렬하게 비판하는 일은 욥기와 코헬렛에서 본격적으로 다루어진다.

교부들은, 고통은 주님이 우리의 잘못을 고쳐주시거나 우리의 믿음을 시험하시는 것일 수 있다는 전제 아래, 고통을 겪을 때 취해야 할 바른 자세에 대해 가르친다. 화내거나 투덜거리지 말고 주님의 매질을 받을 자격이 있다고 여기신 그분의 호의에 기뻐하며 감사하라고 한다(아우구스티누스, 테르툴리아누스). 또한 훈계는 우리를 주님의 의지와 하나로 묶기 때문에 매우 유익하며(로마의 클레멘스) 구원을 향해 나아가도록 해준다고 가르친다(카시오도루스). 그러기에 "훈육은 종교와 참된 신심의 스승이다"(시미에의 발레리아누스).

15) 지혜를 찬미하는 양식(13-18절)과 두 행으로 구성된 대구 양식(19-20절)이 함께 묶여있다. 찬미가는 '행복하여라'로 시작하고 끝맺는 구조로, 지혜를 찾은 사람은 귀금속보다도 귀하고 누구나 바라는 장수와 부와 평화로운 앞날이 깃들어 있어 행복하다고 이야기한다. 그리고 인간에게 행복을 선사하는 지혜는 주님이 세상을 창조하실 때에도 이미 제 역할을 했음을 대구로 간결하게 밝힌다.

16) "행복하여라(아쉬레 אַשְׁרֵי)"는 지혜문학에서 현인들의 가르침을 따르는 학생들이 기쁨을 누리며 만족해 있는 상태를 나타낸다. 이 기쁨은 학생들이 애써 찾으려 했던 지혜를 발견한 데에서 비롯된다. 이처럼 지혜를 찾고 발견하는 모티브는 여러 곳에서 등장한다(잠언 2,2-6; 8,17). 지혜를 발견해서 행복한 이유는 다음 절에서 밝혀진다.

행복하여라, 슬기를 얻은 사람!
14 지혜의 소득은 은보다 낫고
그 소출은 순금보다 낫다.[17)]
15 지혜는 산호보다 값진 것
네 모든 귀중품도 그것에 비길 수 없다.
16 지혜의 오른손에는 장수가,
그 왼손에는 부와 영광이 들려있다.[18)]

'행복하여라'는 시편에서도 성실한 신앙생활에서 오는 충만한 삶을 묘사하는 데 26회나 언급된다(시편 1,1; 2,12; 32,1.2; 33,12 등). "행복하여라! 악인들의 뜻에 따라 걷지 않고 죄인들의 길에 들지 않으며 오만한 자들의 자리에 앉지 않는 사람, 오히려 주님의 가르침을 좋아하고 그분의 가르침을 밤낮으로 되새기는 사람"(1,1-2). 시편에서는 주님의 가르침에 초점을 맞추지만, 지혜문학에서는 주님의 가르침이 곧 지혜라는 점을 강조한다.

17) 지혜를 금은보화나 귀중품과 비교하는 것은 지혜문학에서 흔하다(잠언 2,4; 8,10.19; 16,16 참조). 지혜와 지식의 가치를 "알맞게 표현된 말은 은 쟁반에 담긴 황금 사과"(25,11)와 같다거나 "의인의 혀는 순수한 은"(10,20)과 같다는 식으로 표현한다. 지혜의 보상은 가치를 헤아릴 수 없을 만큼 귀해서 사람들이 바라는 그 어떤 것과도 비교할 수 없다는 식의 논조와 어휘는 8,1-35과 31,10-31에서도 고스란히 재현된다. 귀금속에 비유되는 지혜에 관해서는 2,4 주해 참조.

'…보다 낫다(톱 민 טוֹב מִן)'는 잠언에서 많이 사용되는 표현인데, 지혜가 가장 가치 있다고 주장하거나(8,19; 16,16) 서로 대비되는 양상을 통해 더 지혜로운 삶을 선택할 수 있도록 한다(16,19.32; 17,1; 19,1.22; 21,3.9.19; 22,1.24; 27,5.10; 28,6 참조).

18) 의인법이 적용되어 지혜에 손이 있다고 서술된다. 지혜의 양손에

17 지혜의 길은 감미로운 길이고
그 모든 앞길에는 평화가[19] 깃들어 있다.
18 지혜는 붙잡는 이에게 생명의 나무[20]

들려있는 '장수와 부와 영광'은 주님이 솔로몬 임금이 청하지 않았는데도 당신의 규정과 계명을 지킬 때 주겠다고 약속하신 지혜의 선물이다(1열왕 3,13-14 참조). "영광(카보드 כָּבוֹד)"에는 '풍요와 명예'라는 뜻도 있어, 솔로몬 임금에게 주신 선물로 언급되는 '명예'와 같은 단어다. 지혜의 선물은 누구나 바라는 매력적인 것들이라, 이 선물을 받기 위해서라도 지혜를 추구하려는 동기를 유발하는 데 효과적이다. 한 손에 장수, 곧 생명을 쥐고 있는 표상은 세계 질서와 정의를 관장하는 이집트 여신 마아트를 연상시킨다. 마아트는 한 손에는 생명의 상징인 앙크를 쥐고, 다른 손에는 부와 명예를 상징하는 홀을 쥐고 서있는 모습으로 형상화된다.

교부들은, 성인들은 하느님의 오른쪽에서 천상의 것을 열망하고 죄인들은 왼쪽에서 세상의 재화를 추구했다거나(카시오도루스, 히에로니무스), 그리스도와 연관시켜 왼손은 거룩한 교회의 현재 삶이고 오른손에 들린 장수는 우리 구세주의 지혜를 나타낸다고 가르친다(존자 베다). 두 손을 대비시켜 영성적으로 풀이하는 방식은 세상의 것에 연연하지 않고 하느님만을 바라보며 신앙생활을 하기 바라는 교부들의 지향점을 잘 나타낸다.

19) "평화(샬롬 שָׁלוֹם)"는 2절에서 언급된 단어로, 잠언 1—9장에서는 이 두 구절에만 나온다.

20) "생명의 나무(에츠 하임 עֵץ־חַיִּים)"는 '건강'과 '장수'를 가리키는 전통적인 표상으로, 지혜가 제공하는 행복한 삶을 나타낸다(3,2; 11,30; 15,4 참조). 집회서에서도 지혜를 싱싱하고 풍성한 열매를 맺는 나무로 묘사한다(집회 24,12-17). 제때에 열매를 내어 사람들을 먹이고, 나뭇잎으로 민족들을 치료하는 것으로도 제시된다(창세 2,9; 3,22.24; 시편 1,3; 묵시 2,7;

그것을 붙드는 이들은 행복하다.

19 **주님**께서는 지혜로 땅을 세우시고
슬기로 하늘을 굳히셨다.
20 그분의 지식으로 심연이 열리고
구름이 이슬을 내린다.21)

22,2.14 참조). 생명의 나무는 해마다 새로 싹을 틔우고 풍성하게 자라나는 나무의 생명력을 상징하기에, 고대 근동 문헌에서 풍요의 여신을 나타내는 상징으로 종종 사용되었다. 예컨대, 가나안의 아세라는 살아있는 나무로 형상화된다(신명 16,21 참조). 교부들은 예수 그리스도를 생명의 나무에 비유한다(오리게네스, 시리아의 에프렘, 히에로니무스).

21) 지혜를 창조와 연관시키는 첫 구절이며, 지혜를 세상을 창조하는 기반으로 제시한다. 그럼으로써 세상의 질서와 법칙을 이해하기 위해서는 지혜를 탐구하는 데 매진할 수밖에 없도록 동기가 부여된다. 고대 근동인들은 세상을 '땅'과 '하늘'과 '심연'으로 구분했으며(탈출 20,4 참조) 땅은 심연 위에 기둥을 세워 가라앉지 않는 것으로 여겼다(창세 1,2.9–10 참조).

"지혜로 땅을 세우시고"에서 '…로(בְּ)'는 도구와 방법을 나타내는 전치사다. 주님이 지혜와 슬기로 세상을 창조하셨다는 생각은 성경의 다른 곳에서도 발견된다(시편 104,24; 예레 10,12 참조). 주님의 창조 사업을 서술하는 데 사용된 '세우다'와 '굳히다'는 모두 건축 용어로 주님이 집을 짓듯이 세상을 창조하셨음을 비유적으로 나타낸다. 그런데 지혜가 의인화되어 주님의 창조 사업을 기뻐하는 아이와 같은 모습으로 제시되는 본문도 있어(잠언 8,30), 지혜가 세상 창조 때 어떤 역할을 수행했는지는 명확하게 드러나지 않는다. 주님의 창조 사업으로 세상 자체가 지혜가 되었다는 견해도 있다(폰 라트).

주님은 너의 의지[22)]

21 내 아들아, 신중함과 현명함이[23)]
네 눈에서 벗어나지 않도록 하여라.
22 그것들이 네 영혼에[24)] 생명이 되고

세상 창조에 등장하는 '지혜(호크마חָכְמָה)'의 유의어로 "슬기(터부나תְּבוּנָה)"와 "지식(다아트דַּעַת)"이 제시된다. 그런데 세상 창조가 아니라 집을 짓는 데에 지혜와 슬기와 지식이 등장하기도 한다(24,3-4). 주님이 성막을 제조할 수 있도록 브찰엘에게 채워준 "재능과 총명과 온갖 일솜씨"(탈출 31,3)와 솔로몬 임금 통치 때 성소를 지었던 히람의 청동 기술자가 갖고 있던 "지혜와 지식과 기술"(1열왕 7,14)이 우리말로는 달리 번역되었지만 히브리어로는 지혜와 슬기와 지식이다. 지식 대신에 '능력(코아흐כֹּחַ)'으로 치환해서 능력과 지혜와 슬기를 짝으로 제시하는 경우도 있다(예레 10,12). 이 구절에서 우리말은 '예지'로 번역했지만, 히브리어로는 슬기와 같은 용어다.

22) 네 번째 교훈(잠언 3,21-35)은 주님을 믿고 의지하라는 단락(21-26절)과 능력껏 이웃을 사랑하라는 단락(27-35절)으로 구분된다. 우선, 첫 단락에서는 교훈을 들을 대상을 부르는 전형적인 방식으로 시작해서, 어떤 파멸이나 공포에 직면해도 두려워할 필요가 없도록 주님이 지켜주신다고 이른다. 주님이 특별한 방식으로 구원해 주시는 것이 아니라, 평소에 신중하고 현명하게 살아왔기에 위험에서 자연스럽게 벗어나게 된다는 것이다. 지혜를 꼭 붙들면 생명과 안전이 보장된다는 논리는 "지혜는 붙잡는 이에게 생명의 나무"(18절)라는 앞 단락의 가르침과 상통한다.

23) '영리함과 지식과 현명함'에 대해서는 1,4 주해 참조.

24) "영혼(네페쉬נֶפֶשׁ)"은 직역하면 '목구멍'으로, 다음 행의 "목"과 대

네 목에 아리따움이 되리라.
23 그러면 너는 안심하고 길을 걸으며
네 발은 어디에도 부딪치지 않으리라.[25)]
24 네가 누워도 무서워할 것이 없고
누우면 곧 단잠을 자게 되리라.[26)]
25 갑작스러운 공포 앞에서도,
악인들에게 닥치는 파멸에도 두려워하지 마라.
26 **주님**께서 너의 의지가 되시어
네 발이 덫에 걸리지 않게 지켜주시리라.

구를 이룬다. 문맥에 따라서 "영혼"(21,10), "목숨"(13,3; 16,17; 19,16), "자신"(11,17; 15,32), "욕망이나 갈망"(13,2.4; 19,2) 등으로 번역된다. '몸(셔에르 שְׁאֵר)'이 외적으로 바라본 인간을 나타낸다면, 네페쉬는 내적으로 바라본 '숨을 쉬는 존재, 내적 인간'을 가리킨다(11,17 참조).

25) 신중함과 현명함이 인생길을 안심하고 걸을 수 있도록 안내하는 역할을 한다. '길과 행로'에 대해서는 1,15 주해 참조.

26) 지혜를 따르는 이들은 인생길에서 앞으로 나아가거나 묵을 때에 아무 문제도 생기지 않으리라고 격려한다. 지혜로운 행동은 안전한 환경을 창출해 낸다. 주님은 여행길의 인도자로 일행의 안전을 책임지시는 분이자 잠잘 때 보호하시는 분이다(토빗 5,16; 지혜 18,3; 시편 3,6; 4,9; 호세 2,20 참조). 알렉산드리아의 클레멘스는 '안내자'에 초점을 맞추어 율법과 철학이 히브리인들과 그리스인들을 그리스도께로 이끄는 안내자가 되었다고 덧붙인다. 니네베의 이사악은 하느님께 자신을 영원히 봉헌하거나 무소유의 정신으로 여러 감각이 차분해질 때 공포나 두려움에 사로잡히지 않고 편안한 마음으로 일생을 살아갈 수 있다고 가르친다.

이웃 사랑[27]

27 네가 할 수만 있다면
도와야 할 이에게 선행을 거절하지 마라.
28 가진 것이 있으면서도 네 이웃에게
"갔다가 다시 오게, 내일 줄 테니" 하지 마라.[28]
29 이웃이 네 곁에서 안심하고 사는데
그에게 해가 되는 악을 지어내지 마라.[29]
30 너에게 악을 끼치지 않았으면
어떤 사람하고도 공연히 다투지 마라.[30]

---

27) 3장의 첫 단락(1-12절)과 마찬가지로 두 행으로 이루어진 대구 양식이다. 삼가야 할 처신을 다섯 가지로 나열한 다음(27-32절) 주님이 악인과 의인에게 걸맞은 보상을 내린다는 인과응보적인 시각을 보인다(33-35절).

28) 이웃에게 선행을 베풀 기회를 미루지 말라고 권유한다. 상황에 따라 무엇을 어떻게 도와야 할지가 달라지기에, 선행이 무엇인지는 명시하지 않는다. 돈이나 도구일 수도 있고, 전문기술이나 노동력일 수도 있다. 이웃의 겉옷을 담보로 잡았을 경우 내일로 미루지 말고 그날 밤에 덮고 잘 수 있도록 돌려주어야 한다(탈출 22,25-26; 아모 2,8 참조). 지혜를 추구하는 이들은 우리 이웃 중에 도와야 할 이가 있는지 면밀하게 살피고 주의를 기울여야 한다. 이런 과정을 거쳐 주님의 자애와 자비를 실습하며 더욱 지혜로워질 수 있다.

29) 27-28절에서 이웃에게 선행을 베풀기를 미루지 말라는 소극적인 행동을 다루었다면, 29절에서는 안심하고 사는 이웃에게 악행을 저지르지 말라는 적극적인 행동을 다룬다. "이웃(레아 רֵעַ)"과 "해가 되는 악(라아 רָעָה)"은 히브리어 자음이 똑같은 일종의 말놀이다.

31 포악한 사람을 부러워하지 말고
그의 길은 어떤 것이든 선택하지 마라.
32 **주님**께서는 비뚤어진 자를 역겨워하시고
올곧은 이들을 가까이 하신다.
33 **주님**께서는 악인의 집에 저주를 내리시고
의인이 사는 곳에는 복을 내리신다.[31]
34 그분께서는 빈정대는 자들에게 빈정대시지만[32]
가련한 이들에게는 호의를 베푸신다.
35 지혜로운 이들은 영광을 물려받고
우둔한 자들은 수치를 짊어진다.[33]

---

30) '다투다(립 ריב)'는 법정 싸움을 의미한다(탈출 23,2–3.6; 신명 21,5 참조). 명예를 존중하는 사회에서는 승소 여부와 관계없이 구설수에 오르는 일 자체가 체면을 구길 수 있다. 그러니 시시비비를 가리는 일도 중요하지만 도저히 묵과할 수 없는 피해를 입지 않았다면 공동체의 화합을 깨는 일을 삼갈 필요가 있다.

31) 주님이 내리시는 저주와 복은 계약을 할 때 사용된다. 신명기에서는 이스라엘 백성이 공동체로서 생명과 죽음, 축복과 저주 가운데 선택할 수 있도록 제안을 받았는데(신명 30,19), 잠언에서는 집단적인 시각이 아니라 개인적인 시각에서 어떤 삶을 살아왔느냐에 따라서 주님의 판결을 받는다고 서술된다. 성품상으로는 비뚤어진 자와 올곧은 이들로 단순하게 짚고 넘어갈 수 있지만(32절), 윤리적인 시각으로는 악인과 의인으로(33절), 지혜적인 시각으로는 지혜로운 이들과 우둔한 자들로 분명히 구분된다(35절).

32) '빈정꾼들'에 대해서는 잠언 1,22 주해 참조.

33) 명예를 존중하는 문화권에서 중요한 가치 척도로 작용하는 명예

지혜는 귀중한 재산[1)]

4 1 아들들아,[2)] 아버지의 교훈을[3)] 들어라.
귀를 기울여 예지를 얻어라.
2 내가 너희에게 유익한 지침을 주었으니

(영광)와 수치가 지혜로운 이들과 우둔한 자들이 물려받는 내용임을 대비시킨다. '우둔한 자들'에 대해서는 1,22 주해 참조.

1) 다섯 번째 교훈(4,1-9)에서는 지혜가 주님의 선물로 주어지거나 스스로 노력해서 깨우치는 것이 아니라 선조들의 가르침을 이어받는 것임을 부각한다. 아버지의 가르침은 새로운 지혜가 아니라 대를 이어 숙성된 지혜를 전달하기에 더욱 권위가 있다. 다른 교훈들(2,1-12; 3,21-35)과 마찬가지로 지혜가 각 사람의 인생에 선사하는 유익에 주목하지만, 지혜를 받아들이지 않고 어리석은 이들과 어울렸을 때 내리는 징벌에 대해서는 언급하지 않는다. 구약성경에서는 대를 이어 내려온다는 점을 강조하는데, 그 전승되는 내용은 조금씩 차이가 난다. 신명기에서는 계명과 법규가 내려옴을 이야기하고(신명 6장), 시편에서는 역사 전승을 강조하며, 잠언에서는 지혜 교육이 가정에서 대를 이어 이루어졌음을 명시한다.

2) 그동안은 '내 아들아'라는 단수형 호칭으로 나왔는데(잠언 1,8.10.15; 2,1; 3,1.11.21 참조), 여기서는 "아들들아(바님 בָּנִים)"라는 복수형 호칭이 나온다. 복수형 호칭은 잠언에서 앞으로 세 차례만 더 나올 뿐(5,7; 7,24; 8,32), 그 외에는 모두 단수형 호칭이 사용된다. 이 복수형 호칭으로 특정 개인에게 주는 교훈이 아니라 보편적인 교훈임을 강조한다. 단수형 호칭으로도 교훈받는 아이들이나 학생들을 모두 지칭할 수 있으므로 의미의 차이는 없다.

3) '교훈'에 대해서는 1,2 주해 참조.

내 가르침을 저버리지 마라.[4]
3 나도 내 아버지에게 좋은 아들이었으며
내 어머니가 애지중지하는 외아들이었다.
4 아버지께서는 나에게 이렇게 가르치셨다.[5]
"내 말을 마음에 간직하고
내 계명을 지켜라. 그러면 네가 살리라.[6]

---

4) 시편에서는 다윗 혈통으로 이어진 왕족들이 주님의 가르침이나 법규를 저버렸을 때에 채찍과 매로 징벌하리라고 예고한다(시편 89,31-33). 예레미야 예언자도 이스라엘 백성을 청중으로 삼아 주님이 세워주신 가르침을 저버렸을 때에 예루살렘이 폐허로 변하리라고 경고한다(예레 9,10-12). 이처럼 '저버리다(아잡 עָזַב)'는 선조들이 전해 받은 주님의 율법을 저버렸을 때의 반응을 떠올리게 한다. 그러기에 잠언에서는 아버지의 가르침을 저버리지 말라고 거듭 강조한다(잠언 1,8; 4,6; 6,20 참조).

5) 아이들이나 학생들을 가르치는 아버지도 어린 시절에 할아버지에게서 가르침을 받았다고 명시한다. 한 세대에서 다른 세대로 전수되는 지혜는 체험을 통해 잘 정제되고 다듬어진 것이어서 주옥같은 깨달음이 그 안에 담겨있다. 초기 유다교 현인들의 금언이 수록된 『선조들의 어록』은 시대를 초월하여 전해지는 가르침의 성격을 잘 드러낸다. "모세는 토라를 시나이산에서 받았으며 여호수아에게 넘겨주고 여호수아는 장로들에게, 장로들은 예언자들에게, 예언자들은 최고 의회 의원들에게 넘겨주었다"(1,1).

6) 아버지가 기억하는 할아버지의 가르침은 "내 말을 마음에 간직하고 내 계명을 지켜라"에 응집되어 있다. 그 이유로 제시되는 "살리라(허예 חֲיֵה)"는 더욱 간결하여 할아버지의 핵심 가르침이 아버지의 삶에 밀도 있게 녹아들어 있음을 함축한다. 할아버지의 가르침에 순종하면, 모든

5 지혜를 얻고 예지를 얻어라.
내가 한 말을 잊지 말고 어기지 마라.[7)]
6 지혜를 저버리지 마라. 그것이 너를 보호해 주리라.
지혜를 사랑하여라. 그것이 너를 지켜주리라.
7 지혜를 얻어라. 이것이 곧 지혜의 시작이다.
네가 가진 것을 다하여 예지를 얻어라.[8)]
8 지혜를 소중히 여겨라. 그것이 너를 높여주리라.
지혜를 품으면[9)] 그것이 너를 영광스럽게 하리라.
9 그것이 아름다운 화환을 네 머리에 씌워주고
화려한 관을 너에게 가져다주리라."

사람이 가장 가치 있게 여기는 '생명'을 부여받는다는 사실을 각인시킨다(잠언 3,2.16.18.22; 4,13.22-23 참조). '마음'에 대해서는 2,2 주해 참조.

7) 아버지가 1-2절에서 아들들에게 가르친 교훈("예지를 얻어라", "내 가르침을 저버리지 마라")이 할아버지에게서 받은 교훈에서 비롯되었음을 보여준다.

8) 지혜는 한순간에 터득하고 마는 것이 아니라 인생을 사는 동안 계속해서 터득해 나가는 것이다. 자신에게 허락된 시간이나 노력이나 재산 등을 모두 동원해서 지속적으로 추구할 만한 가치가 충분할 뿐만 아니라, 소중히 간직하면서 발전시켜야 한다.

9) 중의법으로 보아 지혜를 여인으로도 생각할 수 있다. 사랑하는 여인처럼 지혜를 소중히 하고 저버리지 말라고 당부하는 것이다. '품다(하바크חָבַק)' 동사는 5,20에도 나오는데, 지혜를 제 인생의 동반자로 받아들였으면 낯선 여자와 낯모르는 여자를 껴안아서는 안 된다고 가르친다. 니사의 그레고리우스는, 참된 지혜를 삶의 동반자로 삼고자 하는 사람은 그 열망에 합당하게 자신을 준비할 것이라고 이른다.

현인의 교육은 생명의 길잡이[10)]

10 내 아들아, 들어라. 내 말을 받아들여라.
그것이 네게 수명을 더해주리라.
11 내가 너에게 지혜의 길을 가르치고
너를 바른길로 이끌어 주었으니
12 네가 걸을 때 앞길이 막히지 않고
네가 뛰더라도 비틀거리지 않으리라.[11)]
13 교훈을 놓치지 말고 굳게 잡아라.

---

10) 이 단락은 여섯 번째 교훈(10-19절)과 일곱 번째 교훈(20-27절)으로 구분된다. 여섯 번째 교훈에서는, 인생을 사는 동안 선택할 수 있는 두 가지 길에 대해 이야기한다. 아버지의 말을 들으라고 권유한 다음 지혜의 길과 악인들의 길을 구분해서 설명하고, 두 길을 빛과 암흑으로 선명하게 대비시킨다. 일곱 번째 교훈에서는 아버지의 말에 주의를 기울이라고 당부한 다음 신체 기관을 하나씩 나열하면서 지켜야 할 지침을 내린다. 주님을 명백하게 언급하지는 않지만, 인생 앞에 펼쳐진 두 길을 대비시켜 제시함으로써 아버지가 권유하는 지혜의 길이 곧 주님과 연관된 생명의 길임을 암시한다.

11) 지혜를 따르면 마치 잘 닦인 길을 가듯이 최대한 어려움을 겪지 않고 순탄하리라는 뜻이다. 이는 비틀거리는 악인들의 길과 대비된다(19절). 이와 반대로 집회서에서는 죄인들의 길이 편편한 돌로 깔려있어 순탄해 보이지만 그 끝은 저승으로 이어진다고 가르쳐(집회 21,10), 지혜를 따르는 삶을 현재의 이점이 아니라 미래와 연관해서 조망한다. 신약성경에서도 멸망으로 이끄는 길은 널찍하여 그리로 들어가는 자들이 많지만, 생명으로 이끄는 길은 비좁아서 그리로 찾아드는 이들이 적다고 한다(마태 7,13-14).

그것이 네 생명이니 잘 지켜라.
14 악인들의 길에 들어서지 말고
악한들의 행로를 걷지 마라.[12)]
15 그런 길은 피하여 발을 들여놓지 말고
발길을 돌려 비켜 가거라.
16 그들은 악을 저지르지 않고는 잠들지 못하고
남을 쓰러트리지 않으면 잠을 설친다.
17 그들은 불의의 빵을 먹고
폭력의 술을 마신다.[13)]
18 의인들의 길은 동틀 녘의 빛과 같아
한낮이 될 때까지 점점 밝아지지만
19 악인들의 길은 암흑과 같아
어디에 걸려 비틀거리는지도 모른다.[14)]

---

12) '길과 행로'에 대해서는 잠언 1,15 주해 참조.

13) 악인들이 불의와 폭력을 일삼고 있음을 "빵"과 "술"에 빗댄다.

14) 의인들의 길과 악인들의 길을 "동틀 녘의 빛"과 "암흑"으로 대비시킨다. 지혜를 따라 살아가는 의인들은 앞일을 예상하고 적절하게 대처할 방안을 마련하기에 빛이 비치는 환한 길을 걸어가는 것과 같다. 반면에 지혜를 따르지 않는 악인들은 무슨 일이 일어날지 모르는 상태에서 살아가기에 그들의 길은 캄캄하다고 서술한다. 이처럼 짝을 이루는 둘을 대비시켜 효과를 극대화하는 방식은 성경의 다른 구절에서도 찾아볼 수 있다. 선택하는 사람에 초점을 맞추어 의인들의 길과 악인들의 길을 대비시키기도 하고(시편 1,6), 선택이 가져오는 최종 결과에 초점을 맞추어 생명의 길과 죽음의 길을 대비시키기도 한다(예레 21,8). '길'이라는 눈에 보이는 표상을 배제한 채 생명과 죽음, 축복과 저주 가운데 선택하라고 강하게 요청하기도 한다(신명 11,26–28; 30,15.19).

20 내 아들아, 내 말에 주의를 기울이고
내 이야기에 귀를 기울여라.
21 그것이 네 눈에서 벗어나지 않도록
네 마음 한가운데에 간직하여라.[15)]
22 내 말은 그것을 찾아 얻는 이에게 생명이 되고
그의 온몸에 활력이 되어준다.
23 무엇보다도 네 마음을 지켜라.
거기에서 생명의 샘이 흘러나온다.
24 거짓된 말을 치워버리고
비방하는 말을 멀리하여라.[16)]
25 눈은 똑바로 앞을 바라보고
눈길은 앞으로만 곧게 두어라.

---

15) 구전 문화의 영향력이 지배적인 사회에서는 기록보다는 가르침으로 전수하기를 선호한다. 따라서 전달하고자 하는 내용을 논리적으로 명확하게 가르치기보다는, 그 내용을 전형적인 표현양식에 담아 끊임없이 되뇌어 마음속에 기억할 수 있도록 교육시켰다.

16) 거짓된 "말(페 פֶּה)"은 직역하면 '입'이고, 비방하는 "말(사파 שָׂפָה)"은 직역하면 '입술'이다. 입과 입술로 오가는 그릇된 가르침이나 대화는 아예 하지 말라는 권면이다. 입과 입술을 함께 열거하는 대구는 여러 구절에서 찾아볼 수 있다(잠언 10,32; 13,3; 14,3; 시편 59,8.13; 66,14; 141,3). 입과 혀(라숀 לָשׁוֹן)가 짝을 이루기도 한다(시편 50,19; 66,17; 120,2).

입만이 아니라 귀(20절)와 눈(21.25절), 마음(23절)과 발(27절) 등의 신체기관도 지혜의 가르침에 따라 변화될 필요가 있다. 각 기관이 제 역할을 하며 바른길로 가기를 촉구하는 권면은, 손이나 발이나 눈이 제 역할을 하지 못해 죄를 짓게 하거든 단호하게 잘라버리라는 예수님의 말씀을 연상시킨다(마르 9,43-47 참조).

26 바른길을 걸어라.
네가 가는 길이 모두 튼튼하리라.
27 오른쪽으로도 왼쪽으로도 벗어나지 말고
악에서 발길을 돌려라.[17]

낯선 여자를 조심하여라[1]

5 1 내 아들아, 내 지혜에 주의를 기울이고
내 슬기에 귀를 기울여라.[2]

---

17) '오른쪽으로도 왼쪽으로도 벗어나지 말라'는, 주님의 율법만 지키며 올곧게 살아가라는 의미로 신명기계 문헌에 자주 나온다(신명 2,27; 5,32; 17,11.20; 28,14; 여호 1,7; 23,6; 1사무 6,12; 2열왕 22,2 참조). 그 전승에 악에서 발길을 돌리라는 가르침을 결합시켜 지혜문학에 걸맞은 표현으로 바꾸었다.

1) 여덟 번째 교훈(잠언 5,1-23)은 아들에게 아버지의 교훈에 귀를 기울이라고 권유하고는, 이성에 빠지기 쉬운 젊은이들에게 낯선 여자(1-14절)와 젊은 시절의 아내(15-23절)를 대하는 지침을 전해준다. 낯선 여자는 2,16-19에서 이미 다루었는데, 눈앞의 달콤함에 취해 명예나 재산을 잃고 통곡하는 일이 없도록 유의하라며 그 내용을 더욱 발전시킨다. 낯선 여자는 이방 신전에서 매춘에 종사하는 여인을 가리킬 수 있다(유딧 12,13 참조).

2) 아버지가 아들을 가르치면서 지혜와 슬기가 자신에게 귀속되어 있다는 듯이 "내 지혜"와 "내 슬기"라고 언급하는 예는 이 구절에만 나온다. 그동안은 "아버지의 교훈"(잠언 1,8; 4,1), "어머니의 가르침"(1,8), "내 말"(2,1; 4,4.10), "내 계명"(2,1; 3,1; 4,4), "내 가르침"(3,1; 4,2), "내 이야기"(4,20)로 서술되었다. 아들이 젊은 혈기에 실수를 저지를까 우려한 아

2 그러면 네가 현명함을 간직하고
네 입술이 지식을 보존하리라.[3]
3 정녕 낯선 여자의 입술은 꿀을 흘리고
그 입속은 기름보다 매끄럽지만[4]
4 그 끝은 쓴흰쑥처럼 쓰디쓰고
쌍날칼처럼 날카롭다.[5]

버지가 자신의 인생 경험을 바탕으로 외부에서 만나는 낯선 여자와 집 안의 자기 여자를 어떻게 대해야 하는지 일러준다. 자신의 힘과 지혜로 모든 것을 이루었다는 생각은 교만으로 여겨져 주님의 징벌을 받을 수도 있다(이사 10,12–13 참조).

3) '입술이 지식을 보존한다'는 표현은 마음 안에 남아있는 생각이 발설되지 않도록 지킨다는 뜻이다(잠언 17,27–28; 18,2; 시편 141,3 참조). 코헬렛은 이를 발전시켜 침묵을 지켜야 할 때도 있지만, 그에 못지않게 말해야 할 때가 있음을 지적한다(코헬 3,7). 현인들은 지혜로운 가르침을 입술로 끊임없이 되뇌다가 결정적인 순간에 행동하는 능력이 있다. '영리함과 지식과 현명함'에 대해서는 잠언 1,4 주해 참조.

4) "입속(헤크 חֵךְ)"은 직역하면 '입천장'으로, 히브리어로 발음이 유사한 '가슴(헤크 חֵיק)'을 연상시킨다(20절). 낯선 여자의 입술이 꿀을 흘린다는 표현은 아양 떠는 말이 달콤하다는 것이며, 그 입속이 기름보다 매끄럽다는 표현은 깊은 입맞춤을 연상시킨다(아가 4,11; 5,1 참조). 한편 지혜도 '꿀'과 '입'을 언급해서 묘사하지만, 죽음과 저승으로 이끄는 낯선 여자와 달리 사람들의 영혼에 미래와 희망을 선사한다는 점이 다르다(잠언 24,13–14 참조). '낯선 여자와 낯모르는 여자'에 대해서는 2,16 주해 참조.

5) 낯선 여자와의 만남은 3절에서 꿀로 표상된 달콤함과 정반대로 쓰디쓴 결과를 가져오고, 기름으로 표상된 매끄러움과 정반대로 날카로

5 그 여자의 발은[6] 죽음으로[7] 내려가고
그 걸음은 저승을 향한다.
6 그 여자는 생명의 길에 뜻을 두지 않으니
제 앞길이 흔들림을 깨닫지도 못한다.

7 그러니 이제, 아들들아, 내 말을 들어라.
내가 하는 말에서 벗어나지 마라.
8 그 여자에게서 멀리 떨어져 걷고
그 집[8] 문에 가까이 가지 마라.[9]

운 결과로 귀결된다. 교부들은 이를 바탕으로 이 세상에서의 즐거움은 일시적일 뿐이고(아타나시우스), 저세상에서 고생하는 것으로 그 대가를 치르게 되니 바른 삶을 살라고 이른다(아를의 카이사리우스). 처음에는 씁쓸해 보이더라도 꺼리지 말고, 덕행이라는 달콤한 열매를 맺을 수 있도록 공정을 추구하라고 가르친다(오리게네스).

6) "발(레겔רֶגֶל)"은 다리를 의미하지만, 히브리어에서는 때로 성기性器를 가리키는 완곡어법으로도 쓰였다(탈출 4,25; 이사 7,20 참조).

7) 구약성경에서 "죽음"은 때때로 지하세계의 통치자로 의인화된다(욥 18,13; 예레 9,20 참조). 저승은 지하세계나 죽은 자들의 세계다(잠언 1,12; 9,18; 이사 5,14 참조).

8) 낯선 여자의 집 또는 풍산신의 신전을 가리키거나, 어리석고 악한 세계를 비유적으로 가리킬 수 있다.

9) 젊은이들은 성적 충동에 사로잡혀 사랑 없는 성관계에 이를 수 있기에, 유혹받을 수 있는 환경에서 멀리 떨어져 책임 있는 행동을 하라고 권유한다. "그 집"은 들어가는 입구는 있되 되돌아오는 출구는 없어 저승으로 향하는 길이라고 비판하며 멀리 하기를 권한다(5절 참조). 교부들은 감정을 담은 눈으로는 먼 거리에서도 정욕이 일어나므로 낯

9 다른 이들에게 네 명예를[10] 넘겨주고
네 세월을 난폭한 자에게[11] 빼앗기며
10 낯선 자들이 네 재산으로[12] 배를 불리고
네 노고의 결실이 낯모르는 자의 집으로 가게 된다.
11 마침내 몸과 살이 스러지는 지경에 이르러
너는 통곡하면서
12 한탄하게 되리라. "어쩌자고 내가 교훈을 싫어하고

선 여자에게서 멀리 도피하는 것이 바람직하다고 권고한다(알렉산드리아의 클레멘스, 암브로시우스). 예수님도 눈이 죄를 짓게 하거든 빼내서 던져 버리려는 단호한 마음을 지녀야 정욕을 뿌리 뽑을 수 있다고 이르신다(마태 5,29).

10) "명예(호드 הוֹד)"는 '힘, 생기'라는 뜻도 지닌다(다니 10,8 참조). 따라서 명예를 넘겨주었다는 것은 낯선 여자에게 정력을 다 쏟아부었다는 뜻이기도 하다. 몸의 힘이 사라질 정도로 오랜 세월을 허비했음이 후행구에 반영되어 있다.

11) "난폭한 자"는 분노한 남편(잠언 6,34-35 참조)이나 죽은 사람을 집어삼키는 저승(1,12)을 연상시킨다. 그 외에 유의어로 "낯모르는 자"(10절)가 단수형으로, "다른 이들"(9절)과 "낯선 자들"(10절)이 복수형으로 제시된다. 그들이 누구를 가리키는지는 명확하지 않으나 "낯선 여자"(3절)와 관련된 사람들이므로, 독자들이 자신이 처한 환경에 맞추어 미루어 짐작할 수 있다.

12) "재산(코아흐 כֹּחַ)"은 '힘'이라는 뜻도 지닌다. 오래도록 벌어서 모은 재산이라는 사실이 "노고의 결실"이라는 표현에 잘 나타난다. 9절에서 힘을 넘겨주었다면, 10절에서는 재산을 넘겨준 셈이다. 찰나의 쾌락에 몸과 돈을 버리며 누적된 세월은 몸과 살이 스러지는 지경에 이르는 결과를 낳았다(11절).

내 마음이 훈계를 업신여겼단 말인가?[13)]
13 스승님들의 소리를 듣지 않고
선생님들에게 귀를 기울이지 않다가
14 회중과 공동체 한가운데에서
하마터면 처참한 불행에 빠질 뻔하였구나."

젊은 시절의 아내[14)]

15 네 저수 동굴에서 물을 마시고
네 샘에서[15)] 솟는 물을 마셔라.
16 네 샘물이 바깥으로 흘러버리고

---

13) '마음'에 대해서는 2,2 주해, '교훈'에 대해서는 1,2 주해 참조.

14) 이 단락에서는 부부가 서로 사랑하며 즐거움을 나누어야 외부에서 오는 성적 유혹에서 안전할 수 있다는 가르침에 초점을 맞춘다.

15) "저수 동굴" 또는 "샘"은 여인을 나타내는 상징어로 사용되었다(에스 10,3③; 아가 4,12.15 참조). 저수 동굴은 건기와 우기가 뚜렷한 이스라엘에서 빗물을 저장하기 위한 용도로 집집마다 마련되어 있었다(2열왕 18,31; 예레 38,6 참조). 아내도 이런 저수 동굴과 같아 낯선 자들이 넘보지 못하도록 보호하고 사랑해야 할 책무가 남편에게 부여되어 있음을 상기시킨다. 아내는 날마다 마시는 샘물로 표현되는 데 반해, 낯선 여자는 달콤하고 매끈하지만 오래도록 마실 수 없는 꿀과 기름으로 표현된다.

그러나 교부들은 이를 각 개인이 자신의 자아 안에서 찾아야 할 양심이나(암브로시우스) 자유(대 바실리우스), 고유한 능력(오리게네스), 사랑(아우구스티누스)으로 보았다. 또한 물을 마심으로써 자신의 게으름을 없애고 하느님의 법을 끊임없이 묵상하여 영원한 생명을 누리게 되리라고 말한다.

그 물줄기가 거리로 흘러서야 되겠느냐?
17 그것은 너 혼자만의 것
네 곁에 있는 낯선 자들이 가져서는 안 된다.
18 네 샘터가 복을 받도록 하고
네 젊은 시절의 아내를 두고 즐거워하여라.
19 그 여자는 너의 사랑스러운 암사슴, 우아한 영양[16)]
너는 언제나 그의 가슴에서[17)] 흡족해하고[18)]
늘 그 사랑에 흠뻑 취하여라.
20 그런데 내 아들아, 너는 어찌 낯선 여자에게 흠뻑 취하고
낯모르는 여자의 가슴을 껴안으려 드느냐?[19)]
21 사람의 길은 **주님** 눈앞에 펼쳐져 있고
그분께서는 그의 모든 행로를 지켜보신다.[20)]
22 악인은 제 악행에 붙잡히고
제 죄의 밧줄에 얽매인다.[21)]

---

16) 연인을 동물에 빗대어 아름다움을 묘사하는 것은 보편적인 현상이다. 아가는 남자 연인을 노루나 사슴에 빗대고(아가 2,9), 여자 연인을 사슴과 쌍둥이 노루에 빗댄다(4,5).

17) "가슴(다드 דַּד)"과 잠언 7,18에 나오는 "사랑(도드 דּוֹד)"은 히브리어 철자가 비슷하다. 히브리어에서는 발음이나 철자가 비슷한 두 단어로 말놀이를 하거나 연상적 의미를 나타낸다.

18) '흡족해하다(라와 רָוָה)'는 '마시다'라는 뜻으로도 볼 수 있어, 15–18절에서 아내를 물에 비유한 것과 조화를 이룬다.

19) '낯선 여자와 낯모르는 여자'에 대해서는 2,16 주해 참조.

20) '길과 행로'에 대해서는 1,15 주해 참조.

21) 뿌린 대로 거둔다는 인과응보의 논리를 적용하는데, 악인의 경우만 다루고 의인의 경우는 언급하지 않는다. 요한 크리소스토무스는

23 그는 교훈을 받아들이지 않아 죽게 되고
너무 어리석어 길을 잃게 된다.

보증의 위험[1]

6 1 내 아들아, 네가 이웃의 보증을 섰다면
네가 낯선 이의 담보를 섰다면[2]

인과응보에 직면한 당사자가 보이는 반응까지도 고려하여 지침을 내린다. 악인은 음욕으로 멸망하는 것이 아니기에 본성이라며 발뺌하기보다는 무분별하고 무절제한 행동을 탓해야 한다고 일깨운다.

1) 보증은 사냥꾼이나 새잡이의 손에 잡힌 것처럼 위험하므로, 늘 자각하면서 그 위험에서 벗어나라고 촉구한다. '내 아들아'라는 말로 시작하지만, 아버지의 말을 들으라든가 가르침을 잊지 말라는 식의 명령은 나오지 않는다. 한편, 6,1–19은 삽입된 부분으로 이해되어 지혜 권면(1,8—9,18)의 열 가지 교훈에 들지 않는다.

2) 지혜문학에는 보증과 담보에 관한 유사한 말씀이 상당히 보존되어 있다. 이웃이나 낯선 이의 보증을 섰다면 자기 말에 붙잡힌 것과 마찬가지이므로 어떻게든 벗어나라고 권유하는가 하면(6,1–3), 보증을 섰다는 자체가 이미 고생길에 들어선 것이며 지각없는 사람임을 지적하면서(11,15; 17,18), 보증을 서지 말 것을 권면하기도 한다(22,26). 이런 위험성이 있기에 집회서에서는 제 능력을 넘어서는 보증은 자기 목숨을 내놓는 행위에 비길 수 있다면서, 보증을 섰다면 대신 갚을 각오를 하라고 당부한다(집회 8,13; 29,15–19).

'담보를 서다'를 직역하면 '손뼉을 치다(תָּקַעְתָּ כַּפֶּיךָ)'이다. 곧 담보 행위가 성립되었다는 표현으로 상대방과 악수하거나 손을 마주치는 동작을 말한다. 계약서를 작성하거나 인장을 찍는 등 요식행위가 선행될 수도

2 너는 네가 한 말에 말려들고
네가 한 말에 붙잡힌 것이다.
3 내 아들아, 네가 이웃의 손에 걸려든 것이니
이제 이렇게 하여 거기에서 벗어나라.
네 이웃에게 가서 엎드려 졸라대어라.[3)]
4 잠도 자지 말고
졸지도 마라.[4)]
5 사냥꾼의 손에서 벗어나는 산양처럼,
새잡이의 손에서 벗어나는 새처럼 너도 벗어나라.

게으름뱅이와 개미[5)]

6 너 게으름뱅이야, 개미에게 가서

있지만, 그 자리에 동석했다는 이유로 즉흥적으로 보증을 섰을 수도 있다. 친분이 있든 이득을 바라든 보증을 서는 일은 어리석은 일로 간주되었다(잠언 17,18). 대 그레고리우스도 보증을 서는 일은 다른 사람의 영혼을 맡는 일이라며 책임감 있게 행동할 것을 당부한다.

3) 계약을 무르려고 엎드려 조르는 행동은 부끄러움을 감수할 정도로 최대한 자신을 낮추어 절박한 심정을 드러내는 표현이다.

4) 지혜를 추구하는 이들은 자신에게 초점을 맞추어 경제적으로 자립하기 위해 노심초사하는데, 악인들은 다른 사람에게 초점을 맞추어 악을 저지르거나 남을 쓰러트리는 일에 전념한다(4,16). 이에 대해 대 그레고리우스는 사목자들이 어떻게 행동해야 하는지 영성적으로 풀이한다. 너무 깊이 잠자는 행위는 돌보아야 할 사람들에 대한 책임을 완전히 저버리는 것으로, 조는 행위는 마땅히 꾸짖어야 할 일을 알면서도 게을러서 묵인하는 것으로 풀이해 성실하게 사목할 것을 당부한다.

그 사는 모습을 보고 지혜로워져라.[6)]
7 개미는 우두머리도 없고
감독도 지도자도 없이[7)]

---

5) 앞 단락에서는 보증을 선 이가 자유를 얻기 위해 잠도 자지 않고 졸지도 않으면서 애쓰는 것을 묘사한 반면, 여기서는 조금만 더 자려고 게으름을 부리다가 가난이 밀어닥칠 게으름뱅이의 행태를 묘사한다. 잠언은 게으름뱅이에 대해 세 차례에 걸쳐 길게 다룰 뿐 아니라(24,30-34; 26,13-16), 짧은 경구나 금언으로도 여러 차례 언급할 정도로 많은 관심을 보인다(10,26; 13,4; 15,19; 19,24; 20,4; 21,25; 22,13).

6) 농촌 사회에서 게으름은 굶주림으로 이어질 뿐 아니라(10,4-5; 12,11; 28,19 참조), 집이며 농기구를 망치게 하는 원흉이다. 코헬렛은 "못된 게으름 때문에 들보가 내려앉고 늘어진 두 손 때문에 집에 물이 샌다"(코헬 10,18)라고 경고한다. 일을 열심히 하라는 촉구가 대구로 명시되지는 않지만, 게으름을 경계하는 이면에 내포되어 있다.

동물에 빗대어 사람의 무지를 꼬집는 가르침은 성경의 여러 곳에서 찾아볼 수 있다. 황새와 산비둘기, 제비와 두루미도 제철을 아는데 이스라엘 백성은 주님의 법을 알지 못한다고 한탄하기도 하고(예레 8,7), 소와 나귀도 제 임자를 아는데 이스라엘 백성은 깨닫지 못한다고 비탄하기도 한다(이사 1,3). 이렇듯 짐승과 새와 바다의 물고기도 주님의 손길을 알려주기에(욥 12,7-8), 힘없고 가장 작은 개미도 게으름뱅이에게 세상을 살아가는 법에 대해서 알려줄 수 있다(잠언 30,24-25).

7) 오늘날에는 개미가 계급이 철저한 군집생활을 한다는 것이 밝혀졌기에, 우두머리도 감독도 지도자도 없다는 서술은 사실에 부합하지 않는다. 다만 잠언의 저자는 고대의 지식에 기반하여 무질서해 보이는 군중 속에서 제 할 일을 꿋꿋이 하는 개미의 태도에 초점을 맞춘다. 이스라엘은 우기와 건기가 뚜렷이 구분되는 지중해성기후로, 우기는 어림

8 여름에 양식을 장만하고
수확 철에 먹이를 모아들인다.
9 너 게으름뱅이야, 언제까지 누워만 있으려느냐?
언제나 잠에서 깨어나려느냐?
10[8] "조금만 더 자자. 조금만 더 눈을 붙이자.
손을 놓고[9] 조금만 더 누워있자!" 하면

잡아 10월부터 5월까지다. 비가 내리지 않는, 여름에 해당하는 6월부터 9월에는 수확을 한다. 이 무렵에는 도처에 먹이가 풍족해 쉬엄쉬엄 일할 만도 하지만 개미는 조금도 쉬지 않고 먹이를 모은다. 우기와 겨울철에 대비해서 양식을 저장하는 것이다. 그러나 게으름뱅이는 현재 식량이 풍족하고 날씨가 무덥다고 게으름을 부린다.

교부들은 개미에게서 실제 생활에 적용할 수 있는 교훈을 이끌어 낸다. 게으름이 얼마나 큰 악인지를 깊이 숙고하면서 하느님이 우리에게 주신 능력에 맞갖게 일해야 한다고 권면하거나(대 바실리우스), 아침마다 교회에 가서 기도하고 독서를 듣고 마음에 새기는 신앙인들을 하느님의 개미로 비유한다(아우구스티누스).

8) 10-11절의 표현은 24,33-34에 그대로 나온다. 여기서는 열심히 일하는 개미를 보고 본받으라는 어조로 제시되는데, 24장에서는 게으름을 피워 밭과 포도원이 폐허가 된 모습을 바라보며 교훈을 얻는 식으로 제시된다. "조금만"이라는 단어가 세 차례 반복됨으로써, 일시적이고 순간적인 게으름이 지속적으로 누적되어 돌이킬 수 없는 결과로 치닫게 되었음을 보여준다. 가난과 빈곤이 부랑자나 무장한 군사처럼 들이닥친다는 표현은 아무런 대비 없이 속수무책인 상황을 나타낸다.

9) '손을 놓다'는 잠을 자려고 손을 포개는 행위를 가리킨다. 쾌락이나 수면에는 한계가 있는데도, 어리석은 이들은 순간의 충동에 따라 움직이기에 고난이나 역경을 자초한다.

11 가난이 부랑자처럼,
빈곤이 무장한 군사처럼 너에게 들이닥친다.

사악한 사람의 운명[10)]

12 쓸모없는 인간과[11)] 간악한 사람은
입에 거짓을[12)] 담고 돌아다닌다.
13 눈을 찡긋대며 발로 말하고
손가락으로 신호를 한다.[13)]

---

10) 사악한 인간이 보이는 특성을 입, 눈, 발, 손가락, 마음 등을 하나씩 열거하며 그려낸다. 게으름뱅이에게는 가난과 빈곤이 들이닥치는 것으로 끝이 나지만(11절), 사악한 인간에게는 순식간에 들이닥친 재앙으로 망할 것이라고 경고한다. 주님은 정의를 수호하시는 분이기에 각자가 뿌린 대로 거두리라는 인과응보 사상이 바탕에 자리 잡고 있다.

11) "쓸모없는 인간(아담 버리야알אָדָם בְּלִיַּעַל)"은 직역하면 '버리야알의 사람'이다. '버리야알'의 정확한 의미는 알 수 없지만 재앙을 엮어내고 거센 불길과 같은 말을 퍼붓고 법을 멸시하는 것을 보면 쓸모없는 사람이라기보다는 악당과 같은 인물이다(16,27; 19,28 참조). 성경의 다른 구절에서는 '좋지 않은', '불량한', '비열한', '성미가 고약한', '무뢰한'으로 옮겼다(신명 13,14; 15,9; 판관 19,22; 1사무 1,16; 2,12; 10,27; 25,17; 2사무 20,1).

12) 거짓말은 인간관계만이 아니라 신뢰로 결속된 공동체의 유대관계를 무너뜨린다. 대화 상대방만이 아니라 그 사람이 속한 공동체에 파괴적인 영향을 미친다.

13) 간악한 사람은 입으로만 거짓말을 하는 것이 아니라, 온몸으로도 상대방이 알아차리지 못하게 모략을 꾸민다. 눈이나 발이나 손가락으로 보내는 몸짓은 간악한 사람이 악의적인 목적으로 자기 패거리에

14 그의 마음에는 사악이 자리 잡아 악을 꾸미고
언제나 싸움만 일으킨다.
15 그래서 갑자기 재앙이 들이닥쳐
순식간에 망하면 구제할 길이 없다.

주님께서 싫어하시는 것[14)]

16 이 여섯 가지를 **주님**께서 미워하시고
이 일곱 가지를 그분께서 역겨워하신다.
17 거만한 눈과[15)] 거짓말하는 혀
무고한 피를 흘리는 손[16)]

게 미리 약속된 행동을 하게 하는 신호다(잠언 10,10; 시편 35,19; 집회 17,22 참조). "여러분의 지체를 불의의 도구로 죄에 넘기지 마십시오"(로마 6,13) 하고 당부한 바오로 사도의 말씀이 떠오른다.

14) 주님이 싫어하시는 일곱 가지 행위를 수 잠언으로 열거한다. 수 잠언은 연속되는 두 숫자를 나열하는 문학 기법으로 고대 세계에서는 흔하게 사용되었다(잠언 30,15.18.21.29). 간악한 사람의 운명을 이야기한 앞 단락과 어휘 및 구조에서 비슷한 양상을 보인다. 요한 크리소스토무스는 우리가 절제하는 법을 배우게 하려고 일곱 가지 악행을 한데 모아 제시했다고 이른다.

15) "거만한 눈(에나임 라못עֵינַיִם רָמוֹת)"은 직역하면 '높아진 눈'이라는 뜻이다(30,13 참조). 중세 그리스도교 신학에서도 칠죄종(교만, 질투, 인색, 분노, 탐욕, 음욕, 나태)의 처음으로 '교만'을 꼽는다. 교만은 자기를 비판적으로 성찰할 수 없게 한다. 시편에서는 신앙인들이 순례하면서 자신을 성찰하는 기도가 제시된다. "제 마음은 오만하지 않고 제 눈은 높지 않습니다"(시편 131,1).

18 간악한 계획을 꾸미는 마음
악한 일을 하려고 서둘러 달려가는 두 발
19 거짓말을 퍼뜨리는 거짓 증인[17)]
형제들 사이에 싸움을 일으키는 자다.[18)]

---

16) "무고한 피를 흘리는 손"과 "악한 일을 하려고 서둘러 달려가는 두 발"(18절)은 악을 실행하는 신체의 일부를 명시하는 잠언 1,16을 연상시킨다.

17) 고대의 재판은 증인들의 증언에 크게 좌우되었다(잠언 6,19; 14,5.25; 19,5.9.28; 21,28; 25,18; 신명 17,6; 19,15-18; 1열왕 21,8-14; 마태 18,16; 26,57-66 참조). 증언의 신뢰성을 높이기 위해 둘이나 셋의 증언이 있어야 유효한 증거로 받아들여졌다(신명 19,15). 증언의 중요성은 십계명에서 이웃에게 불리한 거짓 증언을 해서는 안 된다고 강조하는 것으로도 잘 드러난다(탈출 20,16). 그런데 나봇의 경우에서 보듯이, 권력층이 거짓 증인을 세워 무고한 사람이 억울하게 처벌당하는 불법이 자행되기도 했다(1열왕 21,8-14 참조). 그래서 거짓으로 증언한 일이 밝혀질 경우, 피고인에게 내릴 뻔한 형벌을 그대로 거짓 증인들에게 시행하도록 규정되었다(신명 19,16-21). 이스라엘의 두 원로 또한 거짓 증언으로 수산나를 무고했다가 사형에 처해졌다(다니 13,62).

18) 수 잠언에서는 강조하고자 하는 내용을 맨 끝에 제시한다(잠언 30,15-33 참조). 따라서 여섯 번째 악행에서 신뢰로 맺어진 법질서의 근간을 거짓 증언으로 흔들었다면, 일곱 번째 악행은 혈연으로 맺어진 기초 공동체인 가정과 부족까지도 무너뜨리는 끔찍한 결과를 가져온다는 데 강조점을 둔다. 고대사회에서 "형제들(아힘אַחִים)"은 남자형제만이 아니라 친족까지도 포함한 넓은 의미로 사용되었기 때문이다(시편 133편 참조). 존자 베다도 일곱 번째로 제시된 악행을 성령의 은총으로 이루어진 일치와 형제애를 깨뜨리는 가장 큰 죄로 보았다.

간통에 대한 경고[19]

20 내 아들아, 아버지의 계명을 지키고
어머니의 가르침을 저버리지 마라.[20]
21 그것들을 언제나 네 마음에 새겨두고
네 목에 감아두어라.[21]

---

19) 아홉 번째 교훈(잠언 6,20-35)은 아버지와 어머니가 함께 아들에게 가르침을 준다는 점에서 첫 번째 교훈(1,8-19)과 유사하다. 여덟 번째 교훈(5,1-23)에서 다루었던 간통을 다시 언급하는데, 온갖 악행에 쏠리는 인간의 성향을 악한 여자의 유혹에 넘어가는 것으로 생생하게 전달한다.

20) "어머니의 가르침"의 대구가 "아버지의 교훈"(1,8)이 아니라 "아버지의 계명"으로 제시되는 것으로 보아, 부모의 훈육을 주님의 토라와 계명처럼 중히 여기라는 어감을 풍긴다. 계명과 가르침은 우리의 삶을 이끌어 주는 등불이자 빛이다(6,23). '계명'에 대해서는 2,1 주해, '어머니의 가르침'에 대해서는 1,8 주해 참조.

21) 성경에서 '마음'은 법 규정이나 지혜의 가르침을 새기는 자리로 세 차례 언급된다(신명 6,6; 11,18). 잠언의 이 구절과 신명기는 대체로 비슷하면서도 차이를 보인다. 우선, 세 구절은 모두 외적으로 드러나는 표지로 그 말씀들을 묶거나 붙이라고 권유한다. 신명기에서는 "너희 손에 표징으로 묶고 이마에 표지로 붙여라"(6,8)라고 하는데, 잠언에서는 손이나 이마가 아니라 생명과 직결된 "목"에 감아두라고 한다. 이집트에서 질서의 정의를 관장하는 여신상을 목걸이로 애용했던 것을 보면, 이와 유사한 목걸이를 사용했을 법하다. 그런데 단순한 치장용 패물이 아니라, 패물이 흔들려 피부에 닿을 때마다 "교훈이 담긴 훈계는 생명의 길"(잠언 6,23)임을 깨닫기 위한 용도로 착용하라고 이른다. 다음으로, 집

22 그것이[22] 네가 길을 다닐 때 너를 인도하고
잠잘 때 너를 지켜주며
깨어나면 너에게 말벗이 되어주리라.
23 계명은 등불이고 가르침은 빛이며
교훈이 담긴 훈계는 생명의 길이다.[23]

에 있을 때나 길을 갈 때나 누워있을 때나 일어나 있을 때나 말씀을 지속적으로 상기해야 한다는 점에서는 차이를 보이지 않는다. 끝으로, 신명기는 어른이 끊임없이 자녀들을 교육하는 차원인데(신명 6,7; 11,19), 잠언에서는 이미 배워 새긴 지혜의 말씀이 자녀들의 말벗이 되어준다는 차원으로 접근한다(잠언 6,22). 아우구스티누스는 여기서 한 걸음 더 나아가 들은 것을 망각 속에 묻어버리지 말고, 새김질을 하여 마음의 미각으로 말씀의 맛을 즐기라고 권유한다.

22) '인도하다', '지켜주다', '말벗이 되어주다'의 히브리어는 모두 삼인칭 여성 단수 동사인데, 이에 해당하는 주어를 발견할 수가 없다. 20절에 제시된 아버지의 계명과 어머니의 가르침을 통틀어 가리키는 것 같다.

23) 20-21절에서 비중 있게 전한 가르침을 경구로 깔끔하게 정리한다. 아버지의 계명과 어머니의 가르침은 어둠을 밝히는 "등불"이자 "빛"이며, 목에 감아둔 훈계는 "생명의 길"임을 강조한다. 등불과 빛을 강조하는 내용은 지혜문학에서 때때로 발견된다(잠언 13,9; 욥 18,6; 29,3; 시편 119,105 참조). 등불(니르נִיר)은 가문이 지속되고 있음을 나타내는 전형적인 비유로, 밝게 빛나면 축복받고 사위거나 꺼지면 저주받았음을 나타낸다(잠언 20,20; 24,20; 욥 18,6; 21,17; 1열왕 11,36; 15,4; 2열왕 8,19). 빛(오르אוֹר)은 '생명, 활기, 선함'을 나타내는 비유로, 즐거움이나 흥겨움처럼 밝은 느낌을 주는 단어와 함께 나온다(잠언 15,30; 코헬 11,7-8; 이사 9,2 참조). 예수님도 당신의 정체를 세상의 빛이자 길이며 생명이라고 이르신다(요한 8,12;

24 그것들이 너를 악한[24] 여자에게서,
낯모르는 여자의 아양 떠는 혀에서 지켜주리라.
25 너는 마음속으로 그런 여자의 아름다움을 탐내지 말고
그 눈짓에 걸려들지 마라.[25]
26 창녀는 빵 한 덩어리면 되지만
남의 아내는 귀중한 생명을 노린다.[26]
27 누가 불을[27] 품에 안고 다니는데

9,5; 14,6). 알렉산드리아의 키릴루스는 빛이 어둠을 몰아내듯이, 하느님의 법도 사람들의 정신과 마음을 완전히 밝게 비추어 무지와 죄의 덤불에 붙잡히지 않게 해준다고 가르친다. '계명'에 대해서는 잠언 2,1 주해, '교훈'에 대해서는 1,2 주해 참조.

24) 히브리어 본문은 "악한(라아 רַע)" 여자라 읽는데, 칠십인역에서는 히브리어 모음을 수정해서 "이웃(레아 רֵעַ)" 여자로 읽음으로써 유혹하는 이웃 여자가 곧 악한 여자라고 해석한다. 낯선 여자, 낯모르는 여자를 경계하라는 아버지의 세 번째 가르침(6,24–35)은 "남의 아내"(26절)나 "제 이웃의 아내"(29절)와 연관시킴으로써 더 구체성을 띤다. '낯선 여자와 낯모르는 여자'에 대해서는 2,16 주해 참조.

25) 낯모르는 악한 여자가 남자를 홀리는 무기로 "아양 떠는 혀"와 "아름다움"과 "눈짓"이 제시된다. 고대 근동의 눈 화장은 출토된 도기나 화장품 등의 유물 그림을 통해 잘 알려져 있다. 아합의 아내 이제벨도 죽음을 맞는 순간까지 눈 화장을 하고 머리를 꾸몄다(2열왕 9,30).

26) 해웃값으로 새끼 염소 한 마리가 언급되었던 것에 비해(창세 38,16–17), "빵 한 덩어리"는 몸을 파는 창녀에게 치르는 값싼 대가를 나타낸다. 반면에 남의 아내는 대가를 협의하지는 않지만, 그 남편이 질투로 격분했을 때 조금도 사정을 보지 않고 복수할 것이기에 생명에 위협을 받을 수 있다(34–35절).

옷을 태우지 않을 수 있겠느냐?
28 누가 숯불 위를 걸어가는데
발을 데지 않을 수 있겠느냐?
29 제 이웃의 아내와 간통하는 자가 그러하다.28)
그 여자를 건드리는 자는 누구도 벌을 면하지 못한다.
30 허기진 배를 채우려고
남의 것을 훔친 도둑도 가볍게 다루어지지 않는다.
31 붙잡히면 그는 일곱 곱절로 갚아야 하고29)
심하면 집에 있는 재산을 모조리 내놓아야 한다.30)

---

27) "불(에쉬 אֵשׁ)"은 철자와 발음이 사람(이쉬 אִישׁ)과 유사해서 성적 욕망을 나타내는 말놀이로 사용되었을 것이다. 품에 안는 여자가 불이라면 옷을 태울 것이 분명하고, 그 불 위를 걷다가는 발을 데지 않을 수가 없다(28절). 그런데도 남의 여자와 간통하는 자는 여자가 불이라는 지각이 없는 자로서 자신을 망칠 뿐이다(32절).

28) 간음하다가 붙잡혔을 경우 남녀 모두에게 돌을 던져 죽이라는 규정은 있지만(신명 22,22-24), 실제로 시행된 예는 성경에서 찾아볼 수 없다. 요한 복음에서도 투석형이 집행되기 직전에 구출되었다(요한 7,53—8,11).

29) 절도했다가 잡혔을 때 소는 다섯 배, 양은 네 배로 배상하도록 규정되었다(탈출 21,37). 손해 배상 규정에는 없지만, 주님이 죄 지은 사람에게 재앙을 일곱 배로 내리거나 주님께 바친 십일조를 일곱 배로 갚아주시리라는 내용은 있다(레위 26,18.21.24.28; 시편 79,12; 집회 35,13; 40,8 참조). 인색한 자가 선물하고 보상을 바랄 때에 일곱 배를 기대하기도 했다(집회 20,14). 규정상으로는 네다섯 배로 명시되었지만, 실제 통용될 때에는 관행적으로 일곱 배를 적용시켰을 가능성도 있다.

30) 피해자가 분노에 사로잡혀 법으로 규정된 배상 범위를 넘어 가

32 남의 여자와 간통하는 자는 지각없는 자[31]
자신을 망치려는 자만 그런 짓을 한다.
33 매를 맞고 치욕을 당하여
그 수치가 지워지지 않는다.
34 그 남편은 질투로 격분하여
복수하는 날에 조금도 사정을 보지 않는다.
35 그는 어떠한 보상도 거들떠보지 않고
아무리 많은 선물을[32] 준다 해도 받으려 하지 않는다.

해자의 모든 재산을 압류하는 경우도 충분히 있을 수 있다(잠언 6,34-35 참조). 제 집의 온 재산을 내놓아 사랑을 사려 해도 사람들이 경멸할 뿐이라는 아가 8,7이 반영되었을 것이다.

31) '지각없는(하사르 렙 חֲסַר־לֵב)'을 직역하면 '마음이 필요한'이다. 잠언에서 마음은 지혜가 머무는 자리로 여겨졌다. "지각없는 자"는 마음이나 내적 인격이 형성되지 않은 사람을 가리킨다. 마음이 살아있지 못한 젊은이는 자신의 행동이 어떤 결과를 가져올지 생각하지 않고 욕망에 빠져든다. 그들은 무엇이 옳고 그른지 구분하는 지식이나 지혜에는 관심이 없고(집회 15,7; 21,18), 간통이든 우상 숭배든 자신이 즐기는 것이 어떤 파장을 가져올지 일체 생각하지 않은 채 시간과 재산을 쏟아붓는 사람이다(잠언 6,32; 이사 45,20). 과도하게 게임을 즐기거나 도박이나 마약으로 인생을 망쳐서는 안 된다는 것을 뻔히 알면서도 거기에 말려드는 우리 시대의 자화상을 보는 듯하다.

32) "선물(쇼하드 שֹׁחַד)"은 고대 이스라엘에서 상거래나 행정에서 편의를 보는 데 관행으로 자리 잡았으며, 판결이나 자문, 혼인을 하거나 무덤 자리를 취득하는 데에도 통용되었다(창세 23장; 34,12; 탈출 22,16; 1사무 9,7; 18,20-27 참조). 높은 사람들과 안면을 터서 앞길을 열려고 한다는 점에서 대가성의 정도에 차이가 있을 뿐 뇌물과 크게 다르지 않았다. 일

지혜를 받아들여라[1]

7 1 내 아들아, 내 말을 지키고
내 계명을 마음에 간직하여라.[2]

반적으로 선물은 액수가 적고 순수한 마음에서 전달되지만, 뇌물은 액수도 많고 암묵적으로 대가를 바라는 밀거래다. 선물과 뇌물은 구분해서 사용하기도 하지만, 동의적 대구에서 유의어로 통용된다(잠언 6,35; 15,27; 17,8.23; 18,16; 19,6; 25,14 참조).

뇌물은 사리 판단을 바르게 할 수 있는 눈을 멀게 하고, 규정에 저촉되는 일도 눈감아 주는 편법도 통용되게 한다(잠언 17,23; 탈출 23,8; 신명 27,25; 1사무 12,3 참조). 그러기에 주님은 뇌물을 받지 않으시는 분이라고 역설하며(신명 10,17), 뇌물을 멀리하는 이가 잘살게 된다는 지침을 내리기도 한다(잠언 15,27). 예언자들도 뇌물을 좋아하는 지도자들은 도둑의 친구들이자 이웃을 착취하며 그릇된 판결을 내린다고 호되게 비판한다(이사 5,23; 에제 22,12; 아모 5,12; 미카 3,11).

이와 관련하여 폰투스의 에바그리우스는 신앙인에게 선물은 올바른 삶을 가리킨다고 영성적으로 풀이한다. 올바르게 살아가다 보면 인생길이 평탄해질 뿐 아니라 주님의 충만함에 맞갖게 준비된다는 것이다.

1) 열 번째 교훈(잠언 7,1–27)은 지혜를 누이로 받아들이라고 권면하는 단락(1–5절)과 간음녀의 유혹 사례를 목격한 듯이 생생하게 전하며 거기에 빠져들지 말라고 당부하는 단락(6–27절)으로 구분된다. 첫 단락에는 다른 교훈에서 나왔던 용어들이 반복된다. '내 계명'과 '내 가르침'이 짝을 이루어 제시되고 그것을 기억하기 위해 신체의 일부에 묶고 마음에 새기라는 것은 세 번째 교훈(3,1–12)과 동일하다. 계명을 지키면 살리라는 발상은 다섯 번째 교훈(4,1–9)에서 전해준 할아버지의 가르침과, 낯선 여자와 낯모르는 여자에게서 지켜준다는 생각은 두 번째 교훈

2 내 계명을 지켜라. 네가 살리라.
내 가르침을 네 눈동자처럼[3] 지켜라.
3 그것들을 네 손가락에 묶고
네 마음속에 새겨두어라.[4]
4 지혜에게 "너는 내 누이!"라 하고
예지를 친지라 불러라.[5]
5 그러면 그것들이 너를 낯선 여자에게서,
매끄러운 말을 하는 낯모르는 여자에게서 지켜주리라.[6]

간음녀의 유혹[7]

6 내 집 창문에 기대어

(2,1-22)과 겹친다. 지혜를 누이라 부르고 예지를 친지라 부르라는 점만 독특하다.

2) '계명'에 대해서는 2,1 주해, '마음'에 대해서는 2,2 주해 참조.

3) "눈동자"는 몸에서 가장 부드럽고 중요한 부분이라 세심하게 보호하고 지켜야 한다. 이를 바탕으로 주님이 아무런 해도 입지 않도록 신경을 써서 보호해 주고 계심을 나타낸다(신명 32,10; 시편 17,8 참조).

4) 바깥에 드러내는 면과 내면에 새기는 면을 함께 거론해 아버지의 계명을 준수하는 데 만전을 기한다. 신체의 일부에 묶는다는 표현에 대해서는 잠언 3,3 주해 참조.

5) "누이(아홋 אָחוֹת)"와 "친지(모다 מֹודַע)"는 신부나 아내를 다정하게 부르는 호칭이다(룻 2,1; 3,2; 아가 4,9; 5,1; 토빗 7,15). 지혜를 여인으로 의인화해서 친밀한 관계를 유지하면, 낯선 여자와 낯모르는 여자의 유혹에 넘어가지 않을 수 있다고 한다(5절).

6) '낯선 여자와 낯모르는 여자'에 대해서는 잠언 2,16 주해 참조.

창살 사이로 내다보다가
7 어수룩한 자들 속에서 누군가를 보게 되었다.
청년들 속에서 지각없는 젊은이 하나를 지켜보게 되었다.[8)]
8 그는 그 여자가 사는 거리 모퉁이 쪽으로 길을 건너
그 집을 향해 걸어간다.
9 날 저물녘 어스름 속에,
한밤의 어둠 속에 걸어간다.

---

7) 1—9장은 낯선 여자의 유혹을 세 차례에 걸쳐 길게 다룬다(2,16-19; 5,1-23). 이 단락에서는 낯선 여자의 정체가 간음녀라는 사실을 명시한다. 특히나 간음녀의 말(14-20절)을 인용하여 제시하는 문학 기법은 첫 번째 교훈(1,8-19)에서 죄인들의 말을 인용문(1,11-14)으로 제시하는 것과 동일하다. 또한 간음녀의 인용문에 사용된 어휘가 첫 번째 교훈에 사용된 어휘와 비슷하다는 점에서 첫 번째 교훈과 열 번째 교훈이 아버지의 가르침을 앞뒤로 봉합하는 수미상관 구조로 되어있음을 알 수 있다.

매혹적인 낯선 여자는 바빌론 유배 이후에 이스라엘의 종교와 문화를 크게 위협하던 외국 종교와 문화를 비유적으로 나타내는 것 같다(퍼듀). 구약성경에서는 외국의 문화와 종교에 동조하는 태도를 낯선 자에게 몸을 맡기는 간음과 불륜에 빗대곤 하였다(예레 3,2-4.12-13.20; 4,30-31; 에제 16장; 호세 1—3장 참조). 마찬가지로 지혜 여인도 축자적인 의미로 여인을 가리키는 것이 아니라, 지혜 전승과 현인들의 가르침을 의인화시켜 생동감 있게 전달하기 위한 문학 기법이다.

8) 지각없는 자들이나 어수룩한 자들은 모두 지혜를 필요로 한다는 점에서 동의적 대구를 이룬다. '어수룩한 자들과 어리석은 자들'에 대해서는 잠언 1,4 주해, '지각없는 자'에 대해서는 6,32 주해 참조.

10 보아라, 여자가 창녀 옷을[9] 입고서
교활한 마음을 품고 그에게 마주 온다.
11 여자는 안절부절못하고[10]
그 발은 집 안에 붙어있지 못한다.
12 한 번은 거리에 갔다가 한 번은 광장에 가고
길목마다 지켜 선다.[11]
13 이제 그 젊은이를 붙잡아 입 맞추고
뻔뻔스러운 얼굴로 말한다.
14[12] "내가 친교 제물을[13] 바쳐야 했는데

---

9) "창녀 옷"이 어떻게 생겼는지 알 수 없지만, 다른 옷과는 다른 데다가 베일로 얼굴을 가리고 길에 서있다가 마주 왔기에 그 여자가 누군지를 바로 알아차렸을 것이다(창세 38,14–15 참조).

10) 변덕을 부린다는 뜻이며, 같은 표현이 우둔함이라는 여자의 행동을 기술하는 데에도 나온다(잠언 9,13).

11) '발'은 성기를 완곡하게 표현하는 데에도 쓰인다(5,5 참조). 따라서 여자의 발이 집 안에 있지 못하고 거리와 광장으로 쏘다닌다는 것은, 공공장소에서 성적 상대를 찾아 방황했음을 드러낸다(롱맨). "창녀 옷"(10절)을 입고 호객하는 행동도 이를 뒷받침한다. 네 샘물이 바깥으로 흘러가 낯선 자들이 가지게 해서는 안 된다는 가르침을 떠올리게 한다(5,15–17). 지혜 여인도 거리와 광장에서 모습을 드러내지만(1,20–21), 낯선 여자가 집 안에 붙어있지 못한 채 안절부절못하는 것과는 달리 영리함과 함께 산다(8,12). 같은 용어를 사용하여 낯선 여자와 지혜 여인의 행태를 선명하게 대비시킨다.

12) 낯선 여자의 초대(14–20절)는 사랑의 밀어로, 과감하게 유혹하는 방식이 1,11과 비교된다. 이 말(B′)은 지혜 여인의 말(A: 8,1–36), 지혜 여인의 초대(B: 9,5–6), 우둔함이라는 여자의 초대(A′: 9,16–17)와 함께 ABA′

오늘 그 서원을 채웠답니다.
15 그래서 내가 당신을 맞으러 나와
당신 얼굴을 찾다가 이제야 찾아냈어요.
16 내 침상에 덮개를 깔았는데
화려한 이집트산 아마포랍니다.
17 잠자리에 몰약과
침향과 육계향도 뿌렸어요.[14)]
18 자, 우리 아침까지 애정에 취해봐요.
사랑을 즐겨 봐요.
19 남편은 집에 없어요.
멀리 길을 떠났거든요.[15)]
20 돈 자루를 가져갔으니

B′ 형태의 교차대구법을 이룬다. 사랑의 밀어는 지혜 여인이나 낯선 여자나 똑같이 사용하기에, 이 둘을 실생활에서 분간하는 방법을 익히면서 지혜 여인을 신부로 소중히 받아들여 지속적으로 투신할 것을 일깨운다(길크리스트).

13) "친교 제물"은 낯선 여자가 풍산 제의에 열성적으로 참여하는 사람일 가능성을 알려준다.

14) 미각(14절)과 시각(15절), 촉각(16절)과 후각(17절)을 총동원하여 성적 쾌락을 극대화한다. 잠자리의 흥취를 돋워주는 향료는 아가에서 정원에 빗댄 여자를 묘사하는 데에서도 잘 나타난다(아가 4,14).

15) 낯선 여자의 남편은 멀리 길을 떠나 오래도록 집을 비우는 장사꾼으로 묘사된다. 히브리어로 장사꾼(커나아니 כְּנַעֲנִי)은 가나안 땅의 원주민을 뜻하기도 한다. 따라서 가나안 땅의 원주민 아내인 낯선 여자가 가나안의 토착 여신인 아스타롯의 신전창녀일 가능성도 배제할 수 없다(판관 2,13; 10,6; 1사무 7,3-4; 12,10; 31,10 참조).

보름날에나 집에 돌아올 거예요."
21 이렇게 갖가지 달콤한 말로 꾀고
매끄러운 입술로 유혹하니
22 그가 선뜻 그 여자 뒤를 따라가는데
도살장에 끌려가는 소와 같고
벌 받으러 쇠사슬에 묶여 가는 미련한 자와 같다.[16)]
23 화살이 간장을 꿰뚫을 때까지
목숨을 잃을 줄도 모르는 채
그물 속으로 재빨리 날아드는 새와 같다.

24 아들들아, 이제 내 말을 들어라.
내가 하는 말에 주의를 기울여라.
25 네 마음이 그런 여자의 길로 빠져들지 않게 하여라.
그런 여자의 행로로 들어서지 마라.[17)]

---

16) 젊은이는 솔깃한 이야기에 넘어가 여자를 선뜻 따라나선다. 하지만 지켜보는 사람의 눈에는 다르게 비친다. 여자의 매력에 빠진 모습 자체를 타의에 휘둘려 스스로 헤어 나오지 못하는 상황에 빗댄 것이다. "도살장에 끌려가는 소"는 추후에 생명을 대가로 치러야 하고, "쇠사슬에 묶여 가는 미련한 자"는 자신이 저지른 잘못에 대해 벌을 받아야 됨을 단적으로 드러낸다. "벌 받으러(엘 무사르אֶל־מוּסָר)"는 직역하면 '교훈으로'란 뜻이다. 교훈에는 체벌까지도 포함된다. '교훈'에 대해서는 잠언 1,2 주해 참조. 욕구에 이끌려 자발적으로 시작했던 행동이 결국에는 한치 앞을 내다보지 못한 행동에 불과했다는 통찰이 "그물 속으로 재빨리 날아드는 새"(23절)라는 표현에 잘 담겨있다. '미련한 자'에 대해서는 1,7 주해 참조.

17) '길과 행로'에 대해서는 1,15 주해 참조.

26 그런 여자가 쓰러뜨려 희생된 자들이 많고
힘센 자들도 모두 그에게 살해되었다.
27 그 집은 저승으로 가는 길이라
죽음의 안방으로 내려가게 된다.

지혜가 부른다[1)]

8[2)] 1 지혜가 부르고 있지 않느냐?
슬기가 목소리를 높이고 있지 않느냐?[3)]
2 지혜가 언덕 위,[4)] 거리가 내려다보이는 곳에,

---

1) 사람들이 많이 모이는 장소에서 지혜를 배우라고 초대하면서, 의인화 기법을 활용하여 지혜가 직접 이야기를 하도록 한다. 지혜는 여성 명사이기에 지혜 여인의 목소리로 사람들이 귀하게 여기는 은과 금, 산호와 온갖 귀중품보다 더 귀한 교훈과 지식을 깨우쳐서 영리해질 것을 촉구한다.

2) 8장은 지혜시로, 지혜 여인을 삼인칭으로 소개하는 서두(1–3절)와 지혜 여인이 직접 일인칭으로 이야기하는 본론(4–36절)으로 구분된다. 본론은 다시 사람들에게 자신의 이야기를 들으라고 권유하는 이끎 말(4–11절)과 맺음말(32–36절), 지혜 여인이 지닌 능력(12–21절)과 창조 때에 지혜 여인이 수행한 역할(22–31절)을 묘사하는 단락으로 세분할 수 있다.

3) 히브리 시의 동의적 대구법으로, "슬기(터부나 תְּבוּנָה)"가 '지혜'의 유의어로 제시된다. 욥기에서도 "지혜가 어디에서 오리오? 슬기의 자리는 어디리오?"(욥 28,20)란 대구법으로 슬기를 지혜의 유의어로 제시하지만, 욥기에서 슬기로 제시된 히브리어(비나 בִּינָה)는 14절에 제시된 '예지'와 같은 단어다.

4) "언덕 위(버로쉬 머로밈 בְּרֹאשׁ מְרוֹמִים)"를 직역하면 '높은 곳 꼭대기'란

네거리에[5] 서있다.
3 성읍 어귀 성문 곁에서,
여러 대문간에서 외친다.[6]
4 "사람들아, 내가 너희를 부른다.
너희 인간들에게[7] 내 목소리를 높인다.[8]

뜻이다. 곧 언덕 위든 성벽 위든 저택의 옥상이든 사람들의 주목을 받을 수 있고 소리쳐 의사를 전달할 수 있는 장소를 가리킨다.

5) "네거리(베트 너티봇בֵּית נְתִיבוֹת)"는 집과 길이라는 두 단어가 연계형으로 연결되어 있어 직역하면 '길들의 집'이다. 사람들이 집에 드나들듯이 길들이 드나드는 장소, 곧 길들이 모아지거나 갈라져 나가는 장소라고 할 수 있다. 도시계획이 잘된 곳에서는 반듯하게 정비된 네거리를 길들이 모이는 대표 장소로 제시할 수 있겠지만, 히브리 단어의 뜻을 정확히 반영했다고는 할 수 없다. '길들의 집'이란 두 갈래든 세 갈래든 갈라지는 길목일 수도 있고, 부채꼴 모양으로 퍼져나가는 교통의 요충지일 수도 있기 때문이다. 수많은 사람에게 효과적으로 가르침을 선포하기 좋은 곳, 유동 인구가 많고 도시의 중심이 되는 장소를 가리킨다.

6) 지혜 여인은 학교에서 강의하거나 성전에서 군중을 대상으로 설교하는 것이 아니라, 누구나 오가며 접할 수 있는 일상 안에서 메시지를 전달하고 있다. 고대 헬레니즘 세계에서는 교사들과 철학자들이 여러 도시와 마을을 떠돌아다니며 자신의 가르침을 들을 학생들을 모집했으므로, 이스라엘 전역을 돌아다니는 현인들의 가르침을 지혜 여인으로 의인화하여 제시하였을 것이다(퍼듀). 사람들이 많은 번화가에서는 의사소통에 장애를 주는 소음이 높아지므로, 지혜 여인도 자신의 메시지를 전달하기 위해 사람들을 불러 모았던 1절보다 목소리를 더 높일 수밖에 없다.

7) "인간들"은 직역하면 '아담의 아들들(버네 아담בְּנֵי אָדָם)'이다. 선행

5 어리석은 이들아, 영리함을 터득하여라.[9)]
우둔한 이들아, 마음을 깨쳐라.[10)]
6 들어라, 나는 고귀한 것들을 말하고
내 입술에서는 올바른 것들이 흘러나온다.
7 내 입은 진실을 말하고
내 입술은 불의를 역겨워한다.

구에 나오는 "사람들(이쉼 אִישִׁים)"의 유의어로 제시하여 대를 이어 지혜의 가르침이 계속된다는 것을 말한다. 창세기에서도 이 두 단어가 함께 사용된다. 사람(아담 אָדָם, 창세 2,15)이 주님이 자신에게 만들어 준 협력자를 보고, 남자(이쉬 אִישׁ, 2,23)에게서 나왔으니 여자로 불릴 것이라고 부르짖는 데에서 드러난다.

8) 지혜 여인은 1–3절에서 사람들의 소개를 받았지만, 4절부터는 직접 사람들을 불러 모으는 적극성을 보인다. 4절에 사용된 '부르다' 동사와 '목소리'라는 명사는 1절에 나오는 단어들과 똑같다. 다만, 1절에서는 삼인칭으로 제시되고 4절에서는 일인칭으로 제시되는 차이가 있을 뿐이다. 그리고 1절에서는 부르는 주체로 '지혜'와 '슬기'를 제시하지만, 4절에서는 부르는 대상을 '사람들'과 '인간들'로 명시한다. 이스라엘 사람으로 한정시키지 않은 것으로 보아 지혜 여인이 부르는 대상은 온 인류다.

9) '우둔한 자들'에 대해서는 잠언 1,22 주해, '영리함과 지식과 현명함'에 대해서는 1,4 주해 참조.

10) 지혜의 초대를 받는 사람들을 어리석은 이들과 우둔한 이들이라고 부르는 이유는 지혜의 가르침이 더 필요한 사람에게 초점을 맞추어 메시지를 강렬하게 전달하기 위해서다. 그리고 고귀함과 올바름으로 치장된 지혜 여인의 눈에는 아무리 학식 있는 이들이라도 어리석게 보였을 수 있다.

8 내가 하는 말은 모두[11] 의로울 뿐
거기에는 교활한 것도 음흉한 것도 없다.
9 그 모든 말이 깨닫는 이에게는 옳고
지식을 찾는 이에게는 바르다.[12]
10 너희는 은이 아니라 내 교훈을 받고
순수한 금이 아니라 지식을 받아라.[13]
11 지혜는 산호보다 낫고
온갖 귀중품도 그것에 비길 수 없다."

지혜의 자기소개[14]

12 "나 지혜는 영리함과 함께 살며

---

11) 8–9절에 '모두(콜 כֹּל)'라는 어휘가 연달아 나오는 것은 지혜 여인의 말이 그 무엇보다도 가치 있음을 강조하는 역할을 한다(발트케).

12) '영리함과 지식과 현명함'에 대해서는 1,4 주해 참조.

13) 지혜의 가르침을 사람들이 소중하게 여기는 금과 은에 비교하여(욥 28장 참조), 어떤 귀한 물질보다도 가치가 있음을 선명하게 제시한다. 귀금속에 비유되는 지혜에 관해서는 잠언 2,4 주해 참조.

14) 지혜가 일인칭 대명사와 결합된 '나 지혜(아니 호크마 אֲנִי־חָכְמָה)' 형태로 제시되며, 지혜 여인이 사는 곳과 찾는 것, 그리고 미워하는 것을 직접 이야기하는 방식으로 전개된다. 지혜와 결부되는 여러 가지 특성을 나열하면서 지혜의 양상이 실제 삶에서 벌어지는 구체적 상황에 맞추어 다양하게 나타나고 있음을 보여준다. 아울러 지혜가 물질적으로나 정신적으로나 얼마나 가치 있는지도 재확인한다. 지혜를 따르면 물심양면으로 충분히 채워지는 열매와 소출을 맺을 수 있기에 어느 귀금속과도 비교할 수 없는 것이다.

지식과 현명함을 얻었다.[15]
13 **주님**을 경외함은 악을 미워하는 것이다.[16]
그래서 나는 교만과 거만과 악의 길을,
사악한 입을 미워한다.
14 나에게는 조언과[17] 통찰이 있다.
나는 곧 예지이며 나에게는 힘이 있다.
15 내 도움으로[18] 임금들이 통치하고

---

15) 1,4에서는 어수룩한 젊은이들에게 영리함과 지식과 현명함을 베풀려고 잠언이 생겨났다고 한다. 여기서는 지혜 여인이 자신의 목소리로 이 모든 것을 갖추었다고 밝힘으로써, 지혜를 습득하면 곧바로 영리하고 현명해질 수 있음을 드러낸다.

16) 지혜 여인의 특성이 나열되는 가운데 "주님을 경외함은 악을 미워하는 것이다"라고 밝히는 것은, 지혜의 핵심에 주님 경외가 자리 잡고 있음을 시사한다. 아울러 주님을 경외하는 가운데 지혜로워지려면 악을 미워해야 함을 나타낸다. '주님을 경외함'에 대해서는 1,7 주해, '미워하다'에 대해서는 1,29 주해 참조.

17) 알렉산드리아의 클레멘스는 선택의 기로에 섰을 때 받을 수 있는 조언으로 세 가지를 제시한다. 과거의 사건들을 예로 들거나, 현재 벌어지고 있는 사건들로 주의를 환기시키거나, 미래의 사건들을 알려주어 경계하는 마음을 불러일으키는 방법이다. 교부는 주님은 상황에 따라 여러 가지 방법으로 인류를 구원으로 이끄신다고 강조한다.

18) "내 도움으로"는 직역하면 '내 안에서(비 בִּי)'다. 15절과 16절은 '내 도움'으로 시작해서 '의로움(체덱 צֶדֶק)'으로 끝맺는 구문을 되풀이함으로써, 그 안에 담긴 내용이 완벽하다는 것을 드러낸다(카밀라). 임금들과 군주들, 제후들과 수령들이 맡은 직분은 저마다 다르지만, 의로움을 실천하기 위해서는 누구나 예외 없이 지혜의 가르침을 따라야 한다.

군주들이 의로운 명령을 내린다.
16 내 도움으로 제후들이 다스린다.
의롭게 판결하는 수령들도 모두 마찬가지다.
17 나를 사랑하는 이들을 나는 사랑해 주고
나를 찾는 이들을 나는 만나준다.[19)]
18 나에게는 부와 영예가 있고
오래고 존귀한 재산과 번영도 있다.[20)]
19 내 열매는 금보다 순금보다 낫고
내 소출은 순수한 은보다 낫다.[21)]

---

19) 지혜는 통치자들이 사회의 질서를 유지하는 데 필요할 뿐 아니라, 개개인이 일상생활을 영위하기 위해서도 필요하다. 지혜는 누구에게나 열려있지만 누구나 받을 수 있는 것이 아니고 지혜를 사랑하고 간절히 찾는 자들에게만 주어진다.

20) 고대사회에서 '부와 재산'은 하느님의 복이자 지혜의 상징으로 여겨졌으며(3,9–10; 10,15.22 참조), 현인이 젊은이들에게 지혜를 선택하도록 부추기는 주요 수단으로 사용되었다(3,16; 4,5–7 참조). 그렇지만 불법적인 방식으로 부를 축적하는 것은 사회 통념상 허용되지 않았다(11,18; 21,6; 22,16 참조). 그중 하나로 가난한 동족에게 돈을 빌려주고 이자를 받는 행위를 율법에서 금지시켰다(탈출 22,24; 신명 23,20; 시편 15,5; 에제 18,8). 그렇지만 '동족'에 한정되었기에, 이방인에게 돈놀이하는 것은 허용되었다(신명 23,21). 성경은 이자율에 대해 언급하지 않지만, "변리와 이자를 받고 이웃을 억압하여 착취한다"(에제 22,12)라고 비판할 정도로 고리대금이 성행했던 것 같다.

21) "열매"는 지혜를 생명의 나무로 비유하는 데에서(잠언 3,18 참조), "소출"은 씨를 뿌리는 밭작물에서 구체적으로 형상화되었다. 어느 방식으로든 지혜를 추구해서 결과를 얻으면 그 무엇보다도 가치 있다는 사

20 나는 정의의 길을,
공정의 길 한가운데를 걷는다.[22)]
21 그리하여 나는 나를 사랑하는 이들에게 재산을 물려주고
그들의 보물 곳간을 채워준다."

지혜와 창조[23)]

22 "**주님**께서는 그 옛날 모든 일을 하시기 전에

실을 금과 은에 빗대어 일깨운다(욥 28,12-19 참조). 귀금속에 비유되는 지혜에 관해서는 잠언 2,4 주해, '…보다 낫다'는 표현에 관해서는 3,14 주해 참조.

22) "정의(처다카צְדָקָה)"와 "공정(미스팟מִשְׁפָּט)"은 주님을 이해하는 중요한 속성으로 자주 함께 언급된다(이사 5,16; 예레 9,23). 지혜 여인은 이제 주님의 속성도 공유하는 존재임을 알 수 있다. 그러므로 자신을 사랑하는 사람들에게 재산도 상속하고 곳간도 채워주리라고 약속할 수 있을 만한 권위를 발휘한다(21절). 이 권위는 지혜 여인이 주님의 창조사업의 협력자로 처음 등장했던 창조 시절로 거슬러 올라가는 다음 연에서 더욱 명확해진다. '길과 행로'에 대해서는 잠언 1,15 주해 참조.

23) 주된 행동을 이끌어 가는 주체가 지혜 여인에서 주님으로 전환되면서, 인간의 경험을 넘어서는 창조 역사를 다루기 시작한다. 주님이 지혜로 땅과 하늘을 세우셨다는 생각은 3,18-19에서 이미 다루었다. 이를 염두에 두고 '…전에(케뎀קֶדֶם)'라는 표현을 반복함으로써, 지혜 여인은 세상 만물이 창조되기 이전인 영원에서 기인되었다는 사실을 부각한다. 지혜 여인은 주님이 만물을 창조하시기에 앞서 주님 곁에 있었는데, 세상 만물이 창조될 때 그분 앞과 그분이 지으신 땅 위에서 뛰놀며 기쁨이 되었다고 서술한다. 고대 문학에서는 오래될수록 더 권위가 있고

당신의 첫 작품으로 나를 지으셨다.[24)]

신뢰할 만하다고 여겼다. 따라서 지혜 여인이 세상 만물이 창조되기 이전에 기원되었다고 하는 것은 최고의 권위와 신뢰를 부여하는 셈이다.

24) 지혜 여인의 위상은 '카나קָנָה' 동사를 어떻게 해석하느냐에 따라서 달라진다. 칠십인역처럼 '창조하다'의 뜻으로 보면 지혜 여인은 주님의 창조물로 설정된다. 그런데 아퀼라 역과 심마쿠스 역과 테오도시온 역에서처럼 '취하다'의 뜻으로 옮기면, 사람들이나 임금들이 지혜를 기본 덕목으로 갖추어야 하는 것처럼 주님도 창조하기에 앞서 본질적 성품으로 지혜를 갖추었다는 어감을 풍긴다. 지혜는 주님이 인간과 세상을 다루는 창조의 원리로서, 하느님께서 선재하는 지혜를 발견하고 그에 따라 창조 역사를 펼치신 것으로 해석된다(바우터). 하지만 두 번째 지혜시에서 "주님께서는 지혜로 땅을 세우시고 슬기로 하늘을 굳히셨다"(3,19)라는 구절을 보충하는 것으로 보면, 지혜 여인은 세상을 창조할 때에 이용한 구성 원리가 된다(폰 라트). 창조 활동에서 지혜 여인이 어떤 역할을 했는지는 분명치 않지만, 지혜 여인의 기원이 주님께 있으며 창조 활동에 어떤 식으로든 연관된다는 것만은 의심의 여지가 없다(머피). 이러한 지혜문학적 통찰이 창세기에서 하느님을 지혜와 함께 아울러 일인칭 복수 '우리'로 제시하는 데(창세 1,26; 3,22; 11,4–7 참조) 영향을 미쳤을 것이다(맥나마라).

교부들은 이 구절이 하느님과 그리스도의 관계를 나타낸다고 여겨 많은 관심을 보였다. 그리스도가 피조물이라는 아리우스파와 논쟁이 벌어졌을 때, 그리스도가 창조되지 않고 모든 피조물에 앞서 하느님에게서 태어나거나 생겨났다고 주장하는 근거로 사용하였다(순교자 유스티누스, 아테나고라스, 테르툴리아누스, 아우구스티누스). 또한 그리스도는 하느님의 외아들이시므로 신성이라는 본성이 있고, 하느님의 목적을 완수하기 위하여 뒤늦게 인성을 취하여 지혜로 불린다고 가르치기도 했다(오리게네스).

23 나는 한처음 세상이 시작되기 전에
영원에서부터 모습이 갖추어졌다.[25)]
24 심연이 생기기 전에,
물 많은 샘들이 생기기 전에 나는 태어났다.[26)]
25 산들이 자리 잡기 전에,

---

25) "모습이 갖추어졌다"는 '쏟아놓다, 세우다, 지명하다'를 뜻하는 나삭 נָסַךְ 동사의 수동태다. 따라서 '모습'이라는 형태에 초점을 맞추기보다 위치와 자격이 주어진 채 생성되었음을 강조한다(시편 2,6 참조). 22절의 '지으셨다(카나 קָנָה)', 24절의 '태어났다(훌 חוּל)'와 함께 하느님의 창조 능력이 세 가지 양상으로 작용하고 있음을 암시한다(펜티욱).

장님 디디무스는 예수님의 생애를 바탕으로 세상 만물이 창조되는 원인이 되었다고 말한다. 예수님이 교회의 기초가 되기를 원하시어 당신을 낮추어 사람이 되신 것처럼, 피조물에게 존재를 부여하기를 원하시어 당신을 창조의 규칙에 맞추어 세상 만물의 시작이 되셨다는 것이다.

26) 많은 창조신화에서 세상의 질서가 잡히기 이전에는 혼돈 상태였다고 서술한다. 혼돈의 상태를 묘사하는 방식은 나라마다 다르다. 중국에서는 혼돈을 눈과 코가 없는 두루뭉술한 존재로 묘사한다(『산해경』). 반면에 메소포타미아에서는 마르둑 신이 티아맛 여신과 싸워 이긴 후 그 시체로 세상을 창조했다고 전한다('에누마 엘리쉬' 제1토판). 티아맛은 심연을 의인화시킨 신화적 존재다. 심연은 모든 것을 뒤덮어서 그 안에 무엇이 있는지 알 수 없는 태초의 바다를 가리킨다. 창세기에서도 창조되기 이전에는 꼴을 갖추지 못하고 비어있었으며, 심연과 어둠으로 뒤덮여 있었다고 전한다(창세 1,2). 따라서 세상에 질서를 부여하는 지혜 여인은 심연이 생기기 전에 이미 존재했다는 것만으로도 그 위상이 높게 설정된다.

언덕들이 생기기 전에 나는 태어났다.[27]
26 그분께서 땅과 들을,
누리의 첫 흙을 만드시기 전이다.
27 그분께서 하늘을 세우실 때,
심연 위에 테두리를 정하실 때 나 거기 있었다.
28 그분께서 위의 구름을 굳히시고
심연의 샘들을 솟구치게 하실 때,
29 물이 그분의 명령을 어기지 않도록
바다에 경계를 두실 때,
그분께서 땅의 기초를 놓으실 때
30 나는 그분 곁에서 사랑받는 아이였다.[28]

---

27) 창조는 혼돈의 심연에서 질서를 만들어 내는 과정이다. 그중 삶의 터전인 땅이 가장 먼저 창조되는 경우가 많다. 큰 강 주변에 인류의 문명권이 생겨났고, 강물이 범람해서 모든 것을 휩쓸었을 때의 상황을 바탕으로 태초의 혼돈 상태를 그려냈기 때문이다. 아울러 물이 빠져 서서히 땅이 드러나거나 침적토 언덕이 하구에 생겨나는 모습을 혼돈에서 질서로 가는 창조 활동으로 제시하곤 했다. 메소포타미아에서는 새로 생겨난 침적토의 신으로 라흐무와 라하무를 등장시켰고, 이집트에서는 원시언덕에서 모든 신이 생겨났다고 설명한다. 따라서 가장 먼저 창조된 산들과 언덕들이 생기기 전에 지혜 여인이 있었다는 것은 지혜가 창조 활동에서 우선적인 위상을 차지한다는 뜻이다.

28) "아이"에 해당하는 히브리어는 '아몬אָמוֹן'이다. 이 단어는 '장인'으로도 해석할 수 있다. 아이와 장인 가운데 무엇으로 해석하느냐에 따라서 지혜 여인이 수행했던 역할이 크게 달라진다. 폰 라트는 아이로 해석해서 창조 이전에 함께 있었던 지혜 여인이 쾌활하게 뛰어 노는 아이처럼 주님의 창조 사업이 펼쳐 보이는 웅장함과 능력에 흥분하면서 기쁜

나는 날마다 그분께 즐거움이었고
언제나 그분 앞에서 뛰놀았다.
31 나는 그분께서 지으신 땅 위에서 뛰놀며
사람들을 내 기쁨으로 삼았다."[29)]

지혜의 말씀을 듣는 이의 행복[30)]

32 "그러니 이제, 아들들아, 내 말을 들어라.[31)]

반응을 보인다고 주장한다. 퍼듀도 뛰어 노는 아이로서의 지혜와 그를 보며 기뻐하는 부모로서의 주님의 관계가 하늘과 땅을 이어주는 연결고리로서 적합하다고 본다. 반면에 '임금의 정신을 맑게 만드는 궁중 전문가나 후원자'라는 의미를 지닌 '장인, 수공업자'로 해석하여 지혜 여인이 맑은 정신으로 창조 역사를 신바람 나게 지휘했다고 해석하는 것도 가능하다(링그렌, 키이). 이 해석은 지혜 7,22; 8,6에서 지혜 여인을 만물을 지어낸 '장인(테크니티스τεχνῖτις)'으로 묘사하는 것과 호응을 이룬다.

이 두 해석 모두 타당성을 지니고 있어 어느 쪽 견해가 더 합리적인지 판가름하기는 쉽지 않다. 잠언 안에서도 세 편의 지혜시가 조금씩 양상을 달리하면서 지혜 여인의 위치와 역할을 진전시킨다. 잠언에서 제시되는 지혜 여인의 역할은 전문적인 장인보다는 단지 주님의 창조 사업을 옆에서 보고 기뻐하는 아이가 적합해 보인다.

29) 30-31절은 지혜 여인이 하느님 앞에서나 땅 위에서나 똑같이 뛰놀며 즐거움과 기쁨의 요인이 되고 있음을 보여준다. 질서 있게 창조된 세계를 바라보는 자체가 하느님께 즐거움이 되었을 뿐 아니라(창세 1,31 참조), 그 질서 안에 들어있는 지혜를 추구하고 발견하는 것은 사람들에게 기쁨이 될 수 있다(지혜 8,16; 13,3; 집회 4,12; 6,28.31 참조).

30) 지혜 여인은 창조 이전부터 존재했던 사실을 밝힌 다음, 청중을

행복하여라, 내 길을 따르는 이들!
33 내 교훈을[32] 들어 지혜로워지고
그것을 가볍게 여기지 마라.
34 행복하여라, 내 말을 듣는 사람![33]
날마다 내 집 문을 살피고
내 대문 기둥을 지키는 사람!
35[34] 나를 얻는 이는 생명을 얻고

'아들들(바님בָּנִים)'로 부르면서 자신의 이야기를 들으라고 촉구한다. 앞 단락에서 주님이 세상을 창조하고 유지하는 데 사용한 거룩한 지혜가 이제 사람들에게 제공된다는 것을 일깨운다.

31) 6절에 나온 "들어라(샤마שִׁמְעוּ)"라는 명령을 반복함으로써, 지혜의 가르침을 소홀히 하지 말고 그 길을 지켜 지혜로워지기를 간절하게 호소한다. 이는 잠언 8장의 지혜시를 시작하기에 앞서 "아들들아, 이제 내 말을 들어라. 내가 하는 말에 주의를 기울여라"(7,24) 하고 주의를 촉구했던 구절과도 상통한다.

32) '교훈'에 대해서는 1,2 주해 참조.

33) 32-33절에서 복수였던 청중이 여기에서는 단수로 나타난다. 사람들을 대상으로 지혜의 가르침을 들으라고 간절히 호소했어도, 그 가르침을 따르느냐의 여부에 따라 각 개인의 운명이 달라지기 때문이다. 지혜 여인이 사람들에게 소리치는 곳이 "성읍 어귀 성문 곁"(3절)이므로, 그 목소리를 듣기 위해서는 날마다 지혜의 문 옆에서 주시하는 자세가 필요하다. 세상을 창조할 때 주님과 함께한 지혜를 찾으면 '생명'을 찾고 주님의 총애를 받는 창구가 열리기에(35절) 지혜의 목소리를 듣는 사람은 행복하다.

34) 35-36절에서 짝을 이루어 나오는 어휘인 '생명'과 '죽음', '얻다'와 '놓치다'는 지혜의 초대와 그 선택에 따른 결과를 단적으로 요약한다.

주님에게서 총애를 받는다.
36 그러나 나를 놓치는 자는 제 목숨을 해치고
나를 미워하는 자는 모두 죽음을 사랑한다."

'지혜'라는 여인의 초대[1)]

9[2)] 1 지혜가 일곱 기둥을 깎아
자기 집을 지었다.[3)]

지혜는 생명과 죽음을 갈라놓는 관문이다.

1) 여인으로 의인화된 지혜가 집을 짓고 잔칫상을 차린 다음, 시녀들에게 성읍 언덕 위에서 외치게 하여 어리석은 이를 초대하고 예지의 길로 들어서게 한다. 같은 방식으로 어리석은 이를 초대하는 '우둔함이라는 여자의 초대'(13-18절)와 대비된다. 사람들을 잔치에 초대한다는 모티브가 이 단락에서 처음 등장한다.

2) 9장은 여섯 절씩 세 단락(1-6절/7-12절/13-18절)으로 짜임새 있게 구분된다. 첫 단락과 셋째 단락은 각각 지혜와 우둔함을 의인화시켜 사람의 인생길을 좌우하는 두 방향을 극적으로 대립시키고 있다. 두 여인이 지각없는 이에게 하는 말은 동일하다. "어리석은 이는 누구나 이리로 들어와라!"(4.16절) 겉보기에는 똑같은 잔치와 초대라서 구분하기 어렵지만, 무엇을 선택하느냐에 따라서 앞날은 달라진다. 둘째 단락은 한가운데에 "지혜의 시작은 주님을 경외함"(10절)이라는 표어를 배치시킴으로써, 서두에서 밝힌 "주님을 경외함은 지식의 근원"(1,7)이라는 잠언의 목적과 호응을 이룬다. 주님 경외가 선택의 기준이어야 한다는 것이다.

3) "일곱 기둥"이 무엇인지 알 수 없으나, 1—8장의 가르침을 기둥 삼아 지혜의 집이 세워졌을 것이다. 주님이 우주를 만드실 때 지혜도 아이처럼 기쁘게 뛰놀며 곁에 있었으므로(8,22-31), 주님이 만드신 우주도

2 짐승을 잡고 술에 향료를 섞고
상을 차렸다.
3 이제 시녀들을 보내어
성읍 언덕 위에서 외치게 한다.
4 "어리석은 이는 누구나 이리로 들어와라!"
지각없는 이에게 지혜가 말한다.[4]
5 "너희는 와서 내 빵을 먹고
내가 섞은 술을 마셔라.[5]
6 어리석음을 버리고 살아라.
예지의 길을 걸어라."

지혜의 집이다. 6일 창조에 안식일 하루를 더한 7일 창조를 연상케 한다(창세 1,1—2,3). 흥미롭게도 지혜 여인이 잔치를 준비하는 데 사용한 '깎다', '짓다', '잡다', '섞다', '차리다', '보내다' 등 여섯 동사는 완료형 시제고, '외치다' 동사만 미완료형 시제다. 반면 우둔함이라는 여자가 잔치를 준비하는 데에는 동사가 체계적으로 사용되지 않았다.

교부들은 '지혜의 집'과 '일곱 기둥'이 무엇을 나타내는지에 초점을 맞추었다. 지혜의 집은 창조 이전에 존재한 지혜가 지은 집이기에 대부분의 교부들이 강생한 그리스도의 몸(히폴리투스, 아우구스티누스, 니사의 그레고리우스, 대 레오)이라고 보는 가운데, 그리스도의 교회(요한 크리소스토무스, 히폴리투스, 존자 베다)나 거룩하게 된 육신(히폴리투스)과 연관시키기도 하였다. 그리고 '일곱 기둥'은 신비적으로 풀이하여 성령의 일곱 겹의 일치(히폴리투스), 창조계를 지탱하는 일곱 개의 신적 질서(히폴리투스), 일곱 영으로 채워진 교회학자들(존자 베다)을 나타낸다고 보았다.

4) '어수룩한 자들과 어리석은 자들'에 대해서는 잠언 1,4 주해, '지각 없는 자'에 대해서는 6,32 주해 참조.

5) 지혜 여인은 고기와 빵과 향료 섞은 술을 장만했는데, 우둔함이

현인과 빈정꾼[6)]

7 빈정꾼을[7)] 꾸짖는 이는 수치만 당하고
악인을 나무라는 이는 오점만 남긴다.
8 빈정꾼을 나무라지 마라. 그가 너를 미워하리라.
지혜로운 이를 나무라라. 그가 너를 사랑하리라.
9 지혜로운 이에게 주어라. 그가 더 지혜로워지리라.
의로운 이를 가르쳐라. 그가 견문을 더하리라.[8)]

라는 여자는 고기는 없고 몰래 먹는 빵과 훔친 물만 잔치 음식으로 내놓는다(17절 참조). 음식과 술을 먹는 것은 도덕적으로나 성적으로나 종교적으로 선택하는 것을 나타내는 비유로 흔히 사용되었다(잠언 1,31; 4,17; 5,15; 7,18; 20,17; 30,20; 욥 20,12-14; 집회 23,17; 요한 6,35 참조). 지혜 여인은 사람들이 어리석게 처신하다가 죽지 말고 지혜롭게 살아가기를 바란다(6절).

6) 7-12절은 지혜 여인과 우둔함이라는 여자가 각기 의인화되어 잔치에 초대하는 본문(1-6절과 13-18절) 사이에 끼어있다. 사용된 양식도 격언, 권면, 단언, 조건문 등으로 다양하다. 주님을 경외하면 오래 살리라는 지혜문학의 보편적인 표어를 사이에 두고 빈정꾼과 지혜로운 이가 꾸지람을 들을 때 어떻게 행동하는지 대비시키며(7-9절), 두 길 가운데 책임 있게 선택하기를 바라는(12절) 틀로 짜여있다. 비슷한 말을 되풀이하는 듯이 보이지만, 핵심 구절을 반복함으로써 앞뒤 단락을 이어주는 역할을 한다.

7) '빈정꾼'에 대해서는 잠언 1,22 주해 참조.

8) 건전한 비판을 허심탄회하게 듣고 반응할 수 있을 때 올바른 방향으로 성장할 수 있다(3,11-12; 10,17; 12,1; 15,10.12 참조). 처음부터 완전하게 태어나는 사람은 아무도 없으므로, 실수와 시행착오를 기꺼이 인정

10 지혜의 시작은 **주님**을 경외함이며[9)]
거룩하신 분을 아는 것이 곧 예지다.

11 정녕 나로 말미암아 네가 살날이 많아지고
너의 수명이 더해진다.[10)]
12 네가 지혜롭다면 너를 위해 지혜로운 것이다.
네가 빈정대면 너 혼자 그 책임을 져야 한다.[11)]

'우둔함'이라는 여자의 초대[12)]

13 우둔함이라는 여자는 안절부절못하고

하고 바른길을 일러주는 가르침을 귀담아들어야 한다. 교부들은, 사람들이 나무람을 들을 때에는 낙심하기도 하고 반발하기도 하지만 나중에는 혼자 조용히 성찰함으로써 그릇된 행동을 되풀이하지 않을 수 있으므로(아우구스티누스), 이웃이나 친구의 나무람을 참고 견디면서 기꺼이 받아들이라고 권유한다(아를의 카이사리우스).

9) '주님을 경외함'에 대해서는 1,7 주해 참조.

10) "살날"이 늘어나고 "수명"이 더해지는 것은 지혜의 축복이다(3,2; 4,10 참조). 일인칭으로 제시되는 이가 누구인지에 대해서는 주님(10절), 의인화된 지혜 여인(1-6절), 지혜를 가르치는 현인 등으로 추정할 수 있다.

11) 개인의 지혜는 자기 자신을 위해서 발휘되기에 빈정대는 행동을 하게 되면 혼자서 책임을 져야 한다. 히폴리투스는 지혜가 개인만을 위해서 사용되어서는 안 되고, 많은 이에게 도움이 되도록 공동선을 지향해야 한다고 일깨운다.

12) 우둔함이라는 여자는 지혜 여인처럼 일곱 기둥을 깎아 만든 집도 없고, 시녀들을 시켜 조직적으로 사람들을 초대하지도 못한 채 어리

어리석어 아무것도 알지 못한다.
14 그 여자는 자기 집 대문에,
성읍 언덕에 자리 잡고 앉아[13)]
15 길을 가는 이들을,
제 길을 똑바로 가는 이들을 부른다.
16 "어리석은 이는 누구나 이리로 들어와라!"
지각없는 이에게 우둔함이 말한다.[14)]
17 "훔친 물이 더 달고
몰래 먹는 빵이 더 맛있다!"[15)]

석은 이를 부르기만 한다. 사람들이 솔깃할 만한 말을 하고는, 이에 응하는 사람들을 저승으로 데려간다.

13) 지혜 여인과 달리 상차림은 생각도 하지 못하고 앉아서 사람들을 부르는 행태는 우둔함이라는 여자가 게으르다는 것을 반증해 준다. 성읍 언덕에서 사람들을 부르는 것은 신전이 대부분 언덕 위에 세워져 있기 때문이다.

14) "우둔함"이라는 여자와 지혜 여인이 초대하는 이들을 "어리석은 이"라고 부르는 것은 동일하지만, 지혜 여인이 사람들에게 버릴 것과 추구할 것을 일러주는 데 반해(6절), 우둔함이라는 여자는 당장 입에 달고 맛있는 것만 늘어놓는다(17절). 또한 지혜 여인은 어리석은 이에게 예지의 길을 걷도록 가르치는 데(6절), 우둔함이라는 여자는 제 길을 똑바로 가는 이들을 불러서 쾌락을 추구하며 타락하도록 이끈다(15-16절).

15) 무언가 숨길 것이 있고 은밀하게 행동해야 할 일이 있음이 암시된다. 아내에게서 즐거움을 찾으라는 의미로 네 샘과 저수 동굴에서 물을 마시라(5,15)는 은유적 표현을 사용한 것으로 볼 때, "훔친 물"은 아내 이외의 여자와 간음하는 행위를 은유적으로 나타낸다. 여인을 '물'에 비유하는 방식에 대해서는 5,15 주해 참조. 이는 지혜 여인이 자신의 소

18 그러나 어리석은 이는 그곳에 죽은 자들만 있음을,
그 여자의 손님들이 저승 깊은 곳에 있음을 알지 못한다.

유인 빵과 술을 마시라고 초대하는 것과 대비된다(9,5). 허기진 배를 채우려고 남의 것을 훔친 도둑은 일곱 곱절로 배상해야 하므로(6,30-31), 훔쳐서 몰래 먹는 쾌락으로 유혹하는 우둔함이라는 여자의 초대는 위험천만하다. 남의 여자와 간통하는 자는 그 여자의 남편의 분노를 감당해야 하기에 매질과 치욕을 당할 뿐만 아니라 결국에는 저승이나 마찬가지인 고통을 겪을 수밖에 없다(6,29.32-35).

3. 솔로몬의 첫째 잠언집(10,1—22,16)[1]

10 1 솔로몬의 잠언.[2]

지혜로운 아들은 아버지를 기쁘게 하고
우둔한 아들은 어머니의 근심거리가 된다.[3]

---

1) 솔로몬의 첫째 잠언집은 크게 둘로 구분된다. 전반부인 10—15장에서는 의인과 악인을 대조시키는 가운데, 선한 행동과 악한 행동이 가져오는 결과를 대비시켜 상선벌악의 가치관을 드러내 보인다. 반면에 후반부인 16,1—22,16에서는 행동과 결과를 대비시키는 점은 동일하지만, 조금 복합적인 시각을 드러낸다. 하느님의 자유와 임금에게 초점을 맞춘 다음(16,1–15), 인간의 지혜에는 한계가 있고 사건들에 드리운 하느님의 생각을 이루 다 헤아릴 수 없음을 서술한다. 예를 들어, 의인이 고통을 당하는데 악인은 영화를 누리는 문제를 거론한다(16,8). 이와 달리 존자 베다는 새로운 형태의 논제를 시작하기 때문에 새 제목을 제시하였다고 보았다. 지금까지는 선과 악의 개별 요소들을 다루었지만, 이제부터는 각자의 행위를 교대로 묘사한다고 풀이한다.

2) 잠언에는 "솔로몬의 잠언"(1,1; 10,1; 25,1)이라는 표제가 세 차례 나온다. 칠십인역과 시리아 역본과 불가타에서 이 구절의 표제가 보이지 않는 사본도 일부 있는데, 1,1의 표제와 겹친다고 여겨 삭제했을 것이다. 솔로몬은 역사적인 인물이기도 하지만 지혜 전승의 전형적인 인물이기에, 바빌론 유배 이전부터 모아온 잠언 모음집에 그의 이름을 차용하여 책의 권위를 인정받으려 하였다. '솔로몬의 잠언'에 대해서는 1,1 주해 참조.

3) 지혜와 우둔함을 아들과 부모가 맺는 관계에 빗대어, 세대에서

2 불의하게 모은 보화는 소용이 없지만
정의는 사람을 죽음에서 구해준다.[4)]
3 **주님**께서는 의인의 갈망은 채워주시고
악인의 욕망은 물리치신다.[5)]

세대로 이어지는 전승이 무엇보다도 중요함을 드러내 보인다. '아들아'로 시작되는 열 번의 교훈 모음을 통해 아들에게 지혜로운 통찰을 전수하려 했던 1—9장과 이어주는 역할을 한다. 부모에게서 전해 내려오는 지혜는 자식들이 받아들여 간직할 수도 있고(10,8.14.17), 흘려듣거나 배척할 수도 있다(10,17; 13,1.13). 그리고 자식들이 어떻게 행동하느냐에 따라서 부모에게 기쁨을 주거나 근심을 안길 수 있다(잠언 15,20; 17,21.25; 19,26; 23,15-16.22-25; 27,11; 28,7; 29,3.15; 집회 3,1-16 참조). 실례로, 명성이 높았던 엘리와 사무엘과 다윗도 자식 문제로 말년에 속을 끓이며 슬픔을 겪어야 했다(1사무 2,12—4,18; 8,1-9; 2사무 13,21; 19,1 참조).

4) 직역하면 '불의의 보화는 소용이 없지만 정의는 죽음에서 구해준다'이다. '불의'와 '정의'만이 아니라 그 결과도 서로 대비시켜, 불의하게 모은 보화는 죽음을 막는 데 소용이 없다고 이른다. 급작스럽게 밀어닥치는 죽음으로 재산을 송두리째 날려버리기보다는 살아있을 때 제대로 써야 한다는 데 시선을 돌림으로써, 정의가 보화보다 훨씬 가치 있다고 주장한다. 여기서 정의는 분배정의의 차원에서 자선이 곧 정의를 의미한다고 보았다(알렉산더). 정의만이 아니라 "자선은 사람을 죽음에서 구해주고 암흑에 빠져들지 않게 해준다"(토빗 4,10)는 것이다. 마태오 복음에서도 자선을 의로운 일로 제시한다(마태 6,1-4 참조). 이전까지는 주님이 죽음에서 구해주시는 분으로 서술되었지만(시편 33,18-19; 56,14), 이제 주님의 대표적인 속성인 정의가 주님의 역할을 대신해서 구해주는 역할을 떠맡는다. 우둔한 이들이 죽음에 이른다는 발상에 대해서는 잠언 1,32 주해 참조.

4 게으른 손바닥은 가난을 지어내고
부지런한 이의 손은 부를 가져온다.[6)]

5 여름에 모아들이는 이는 사려 깊은 아들이고
수확 철에 잠만 자는 자는 수치스러운 아들이다.[7)]

6 의인의 머리에는 복이 내리지만

---

5) "의인의 갈망은 채워주시고"를 직역하면 '의인이 굶주리지 않게 하시고'이다. 2절에서 '불의하게 모은 보화'와 '정의'를 대비시켰듯이, 3절에서도 "의인의 갈망"과 "악인의 욕망"을 대비시킨다. 더구나 두 절은 모두 부정사(로לֹא)로 시작하는 구문이라 ABA′B′ 형태의 교차대구법이 사용된 것으로 이해할 수 있다. 악인의 '욕망(하와הַוָּה)'에는 재난이라는 뜻도 있어, 이를 적용하면 '악인을 재난으로 밀어붙이신다'로 번역할 수도 있다. 그렇게 되면 2–3절은 '주님(정의)께서는 의인이 굶주려 죽지 않도록 해주시고, 악인이 불의하게 모은 보화로 재난을 맞도록 밀어붙이신다'라고도 이해할 수 있다.

6) 2–3절에서 악인과 의인의 운명을 인과응보로 설명했다면, 4–5절에서는 게으르면 가난해지고 부지런하면 부유해진다는 기본 원칙을 제시한다. 이 원칙에서 벗어나는 예는 나중에 다룬다(13,23 참조).

7) 계절의 법칙에 순응하는 농부들의 삶에 빗대어 누가 지혜로운 아들인지를 설명한다. 날씨가 더워 힘들더라도 올바른 지각을 가진 아들은 여름 수확 철에 열심히 일한다. 그와 달리 수확 철에 잠을 자는 게으름뱅이는 부모의 이름에 먹칠할 뿐만 아니라 가난해질 수밖에 없다(19,15; 20,13). 빈부를 결정짓는 원인을 아들의 행동과 연관시키고, 부모에게 기쁨과 슬픔을 가져오는 아들의 행동(10,1)을 구체적으로 예시한다.

악인의 입은 폭력을 감추고 있다.[8)]

7 의인은 칭송을 받으며 기억되지만
악인의 이름은[9)] 썩어버린다.[10)]

---

8) "의인"과 "악인"이 짝을 이루고, "머리"와 "입" 등 신체 일부를 서로 대비시킨다. 의인의 머리에 복이 내린다는 모티브는, 주님의 말씀을 잘 듣는 이들에게 복이 내린다는 신명기 사상과 유사하다. "너희가 주 너희 하느님의 말씀을 잘 들으면, 이 모든 복이 내려 너희 위에 머무를 것이다"(신명 28,2). 단순히 복을 내린다고 뭉뚱그리지 않고, 구체적으로 머리 위에 복이 내리는 경우를 예시하기도 한다(잠언 11,26 참조). "악인의 입은 폭력을 감추고 있다"는 11절에서 다시 언급되는데, 악인의 말이 언어적으로나 사상적으로 나쁜 영향을 미친다는 뜻이다.

9) 고대 근동에서 "이름"은 곧 그 사람과 동일시되었다. 현인들은 좋은 평판으로 오래 기억되는 것을 높이 평가했다(코헬 1,11; 2,16; 9,5.15 참조). 따라서 사람들은 큰 업적을 남겨 이름을 떨치려고 노력했고(창세 11,4; 2사무 23,22 참조), 명성을 그 무엇보다도 중시하여 사람들이 귀하게 여기는 재산이나 금은보화, 주변을 향기롭게 하는 값진 향유와도 비교할 수 없을 정도로 가치 있는 것으로 받아들였다(코헬 7,1 참조). 집회서에서는 이름이야말로 황금덩이 천 개보다 오래 영원히 남을 것이기에 주의를 기울이라고 당부한다(집회 41,12-13). '호랑이는 죽어서 가죽을 남기고 사람은 죽어서 이름을 남긴다'는 우리 속담도 이와 무관하지 않다.

10) "의인"과 "악인"이 짝을 이루는 가운데 "기억"과 "이름"이 대비된다. "칭송(버라카 בְּרָכָה)"은 6절에 언급된 '복(버라코트בְּרָכוֹת)'의 단수형이다. 의인의 머리에 복이 내리면 사람들의 칭송을 받으며 오래도록 그 이름이 기억된다는 것이다. 비슷한 내용이 잠언 12,8에도 나온다. 요한 크리소스토무스는 칭송하는 사람에 초점을 맞추어, 의인들을 기억하고

8 마음이 지혜로운 이는 계명을 받아들이지만
미련한 말을 하는 자는 멸망에 이른다.[11)]

9 흠 없이[12)] 걷는 이는 안전하게 걸어가지만
비뚤어진 길을 가는 자는 드러나기 마련이다.[13)]

10 눈을 찡긋대는 자는 고통을 가져오고
미련한 말을 하는 자는 멸망에 이른다.[14)]

11 의인의 입은 생명의 샘이지만

보존하는 데에서 많은 것을 얻을 수 있다고 성찰했다.

11) 선행구는 계명을 받아들인 결과에 대해 이야기하지 않고, 후행구는 왜 멸망에 이르게 되었는지를 밝히지 않는다. 생략된 내용을 각 대구에서 연관시키면, '마음이 지혜로운 이는 계명을 받아들여 멸망에 이르지 않지만, 미련한 말을 하는 자는 계명을 받아들이지 않아 멸망에 이른다'는 뜻이 된다. 여기서 "미련한 말을 하는 자"는 "마음이 지혜로운 이"와 반의적 대구를, 10절에서는 '눈을 찡긋대는 자'와 동의적 대구를 이룬다. '계명'에 대해서는 2,1 주해, '마음'에 대해서는 2,2 주해 참조.

12) '흠 없이'에 대해서는 2,21 주해 참조.

13) 인생을 길에 비유하는 방식은 1—9장에서 자주 나온다. '길과 행로'에 대해서는 1,15 주해 참조.

14) 8-12절은 의인과 악인을 연상시키는 단어로 반의적 대구를 이루는데 10절만 예외다. "미련한 말을 하는 자는 멸망에 이른다"가 8절에서 이미 언급되었기에 다양하게 이해하여 난외주로 여기거나(새 흠정역 성경), 본문을 수정하기도 한다(칠십인역).

악인의 입은 폭력을 감추고 있다.[15)]

12 미움은 싸움을 일으키지만
사랑은 모든 허물을 덮어준다.[16)]

---

15) '입'을 수식하는 단어만 바꾸어서 "의인의 입"과 "악인의 입"처럼 대구를 만들기도 하지만, '입술'이나 '혀' 등으로 변화시켜 대구를 만들기도 한다(13-14절 참조). "생명의 샘"은 건조하고 더운 이스라엘 기후에서 강력한 힘을 지닌 상징이다. 비가 내려도 고이지 않고 흘러버려 하천 자국만 남는 척박한 토지에서 샘솟는 물은 온갖 초목 및 동물의 생명을 지탱하는 역할을 톡톡히 해냈다(시편 36,9; 104,10-13). 또한 생명의 원천에서 떨어져서는 안 된다는 메시지를 전달하는 데에도 기여하였다(에제 47,1-12; 요한 4,13-14; 7,37-39 참조). '의인의 입'이 '생명의 샘'과 동일시되었으므로(잠언 13,14; 16,22), 의인이 가르치는 지혜가 곧 실생활에 생명을 가져다준다는 뜻이다.

16) "미움"과 "사랑"을 짝으로 하여 공동체에 분쟁을 일으키거나 가라앉히는 행동을 대비시킨다. "덮어준다(카사 כָּסָה)"는 11절의 '감추고 있다'와 같은 동사로, 같은 행동이라도 누가 어떤 의도로 하느냐에 따라서 달리 해석된다. 자기 죄나 허물은 감추는 것이지만, 이웃의 죄와 허물은 덮어주는 것이 된다. 자기 죄는 고백하고 드러내야 끊어낼 수 있다(잠언 28,13; 욥 31,33-34; 시편 32,5 참조).

사랑이 모든 허물을 덮어준다는 통찰은 신약성경에도 고스란히 전해진다. "무엇보다도 먼저 서로 한결같이 사랑하십시오. 사랑은 많은 죄를 덮어줍니다"(1베드 4,8). '사랑은 모든 것을 덮어줍니다'(1코린 13,7). 사랑이 인간의 나약함을 고치는 치료제이자(대 레오) 하느님께 선택된 모든 이들을 완전하게 만들어 준다고(로마의 클레멘스) 이르는 교부들의 가르침도 이와 일맥상통한다.

13 슬기로운 이의 입술에는 지혜가 어리지만
지각없는 자의 등에는 몽둥이가 어울린다.[17)]

14[18)] 지혜로운 이들은 지식을 간직하지만
미련한 자의 입은 몰락을 불러들인다.

15 부유한 자의 재산은 그에게 견고한 성읍이 되고[19)]
빈곤한 자의 가난은 그에게 몰락을 가져온다.

---

17) '지각없는 자'에 대해서는 잠언 6,32 주해 참조.

18) 14-15절은 공통적으로 몰락의 원인을 제시한다. 미련한 자가 입을 함부로 놀리거나 가난해서 몰락하게 된다는 것이다. 그에 맞추어 '지식을 간직한 현인들'과, '재산으로 견고한 성읍을 둘러친 부자'를 대비되는 짝으로 제시한다. 얼핏 지식과 재산은 인간을 지켜주는 서로 다른 힘으로 생각될 수 있다. 하지만 부자가 재산으로 이룬 "견고한 성읍"이 실제로 몰락을 막아주는 힘이 될지는 주님의 이름이라는 '견고한 성탑'과 대비될 때 비로소 판가름난다(18,10-11). '영리함과 지식과 현명함'에 대해서는 1,4 주해, '미련한 자'에 대해서는 1,7 주해 참조.

교부들은 재산과 재물의 가치를 인정하면서도 그 한계를 지적한다. 교부들은 재산으로 덕행을 실천하면 목숨을 보장해 줄 수도 있기에 재산 자체를 비난해서는 안 된다고 일깨우는가 하면(암브로시우스), 재산을 하느님이 주신 선물로 받아들여 자비롭게 사용하지 못하는 사람에게는 진노의 날에 소용이 없음을 지적하기도 한다(셰누테).

19) 비슷한 내용이 18,11에 나온다. 여기서는 반의적 대구로 사용되었지만, 18,11에서는 견고한 성읍만이 아니라 높은 성벽이 된다며 비슷한 이미지로 부연 설명한다. '재산'에 대해서는 8,18 주해 참조.

16[20] 의인의 소득은 생명에 이르고
악인의 소출은 죄악에 이른다.

17 교훈을[21] 지키는 이는 생명에 이르는 길을 가지만
훈계를 저버리는 자는 남을 방황하게 한다.

18[22] 미움을 감추는 자는 거짓된 입술을 가진 자고

---

20) 16–17절은 공통적으로 "생명"이라는 핵심 단어를 언급한다. 16절은 생명과 죄악이라는 결과에 초점을 맞추고, 17절은 "생명에 이르는 길"에 초점을 맞춘다. 16절에서는 생명과 정확하게 대응하는 짝으로 죽음 대신에 죽음이라는 결과까지도 내포할 수 있는 "죄악(하타트 חַטָּאת)"이라는 용어를 사용한다. 그럼으로써 "죄가 주는 품삯은 죽음"(로마 6,23)이고 주님의 은사는 영원한 생명이라는 바오로 사도의 가르침을 연상시킨다. 훈계를 저버리는 자는 자신만이 아니라 남도 제 길을 가지 못하게 한다는 17절의 비판과 연관된다. 율법 학자들과 바리사이들이 하늘나라에 자기들도 들어가지 않을 뿐만 아니라 들어가려는 이들마저 들어가지 못하게 했다고 꾸짖는 것과 상통한다(마태 23,13 참조).

21) "교훈"에 대해서는 잠언 1,2 주해 참조.

22) 18–21절은 '말'에 대해 다룬다(10,11–14; 11,12–13; 26,28). 공통적으로 '입술'을 언급하는데, 20절에는 입술 대신 '혀'가 언급된다. 18절에서는 험담하는 말을 하든 하지 않든 눈에 보이는 현상에 좌우되지 않고 조금 더 면밀하게 관찰할 것을 권고한다. 침묵해도 그 안에 '미움'을 감추고 있는지 분간할 필요가 있기 때문이다. 칠십인역에서는 18절의 선행구가 '미움을 감추는 자는 올바른 입술을 가진 자고'로 되어있어, 미움을 억누르고 자제하는 능력을 높이 산다.

지혜로운 말은 사람들에게 생명을 주는 나무로 비유되었으므로(3,18;

11,30; 15,4 참조), 현인들의 가르침을 귀담아듣는 이는 목숨을 보존할 수 있는 혜안을 얻게 된다고 여겼다(13,3.14–15.20 참조). 한편 현인들은 말이 많으면 실수가 따르기 마련이라는 사실에 주의를 기울인다(19절). 신중하고 사려 깊게 말하는 이들은 때를 기다리며 침묵하기에 지혜로운 사람으로 여겼고, 목소리를 높이지 않더라도 더 들을 가치가 있다고 인정했다(잠언 17,27–28; 코헬 9,17; 집회 20,7). 초기 유다교 현인들의 금언집에도 침묵보다 나은 것은 보지 못했다며 말을 많이 하면 죄를 짓는다고 일깨운다(『선조들의 어록』 1,17). 신약성경에서도 혀를 불로 비유하여 아무도 길들일 수 없기에 온몸을 더럽히거나 인생행로를 불태울 수 있다고 경고한다(야고 3,6–8).

잠언은 사람의 감정을 쥐락펴락할 수 있는 말의 위력에 대해 전해준다. 함부로 놀리는 말은 상대방을 난도질해 화를 돋우고 정신을 파탄시킨다(잠언 15,1.4). 25,18에서는 '이웃에게 해로운 거짓 증언을 하는 자는 방망이와 칼과 날카로운 화살과 같다'고 비유한다. 시편 저자도 그들이 칼처럼 혀를 벼리고 독한 말을 화살처럼 시위에 메겨 쏘려 한다거나(시편 64,4–5), 그들의 이빨은 창과 화살, 그들의 혀는 날카로운 칼이라고 단언한다(57,5). 말로 입는 정신적 고통은 싸움이나 전쟁 때 온갖 무기로 자행되는 물리적 고통과 하나도 다르지 않다는 것이다. 반면에 지혜로운 이들의 말은 분노를 가라앉히고 원기를 회복시켜 주며 생기를 선사한다(잠언 15,1.4; 16,24 참조).

교부들은 절제 없이 자기 생각을 표현하는 것 자체가 중대한 죄이기에 교회 안에서는 침묵하는 가운데 하느님의 말씀을 들으며(암브로시우스), 영혼을 깨우는 일이 중요하다고 가르쳤다(시리아의 에프렘). 아무리 주제가 좋고 거룩하며 건설적이라 하더라도 대화를 삼가며 완덕으로 나아가기를 권했다(베네딕토). 이런 맥락에서 바오로 사도의 복음 선포나 성인들의 가르침은 많은 말로 허물을 드러내는 것이 아니라 진리에 관

험담을 내뱉는 자는 우둔한 자다.

19 말이 많은 데에는 허물이 있기 마련
입술을 조심하는 이는 사려 깊은 사람이다.

20 의인의 혀는 순수한 은과 같지만[23]
악인의 마음은 별 가치가 없다.

21 의인의 입술은 많은 이를 먹여 살리지만[24]
미련한 자들은[25] 지각이 없어 죽어간다.

22 **주님**의 복은 부를 가져오지만
사람의 노고는 보탬이 되지 않는다.[26]

한 말씀으로 간주해야 한다고 이른다(오리게네스).

23) 잎사귀처럼 유선형으로 길쭉한 은화는 "혀"와 유사한 형태이기에 비유적으로 사용되었다(여호 7,21.24 참조). "여러분의 금은 마음이며, 여러분의 은은 말입니다"라는 암브로시우스의 가르침과도 상통한다.

24) 의인의 말을 열매나 음식으로 묘사하는 이유는 그만큼 청중에게 영적 자양분을 제공해 주기 때문이다(잠언 12,14; 13,2; 16,24 참조). 의인은 개인적인 이익을 추구하기보다 "많은 이"에게 적용될 수 있는 지혜로 공익을 증진시킨다.

25) '미련한 자'에 대해서는 1,7 주해 참조.

26) "부"는 전통적으로 주님이 내려주시는 "복"으로 생각되었다(3,9-11.15-16; 10,15-16; 14,24 참조). 욥도 인생에서 큰 불운을 겪은 후에 더 많은 재산을 소유함으로써 주님이 함께 계신다는 사실을 드러내 보였다(욥 42,10-12). 노력은 합당한 결과를 가져온다는 것이 지혜문학의 공통

23 우둔한 자는 부정한 짓을 즐기고
슬기로운 이는 지혜를 즐긴다.[27)]

24 악인에게는 무서워하는 일이 닥치고
의인에게는 바라는 일이 이루어진다.

25 폭풍이 지나가면 악인은 없어져도
의인은 영원한 토대 위에 서있다.[28)]

26 게으름뱅이는 심부름시키는 사람에게
이에 식초요[29)] 눈에 연기와 같다.

된 가르침인데(코헬 12,10; 지혜 3,15; 집회 51,27 참조), 여기서는 부를 이루는 데 사람이 애써보아야 크게 도움이 되지 않는다는 점을 지적한다. 사람의 노고가 생계를 유지하는 데 기여하기는 하지만, 부를 축적할 정도는 아니라는 현실을 냉철하게 인지하는 것일 수 있다. 사람의 노력보다는 주님이 내려주시는 복이 결정적인 원인인 것이다. 주님의 복을 청하는 가운데 열심히 일하며 살아가려는 신앙인의 지혜로운 자세는 '기도하고 일하라(Ora et labora)'라는 고대 라틴어 격언에 잘 반영되어 있다.

27) "우둔한 자"와 "슬기로운 이"가 즐기는 내용이 "부정한 짓"과 "지혜"로 완전히 다름을 명시한다. 똑같은 일이 의인과 악인에게 서로 다르게 작용할 수 있다(잠언 10,24–25; 21,15).

28) "폭풍"은 주님의 심판을 묘사할 때 자주 사용되었다(욥 9,17; 38,1; 40,6; 이사 29,6; 66,15; 나훔 1,3 참조). 거센 바람은 부실한 기반을 무너뜨리고 튼튼한 기반만을 남겨놓는다. 신약성경에서도 바람이 불어도 무너지지 않는 반석 위에 집을 지은 사람은 슬기롭다고 서술한다(마태 7,24–25).

29) 고대 이스라엘에는 치과 의술이 발달하지 않아서 "식초"를 사용

27 **주님**을 경외함은 살날을 더해주지만
악인의 수명은 짧아진다.[30)]

28 의인들의 희망은 기쁨을 가져오지만
악인의 기대는 무너지고 만다.[31)]

29 **주님**의 길은[32)] 흠 없는 이에게는[33)] 요새가 되지만
나쁜 짓 하는 자에게는 몰락이 된다.

30 의인은 영원히 흔들리지 않지만

하여 충치 치료를 했다. 게으름뱅이에게 일을 시키면 이처럼 고통스럽다는 뜻이다. '게으름뱅이'에 대해서는 잠언 6,6 주해 참조.

30) "주님을 경외함"이 누구에게 살날을 더해주는지 명시되지는 않았지만, 수명이 짧아지는 악인과 정반대되는 인물, 곧 의인으로 추정할 수 있다. 더구나 주님을 경외함은 지식의 근원이라고 서두에서 천명했기에, 지혜를 추구하는 사람들도 그 혜택을 누릴 수 있다. '주님 경외'에 대해서는 1,7 주해 참조.

31) 11,23에도 비슷한 표현이 나온다. 의인들의 희망은 이루어지지만 악인들의 기대와 소망은 이루어지지 않는다는 점을 대비시킨다.

32) "주님의 길"이라는 표현은 잠언에서 이 구절에만 나온다. 주님의 길은 인간의 행동을 심판하신다거나(호세 14,10; 이사 55,8-9 참조) 인간에게 어떤 길을 걸어야 하는지 일러주신다는 의미로 사용되었다(시편 27,11; 119,27; 143,8 참조). 주님이라고 명시하지 않은 채 "지혜의 길"(잠언 3,17; 4,11; 참조: 8,20)로 제시되기도 한다. 신약성경에서는 예수님과 사도들이 사람들에게 일러주신 길로 제시된다(마태 22,16; 사도 18,25-26 참조).

33) '흠 없는 이'에 대해서는 잠언 2,21 주해 참조.

악인은 이 땅에서 살지 못한다.[34]

31 의인의 입은 지혜를 내놓지만
사악한 혀는 잘려 나간다.[35]

32 의인의 입술은 남이 찬성할 말을 알지만
악인의 입은 사악함을 알 뿐이다.

11 1 속임수 저울은[1] **주님**께서 역겨워하시고
정확한 추는 주님께서 기뻐하신다.[2]

---

34) "땅"은 이스라엘 역사와 관련된 약속의 땅을 연상시키지만, 의인과 악인의 운명을 대조하는 문맥에서 제시될 뿐이다. 의인은 땅을 차지하고 악인은 추방되리라는 선언은 반복해서 언급된다(2,21-22; 10,25 참조). '땅'에 대해서는 2,21 주해 참조.

35) '잘려 나가다(카라트 כָּרַת)'는 윤리적이지 않거나 계약에 어긋난 행동을 저질렀을 때, 공동체에서 죄악의 근원을 원천적으로 차단한다는 의미로 자주 언급되었다(잠언 2,22; 창세 17,14; 탈출 12,15; 레위 7,20; 시편 12,4; 이사 29,20 참조). 공동체에 분란을 일으키는 사악한 혀도 같은 처벌을 내릴 것이라고 명시하지만, 실제로 시행되었다는 기록은 성경에 나오지 않는다. 고대 근동에서는 죄질에 따라 신체를 절단하는 잔혹한 처벌이 시행되었지만, 성경에는 그런 규정 자체가 없다. 신약성경에서는 죄를 짓지 않기 위해 자신의 신체라도 잘라버리겠다는 단호한 마음가짐을 갖추라고 역설하는 문맥에서 언급된다(마태 5,28-30 참조).

1) '저울과 추'는 공정한 상거래의 기본이라 올바른 질서를 주관하시는 주님의 몫으로 여겨졌다(잠언 16,11 참조). 저울에는 여러 종류가 있는데, 이스라엘에서는 양팔저울이 사용되었다. 양팔저울은 두 개의 접시

2 오만이 오면 수치도 오지만
겸손한 이에게는 지혜가 따른다.[3)]

를 대에 매달고 한 접시에는 추를 놓고 다른 접시에는 거래품목을 놓아 평형을 잡는 방식으로 무게를 쟀다. 저울의 양팔 길이를 다르게 하거나 추에 표시된 무게를 속여 부당이익을 챙기는 일은 뿌리 깊은 관행이라 예언자들이 바로잡으려고 애썼고(에제 45,10; 호세 12,8-9; 아모 8,5; 미카 6,11 참조), 법으로도 규정되었다(레위 19,35-37; 신명 25,13-15 참조).

2) 주님은 저울과 추를 두고 역겨워하거나 기뻐하는 반응을 보이신다. 주님이 '역겨워하신다(토에바תּוֹעֵבָה)'라는 표현은 잠언에 열한 번 나오고(잠언 3,32; 11,20; 12,22; 15,8-9.26; 16,5; 17,15; 20,10.23), 제의와 연관해서 신명기에 여덟 번 나온다(신명 7,25; 12,31; 17,1; 18,12; 22,5; 23,19; 25,16; 27,15). 이는 저울과 추로 세워진 상거래의 기본 질서를 무너뜨리는 일을 제의만큼이나 중요하게 받아들이고 있음을 반영한다. 죄악을 알아차린 임금이나 불의한 사람을 직면한 의인도 역겨워하는 반응을 보인다는 점이 이를 뒷받침한다(잠언 16,12; 29,27 참조). "기뻐하신다(라촌רָצוֹן)"는 앞 절의 "찬성할 말"(10,32)과 같은 단어다. 의인은 사람들을 기쁘게 하는 말을 알고, 주님은 공정 거래를 기뻐하신다.

3) "오만"이 초래하는 결과로 "수치" 외에도 "싸움"(13,10)과 "멸망"(16,18)과 "파멸"(18,12)이 거론된다. 오만한 사람은 타인에게 충고를 듣거나 실수를 통해 배우지도 못하고, 기분과 충동에 사로잡혀 갈등을 키우기도 한다. 반면에 "겸손한 이"는 상대방의 의견을 경청함으로써 불필요한 싸움을 피하는 지혜가 있으므로(13,10 참조), 주님을 경외하는 이들과 같은 보상을 받는다고 약속된다(22,4). 그러기에 슬기로운 임금으로 명성을 떨친 솔로몬도 이스라엘 백성을 통치하고 선과 악을 분별할 수 있도록 '듣는 마음'을 주십사고 청했다(1열왕 3,9).

3 올곧은 이들의 흠 없음은[4] 그들을 잘 이끌어 주지만
배신자들의 패륜은[5] 그들을 멸망시킨다.

4 재물은 진노의 날에 소용이 없지만
의로움은 죽음에서 구해준다.[6]

5 흠 없는 이의 의로움은 그의 앞길을 고르게 해주지만[7]

---

4) "올곧은 이들의 흠 없음"을 나타내는 대표적인 인물로는, 온갖 재난을 겪으면서도 주님께 찬양을 드린 욥을 들 수 있다(욥 1—2장). 5절과 6절에서는 각각 '흠 없는 이의 의로움'과 '올곧은 이들의 의로움'이라는 표현을 사용하여, 한 사람의 인생을 잘 이끌어 주는 일이 곧 그 사람의 앞길을 고르게 하고 여러 위기에서 구해준다고 밝힌다. '흠 없이'에 대해서는 잠언 2,21 주해 참조.

5) "패륜(셀렙 סֶלֶף)"은 이 구절과 15,4에만 나오는데, 배신자들을 멸망시키거나 정신을 파탄시키는 원인으로 제시된다. '흠 없음'이 올곧은 이들을 잘 이끌어 준다고 제시되는 것과 완전히 상반된다. '배신자들'에 대해서는 2,22 주해 참조.

6) "진노의 날"은 예언자들이 범우주적 차원에서 여러 나라를 심판하러 오신다고 선포한 '주님의 날'과 언어적으로나 사상적으로 유사하다(이사 13,9.13; 에제 7,19; 스바 1,15.18 참조). 그러나 지혜문학은 우주적 차원보다는 현실적인 문제에 초점을 맞춘다. 따라서 "죽음"은 보편적인 심판이라기보다 개인의 생명을 위협하는 재난을 말한다(시편 33,18–19; 49,15 참조). 의롭게 살면 진노의 날에 죽지 않는다는 뜻이다.

7) 이 구절에서는 앞길이 순탄해지는 원인으로 "흠 없는 이의 의로움"을 제시하지만, 다른 구절에서는 '주님'으로 제시한다(잠언 3,6). 한쪽이 다른 쪽을 배제하는 것이 아니라 동전의 앞뒷면처럼 함께 작용하여

악인은 자기의 악함으로 넘어지고 만다.

6 올곧은 이들의 의로움은 그들을 구해주지만
배신자들은 자기들의 욕망에[8] 걸려들고 만다.

7 죽음과 함께 악인의 기대는 사라지고
사악한[9] 희망도 사라진다.

8 의인은 곤경에서 구출되고
그 대신 악인이 빠져든다.[10]

좋은 결과를 가져온다.

8) "욕망(하와 הַוָּה)"은 본문비평 과정을 거쳐 '재난'이나 '악담'으로 해석되기도 한다. 그렇게 해석되어도 본문에서 전달하는 의미는 크게 달라지지 않는다.

9) 히브리어는 본래 모음 없이 자음만 전해오기에 "사악한(아웬 אָוֶן)"의 모음자를 달리 붙이면, '생명력, 정력, 근력, 부(온 אוֹן)'로 이해할 수도 있다. 그렇게 되면 재산이나 힘에 바탕을 둔 악인의 희망은 사라진다는 뜻이 된다(4절 참조). 칠십인역에서는 3절부터 계속되어 온 반의적 대구법을 살려 의인을 등장시킨 본문으로 수정한다. '의인이 죽으면 그의 희망은 사라지지 않지만, 악인의 호언장담은 사라지고 만다.'

10) "그 대신"이라는 표현은 의인과 악인의 운명이 별도로 전개되는 것이 아니라 서로 상관되어 있다는 사실을 강조한다. 성경에는 악인이 파놓은 곤경을 두고 하소연하는 의인이 곧잘 나온다(시편 57,7; 코헬 10,8; 예레 18,20-22 참조). 그들의 생생한 심경은 시편 73편에 잘 반영되어 있다. 의인들이 곤경을 피해갈 수는 없지만 주님은 그들을 구해주신다(탈출 2,23-25; 시편 34,5.20; 107,2 참조). 악인이 자신이 꾸민 음모의 대가를 치

9[11] 무도한 자는[12] 입으로 이웃을 망치지만
의인은 자기 지식으로 구원을 받는다.

10 의인들의 행복에 마을이 즐거워하고
악인들의 멸망에 환성이 터진다.[13]

11 성읍은 의인들의 축복으로 일어서고

르는 대표적인 예로 하만과 모르도카이의 다툼(에스 5,14; 7,10; 9,1–10), 사자 굴에 떨어진 다니엘(다니 6,23–25), 라자로와 부자 이야기(루카 16,25) 등을 들 수 있다. 잠언에서는 "구렁을 파는 자는 제가 그곳에 빠지고 돌을 굴리는 자는 제가 그것에 치인다"(잠언 26,27)라는 경구로 인과응보 사상을 드러낸다.

11) 9–15절은 의인과 악인이 언행으로 미치는 영향력에 초점을 맞춘다. 작게는 이웃에게 영향을 주고, 크게는 마을과 성읍의 행복을 좌우하거나 백성의 존망을 좌우한다. '영리함과 지식과 현명함'에 대해서는 1,4 주해 참조.

12) "무도한 자(하네프 חָנֵף)"는 주님과 무관하게 살아가는 세속적인 사람을 뜻한다(욥 8,13; 이사 32,6 참조). 그들은 마음이 담기지 않는 형식적인 예배를 드리다가 예언자들에게 호된 비판을 받았던 이들과 같은 행태를 보인다(이사 1,12–17; 예레 5,21–24; 22,16 참조).

13) 히브리어 성경에서 "행복"은 명사형으로, "멸망"은 동사형으로 나온다. 우리말 성경에서는 모두 명사로 번역하였고, 영어 성경에서는 잘된다거나 번성한다는 동사로 번역하였다. 의인들의 행복을 그들이 잘되어서 번성할 때로 본다면, 의인들의 영향력으로 사회정의가 이전보다 더 많이 확립되었기에 마을에서 즐거워하였다는 식으로 이해할 수 있다(잠언 29,2 참조).

악인들의 입으로 허물어진다.[14]

12[15] 지각없는 자는 이웃을 비웃지만
슬기로운 사람은 침묵을 지킨다.

13 중상하고 다니는 자는 비밀을 누설하지만
마음이 신실한 이는 말을 덮어둔다.

14 지도력이 없으면 백성이 쓰러지고
조언자가 많으면 안전하다.[16]

---

14) "축복(베라카בְּרָכָה)"은 물질적으로 풍요롭거나 건강하거나 명성을 떨치거나 영향력 있는 고위직을 차지했을 때에도 사용될 수 있다. 따라서 의인들은 축복받은 자신의 역량을 쏟아 사회의 공익에 기여하는데, 악인들은 "입"으로 공익에 저해되는 정책을 내세우거나 의인들의 조언이 채택되지 않도록 방해 여론을 조성한다는 뜻이다. '말'에 대해서는 10,18 주해 참조.

15) 12–13절은 말로써 이웃과 관계를 악화시키는 사람과 침묵으로 자신을 돋보이는 사람을 대비시킨다. 지혜문학은 전반적으로 '말'에 대해서 강조한다. 제대로 말하지 않는 것도 문제지만, 침묵하는 소극적인 태도도 문제를 키운다. 자신이 알고 있는 지식이 문제해결에 도움이 될 때에는 공동체에서 함께 나누어야 한다(9절). '비웃다(부즈בּוּז)'에는 실제로든 생각으로든 이웃을 업신여기는 태도가 함축되어 있다(14,21 참조). 이런 태도에서 이웃을 중상하고 비밀을 누설하는 폐해가 일어난다(13절). 사람들을 비웃는 행위는 그들을 창조하신 분을 모욕하는 일이기에(17,5), 그들과 사귀는 일이 없도록 조심해야 한다(20,19). '지각없는 자'에 대해서는 6,32 주해 참조.

15 낯선 이의 보증을 서면 고생하지만
담보 서기를 싫어하면 탈이 없다.17)

16 품위 있는 여자는 존경을 받고
억척스러운 남자는 재산을 얻는다.18)

---

16) "지도력(타흐불라תַּחְבּוּלָה)"은 위기 상황에서 더 빛을 발한다. 옛날에는 성읍을 지키려 농성하는 일이 종종 벌어졌기에, 전쟁 상황에서 많은 사람의 의견을 들으며 대처할수록 승리할 확률이 높았다(15,22; 20,18; 24,6 참조). 특히 현인들이 내놓은 비책으로 위기에서 벗어나곤 했기에 성읍이 의인들의 축복으로 일어선다고 여겼다(11절). 베툴리아 성읍이 포위되었을 때 유딧이 미인계를 써서 적장 홀로페르네스의 목을 벤 사건이 그 대표적 예다(유딧 7—13장). 반면에 성읍을 구할 수 있는 지혜를 간직한 사람의 말을 듣지 않기도 한다(코헬 9,14–18). 그러기에 "전쟁은 현명한 지휘로 수행해야 하고 승리는 조언자들이 많아야 거둘 수 있다"(잠언 24,6). 존자 베다는 혼자의 힘으로 바로잡을 수 없는 그릇된 행실도 함께 힘을 합하면 바로잡을 수 있다고 가르친다.

17) 도움을 필요로 하는 이들을 우호적으로 대해야 하지만(29,7.14 참조), 보증과 담보를 서는 일 만큼은 신중해야 한다. 친분이나 우정에 못 이겨 보증이나 담보를 섰을 경우에 뒤탈이 나면 온 가족의 앞날이 캄캄해지기 때문이다. 그래서 토라에는 동족에게 돈을 빌려주고 이자를 받는 일을 아예 금지시키고, 가난한 이에게 담보를 잡더라도 편의를 보아주어야 한다고 규정한다(탈출 22,24–26). 그러나 동족이 아닌 낯선 이들을 대상으로는 이런 인도적인 규정이 없다. '보증과 담보'에 대해서는 잠언 6,1 주해 참조.

18) "품위 있는(헨 חֵן)"은 '은총을 받은, 우아한, 친절한'으로 번역되고 (5,19; 31,30 참조), "존경(카보드כָּבוֹד)"은 '명예, 재산, 영광'이라는 뜻도 지닌

17 자애로운 사람은 자신을 이롭게 하고
무자비한 자는 제 몸을 해친다.[19]

18[20] 악인은 헛소득을[21] 얻어내지만
의로움을 심는 이는 확실한 보상을 받는다.

19 의로움으로 확고한 이는 생명에 이르고
악을 뒤쫓는 자는 죽음에 이른다.[22]

다. 이를 감안하면 여자는 품위로 명예와 지위와 재산을 얻을 수 있고, 남자는 힘으로 "재산"을 형성할 수 있다는 뜻이다. 남자와 여자가 저마다 걸맞은 방식으로 결실을 거두고 있다. '재산'에 대해서는 8,18 주해 참조.

19) "자신(네페쉬 נֶפֶשׁ)"은 인간의 내면을, "몸(셰에르 שְׁאֵר)"은 인간의 외형을 뜻한다. 이 둘을 바탕으로 자기 자신을 대하는 방식에 따라 "자애로운 사람"과 "무자비한 자"로 구분한다. '자애'에 대해서는 3,3 주해, '네페쉬'에 대해서는 3,22 주해 참조.

20) 18–21절은 의인과 악인을 대비시키는 일련의 경구다. 특히 19–20절은, 의인은 생명이라는 보상을 받고 악인은 죽음이라는 헛소득에 이를 뿐이라는 인과응보 사상을 확실히 전달한다.

21) 악인이 얻는 "헛(쉐케르 שֶׁקֶר)"소득과 의로움을 심는 이들이 받는 "확실한"(세케르 שֶׂכֶר) 보상이 말놀이를 이룬다. 심은 대로 거둔다는 통념을 바탕으로, "의로움"을 씨앗처럼 심을 때에 헛소득이 아니라 알찬 열매를 거두어들인다는 것이다(잠언 22,8; 야고 3,18 참조).

22) 의인은 생명과 결부시키고, 악인은 죽음과 연관해서 기술한다. 사후의 운명을 궁극적으로 다루지는 않지만, 주어진 삶 안에서 가까운 미래에 벌어질 일들을 대비시킨다. 잠언 10—29장에서는 의인들이 내세가 아니라 지금 여기에서 누리는 안전과 부유, 명예와 장수 등에 초

20 마음이 빗나간 자들은 **주님**께서 역겨워하시고
흠 없는 길을 걷는 이들은 주님께서 기뻐하신다.[23)]

21 악한은 결코 벌을 피할 수 없지만[24)]
의인들의 후손은 구원을 받는다.

22 예쁘지만 무식한 여자는
멧돼지 코에 금 고리 격이다.[25)]

점을 맞춘다. 그럼으로써 죽음이 의인과 악인이 모두 맞게 되는 보편적인 운명임을 제시하기보다는, 의인의 죽음은 악인의 죽음과 어떤 방식으로든 아주 다르다는 데 관심을 갖는다(윌리엄슨).

23) '흠 없이'에 대해서는 2,21 주해 참조.

24) 히브리어 본문에는 '손에 손(야드 러야드 יָד לְיָד)'이라는 문구가 나오는데 정확한 의미를 알 수 없다. 그래서 우리말 성경만이 아니라 영어 성경에서도 후행구의 "구원"에 대비되는 "벌"이라는 표현을 넣어 이해할 수 있게 번역하였다. 히브리어 표현을 살려 직역하면 '악인은 손에 손으로 자유롭지 못하지만(יָד לְיָד לֹא־יִנָּקֶה רָע)'이다. 악인들이 무리지어 손잡고 일을 벌였기에 공범자와 배후 인물이 꼬리에 꼬리를 물고 나와 아무도 빠져나가지 못한다는 뜻으로 이해할 수 있다. 반면에 의인들은 대를 이어 후손까지 구원을 받는다는 사실이 대비된다.

25) 멧돼지는 추하고 더러운 동물이기에 귀한 장식품인 금 고리를 코에 다는 것은 어울리지 않는다. 마찬가지로 얼굴만 예쁘고 무식한 여자도 이와 같다. 이스라엘에서 아름다움은 지혜와 어울리는 것으로 생각되었다(1사무 25장 참조). 그러나 여자의 미모에 앞서 주님을 경외하는 지혜를 갖추었는지가 무엇보다도 중요하다고 지적한다(잠언 31,30). 알렉산드리아의 클레멘스는 금 고리를 달고 뽐내지만 그 자신이 금보다 못하

23 의인들의 희망은 좋은 것만 가져오지만
악인들의 소망은 분노를 가져올 뿐이다.[26]

24[27] 후하게 나누어 주는데도 더 많이 받는 이가 있고[28]
당연한 것마저 아끼는데도 궁핍해지는 이가 있다.

25 축복해 주는 이는 자기도 흡족해지고

다는 사실을 드러낼 수 있다고 성찰했다.

26) 10,28에 이와 비슷한 표현이 나온다. 거기서는 악인들의 소망이 분노를 가져온다는 표현 대신에 악인의 기대가 무너지는 것으로 제시된다.

27) 24-26절은 부자와 가난한 사람 사이에 벌어지는 경제적 관계에 대해 다룬다. 24절에서는 자선을 베풀면 복을 받을 것이라고 선언하고, 25절에서는 그 이유를 설명하며, 26절에서는 자선에서 상거래 행위로 넘어가 이윤을 높이기 위해 매점매석하는 일을 경계한다.

28) '나누어 주다(파자르 פָּזַר)'는 원래 '뿌리다'라는 뜻이다. 씨앗을 많이 뿌릴수록 더 많이 수확하듯이 후하게 베풀수록 더 크게 보상받는다. 이 구절에서는 어떤 상황인지는 제시되지 않지만, 이어지는 맥락에서 보면 어려울 때에 곡식과 마실 물을 기꺼이 내주는 이는 그만한 축복과 보상을 받는다는 뜻이다.

바오로 사도는 이 구절을 자선과 헌금을 풍족하게 할수록 주님이 채워주신다는 도덕적 의미로 해석하였다(2코린 9,6). 암브로시우스는 후하게 내주되 관대함에서 오는 것과 지나친 낭비에서 오는 것을 구분한다. 헐벗은 이들에게 입을 것을 주고 갇힌 이들을 풀어주는 행위는 관대함을 보여주지만, 단순히 사람들의 호감을 사기 위해 재산을 쓰는 것은 낭비일 뿐이라고 지적한다.

마실 물을 주는 이는 자신도 흠뻑 마시게 된다.

26 곡식을 내놓지 않는 자는 백성에게 저주를 받지만
그것을 내다 파는 이의 머리 위에는 복이 내린다.[29]

27 선을 추구하는 이는 호감을 사지만
악을 뒤쫓는 자에게는 악이 닥친다.[30]

28 자기 재산에 의지하는 자는 넘어지지만[31]

---

29) 곡식을 내놓지 않는 자를 백성이 저주했다는 서술은 그만큼 식량 사정이 극심했음을 말한다. 앞으로 곡물가가 더 오를 수 있다는 것을 알면서도 자신의 이익을 극대화하기보다는 백성의 고통을 덜어주려고 곡물을 파는 이는 주님의 복을 받는다. 제 양식을 가난한 이에게 나누어 주어도 복을 받지만(잠언 22,9), 곡물을 숨기지 않고 제값을 받고 팔기만 해도 복을 받는다. 사람들의 저주와 축복은 주님께 드리는 기도 내용이기도 하다(잠언 24,24; 26,2; 2사무 16,5-12 참조).

30) '추구하다(라다프 רָדַף)'는 열렬하게 찾는 행위를 나타낸다. 자신이 무엇을 추구하느냐에 따라 결과가 달라짐을 명시함으로써, 무엇을 추구해야 하는지를 숙고하게 한다. 이 구절에서는 선을 추구하는 이는 호감을 사고 악을 뒤쫓는 자에게는 악이 닥친다고 부드럽게 말하지만, 19절에서는 의로움으로 확고한 이는 생명에 이르고, 악을 뒤쫓는 자는 죽음에 이른다며 단호하게 말한다. 우리가 추구하는 방향에 따라 생명과 죽음이 좌우되기에, 예수님도 다른 무엇에 앞서 "먼저 하느님의 나라와 그분의 의로움을 찾아라"(마태 6,33) 하고 촉구하신다.

31) "재산"은 주님이 주시는 복이지만(잠언 3,9-10), 재산에만 의지하려는 자세는 문제가 될 수 있다. 부유한 자는 재산이 자신을 지켜줄

의인은 나뭇잎처럼 번성한다.[32)]

29 제 집안을 괴롭히는 자는 바람만 물려받고
미련한 자는 마음이 지혜로운 이의 종이 된다.[33)]

30 의로운 이의 결실은 생명의 나무이고[34)]

것이라고 생각하고, 실제로 재산이 그런 역할을 하기도 하지만(10,15; 18,11 참조), 궁극적으로 안전을 보장해 주실 분은 주님뿐이다(잠언 3,5-8; 18,10; 시편 49편; 1티모 6,17 참조).

32) 의인이 번성하는 모습은 나뭇잎에 비유되곤 했다. 물가에 심긴 나무와 같아 제때에 열매를 내며 잎이 시들지 않는 나무로 제시되기도 하고(시편 1,3; 예레 17,8), 야자나무처럼 돋아나고 향백나무처럼 자라리라고 서술된다(시편 92,13). 존자 베다는 나무의 푸른 잎은 미래를 상징한다고 전제하며, 악인은 현재의 이익만을 추구하고 미래를 생각하지 않아 둘 다 잃게 된다고 이른다. 반면에 푸른 나뭇잎처럼 번성하는 의인은 미래의 보상을 기대하며 선행을 하기에 훗날 구원을 받는다고 풀이한다.

33) "집안(바이트בַּיִת)"은 거처나 세력, 자손을 나타낸다(잠언 14,11; 15,25; 23,10-11; 탈출 20,17 참조). 집을 짓는 일은 남자의 몫이었다. 따라서 집은 문자 그대로 거주지만을 가리키는 것이 아니라 성전과 궁전, 가족과 왕조를 나타낼 수도 있다. 집은 지혜와 노동으로 지어지고 조상에게서 물려받은 유산이기에 잘 돌보아야 한다(잠언 19,14; 24,3-4.27). 그런데 바람만 물려받았다면 상속에서 제외되었다는 뜻이다. "제 집안을 괴롭히는 자"와 "미련한 자"가 같은 인물이라면, 나쁜 행실로 말미암아 집주인이 되지 못하고 집안의 대소사를 돌보는 종이 되었음을 추정하게 한다.

34) "생명의 나무"는 잠언 외에 창세기와 요한 묵시록에 언급된다. '생명의 나무'에 대해서는 3,18 주해 참조. "결실" 또한 결과를 나타내는

지혜로운 이는 사람들을 사로잡는다.

31 의인이 세상에서 갚음을 받는데
악인과 죄인이야 오죽하랴![35]

12 1 교훈을 사랑하는 이는 지식을 사랑하는 사람이고
훈계를 싫어하는 자는 어리석은 사람이다.[1)]

2 착한 이는 **주님**에게서 총애를 받고
교활한[2)] 자는 단죄를 받는다.

비유이므로, 의로운 이가 살아온 인생은 생명으로 귀결된다는 뜻이다(10,16; 11,19; 12,28 참조).

35) 잠언은 지혜를 추구하는 의인이 이 세계의 좋은 것들을 가질 만한 자격이 충분하다고 가르친다(3,15-16; 10,22 참조). '갚음을 받다'는 무엇을 보상으로 받는지 밝히지 않는데, 신약성경에서는 이 구절의 칠십인역 본문을 인용해서 '구원'을 받는 것으로 구체적으로 명시한다. "의인이 가까스로 구원을 받는다면 불경한 자와 죄인은 어떻게 되겠습니까?"(1베드 4,18)

1) 지식은 삶의 한복판에서 다른 사람들과 부대끼며 말을 주고받는 데에서 전수된다. 그러기 위해서는 다른 사람의 교훈과 훈계를 기꺼이 받아들여 자신에게 적용해야 한다(잠언 3,11-12; 신명 8,5; 히브 12,3-13 참조). 겸손한 마음으로 그 과정을 겪어내면 지식을 얻어 현인이 되지만, 중간에 포기하거나 배척하면 어리석은 사람이 될 수밖에 없다(잠언 1,22; 19,25; 21,11 참조). '교훈'에 대해서는 1,2 주해, '영리함과 지식과 현명함'과 '어수룩한 자들과 어리석은 자들'에 대해서는 1,4 주해 참조.

2) "교활한(머지마 מְזִמָּה)"은 2,11의 '현명함'과 같은 단어로, 약삭빠르고

3 사람은 불의로 확고히 설 수 없지만
의인의 뿌리는 흔들리지 않는다.[3)]

4 훌륭한 아내는 남편의 면류관이지만[4)]
수치스러운 여자는 남편 뼈의 염증과[5)] 같다.

계획적이라는 뜻이다. 스스로 자신을 챙기기에 악의 길에서 지켜주는 측면에서는 현명하다고 평가받지만, 주님께 온전히 내맡기지 못하고 계산적이라는 측면에서는 교활하다고 치부된다. 우리말은 상황에 따라 다른 단어를 사용하지만, 히브리어에서는 같은 단어를 상황에 따라 다르게 해석한다.

3) 자신의 기반을 확고하게 하기 위해 불의한 행동을 하면 일시적으로는 효과가 있어 보이겠지만, 사회적으로 물의를 일으키게 되어 확고해 보이는 기반마저 뒤흔드는 결과를 가져온다(10,30 참조). 기반을 확고히 하는 것은 불의가 아니라 공정과 정의다(시편 89,15; 93,1-2; 97,1-2 참조).

4) 아내를 수식하는 "훌륭한(하일חַיִל)"은 '능력, 재산'이라는 뜻이다. 성경에서는 남편을 떠나보내고 시어머니를 정성껏 모신 룻을 훌륭한 여인으로 꼽는다(룻 3,11). 요즘처럼 여성도 일하는 시대에는 '유능한'으로 번역할 수도 있다. 가부장제가 확고한 농경문화권에서 여자는 자신의 능력보다는 남편과의 관계로 평가되었다. 남편을 내조하고 아이들을 올곧게 키우는 현모양처를 본으로 삼았기에, 품성이 '훌륭한' 아내는 남자들이 바라는 최고의 동반자로 여겨 "면류관"으로 표현되었다. 여자를 "남자의 영광"(1코린 11,7)으로 제시한 바오로 사도의 생각도 이와 유사했을 것이다. 잠언에서 면류관과 영광은 서로 밀접하게 연관되어 있다(잠언 4,8-9; 16,31 참조).

5) "수치스러운 여자"는 남편에게 치명적이기에, 몸속에 자리 잡은 "뼈의 염증"에 빗댄다. 피부의 부스럼은 시원하게 긁을 수라도 있지만,

5[6] 의인들의 생각은 올바름뿐이고
악인들의 의향은 속임수뿐이다.

6 악인들의 말은 사람을 잡는 매복이지만
올곧은 이들의 입은 사람을 구한다.[7]

7 악인들이 몰락하면 끝장이지만
의인들의 집은 그대로 서있다.[8]

8 사람은 그 식견에[9] 따라 칭찬을 받고[10]

뼈의 염증은 그 고통을 고스란히 받아들일 수밖에 없다. 환난의 날을 피하지 못하는 운명을 서술할 때에도, 이와 유사하게 뼈가 썩어 들어가는 통증이나 뼈 고름에 비유했다(호세 5,12; 하바 3,16 참조).

6) 5-7절은 의인들과 악인들이 지닌 생각과 말과 운명을 대비시킨다.

7) '말'에 대해서는 잠언 10,18 주해 참조.

8) 의인이 불멸함을 상징적으로 나타낸다. 10,7에서는 의인의 이름이 오래도록 칭송을 받으며 기억된다고 제시하는데, 여기서는 의인들의 후손이 계속 이어지는 것을 "집"으로 표상한다. 의인이 악인의 속임수에 말려들지 않고, 의인의 후손과 공동체도 제자리를 잡는다는 뜻이다. '집'에 대해서는 11,29 주해 참조.

9) "식견(세켈 שֵׂכֶל)"은 신중하면서도 분별력 있는 통찰력을 나타낸다. 좋은 식견을 지니고 있으면 사람들의 호의와 칭찬을 받을 뿐만 아니라, 이웃의 허물도 너그럽게 보아 넘기는 관대한 마음을 품게 된다(13,15; 16,22; 19,11; 23,9). '좋은 식견(세켈 톱 שֶׂכֶל־טוֹב)'으로 호의를 얻은 인물로는 아비가일을 들 수 있다. 아비가일은 슬기롭고 용모도 아름답다고 소개되는데, 남편 나발처럼 막무가내로 다윗 일행의 요청을 내치지 않고 필

마음이 비뚤어진 자는 멸시를 받는다.

9 먹을거리 없이 잘난 체하는 것보다
볼품없지만 종을 거느린 자가 낫다.[11]

10 의인은 제 가축의 욕구까지 알지만
악인은 그 자비마저 잔인하다.[12]

요한 물품을 제공함으로써 사전에 피해를 막아내는 식견을 발휘하였다(1사무 25장).

10) '칭찬받다(할랄 הָלַל)'는 '찬미하다'의 뜻으로도 번역되는 단어로, 잠언 10,7의 '칭송(버라카 בְּרָכָה)'과 비슷한 의미로 사용되었다. 공동체의 미덕이나 복지에 크게 기여한 사람은 남다른 식견으로 좋은 결실을 가져왔다고 공적으로 칭찬받았다. 칭찬을 받는 대상은 동시대에 이름을 떨친 사람들만이 아니라 업적을 남긴 선조들이며 주님에게까지 폭넓게 적용되었다(잠언 31,10-31; 2사무 23,8-39; 시편 104,24; 집회 44,1—50,21 참조).

11) 역설적인 비교로 빈부에 관한 가치 판단을 뒤집는 첫 구절이다. "볼품없지만"은 명예롭지 못하다는 뜻이고, "종"은 주인을 위해 열심히 일해서 먹을거리를 마련하는 사람이다. 명예를 추구하는 사회에서는 겉치레에 치중하는 경향이 있는데 그보다는 실속이 훨씬 낫다는 점을 분명히 한다. 칠십인역은 "종을 거느린"을 '자신을 위해 일하는(일거리를 가진)'이라는 표현으로 바꾸어, 직업의 귀천이 아니라 일자리가 무엇보다도 중요함을 일깨운다.

12) '제 가축의 욕구까지 안다'는, 의인이 말 못 하는 가축의 욕구까지 알아차릴 정도로 이웃을 배려하는 품성을 지녔음을 암시한다(욥 12,7-10 참조). 이에 비해 악인은 이웃이 바라는 것을 잘 알아차리지도 못하지만, 설사 알아차려서 자비를 베푼다 하더라도 자기 이익을 기반

11 제 땅을 가꾸는 이는 양식이 넉넉하지만
헛것을 뒤쫓는 자는 지각이 없다.13)

12 악인은 악한들의 포획물을 탐내지만
의인의 뿌리는 열매를 내준다.14)

13 입술이 저지르는 잘못에는 해로운 올가미가 놓여있지만
의인은 궁지에서 벗어난다.15)

으로 상대방에게 모욕감과 상처를 주기에 잔인하다고 평가된다. 잔인하면 무자비하기 마련인데(예레 6,23), "자비마저 잔인하다"는 모순어법으로 악인의 특성을 부각한다. 요한 크리소스토무스는 가축에게 자비심을 실천함으로써 동료 인간들에게 자비를 베푸는 데 익숙해질 수 있다고 한다.

13) '가꾸다(아바드עָבַד)'는 '주님이 사람에게 에덴동산을 일구게 하셨다'의 '일구다'와 같은 단어로(창세 2,15), 9절의 '종(에베드עֶבֶד)'과는 모음만 다르다. 또 "양식(레헴לֶחֶם)"은 9절의 '먹을거리'와 같은 단어이기에 9절과 11절이 서로 연관됨을 드러낸다. 9절에서는 먹을거리가 없어도 잘난 체하는 식으로 정적인 양상을 보이는 데 반해, 이 구절에서는 헛것을 뒤쫓는 적극적인 양상을 보여준다.

14) 성경에서 "의인의 뿌리"라는 표현은 3절과 이 구절에만 나온다. 3절에서는 확고하게 서있는 것에 집중했다면, 여기서는 "열매"에 초점을 맞춘다. 의인의 삶은 척박한 환경에서도 뿌리를 깊게 내려 결실을 맺는다는 사실을 일깨운다.

15) 13-23절은 21절을 제외하고 '말'과 연관된 내용으로 되어있다. 13절에서는 말 자체가 "해로운 올가미"가 된다는 사실을 다룬다(마태 22,15 참조). 의인이 궁지에서 벗어난다는 것은 의인에게 해코지하려던 악

14 사람은 제 입이 맺는 열매 덕에 좋은 것으로 배부르고[16]
인간은 제 손이 한 행실에 따라 되돌려 받는다.

15 미련한 자는 제 길이 바르다고 여기지만
지혜로운 이는 충고에 귀를 기울인다.[17]

16 미련한 자는 불쾌함을 바로 드러내지만

인의 음모나 중상모략이 밝혀지게 됨을 시사한다(잠언 6,2; 10,18; 11,13; 12,6; 18,7-8; 20,19; 29,6; 코헬 9,12 참조). 그 예로 수산나를 무고한 두 원로가 난관에서 빠져나오기 위해 거짓말을 일삼다가 결국 몰락한 사건을 들 수 있다(다니 13장). 반면에 의인은 궁지에 몰려도 벗어날 수 있는 지혜를 간직하고 있음이 함축되어 있다.

16) "입이 맺는 열매(퍼리 피 פְּרִי פִי)"는 직역하면 '입의 열매'로, 적절하게 표현된 말을 뜻한다. 이 표현은 세 차례 언급되는데(잠언 13,2; 18,20), 모두 좋은 것으로 배부르다고 서술된다. 사람은 제가 한 지혜로운 말로 좋은 성과를 거두고 그 덕을 보게 된다는 뜻이다. 여기서는 말에 대해서만 이야기하지만, 말만이 아니라 행동도 다른 사람들에게 영향을 미칠 뿐만 아니라 자기 자신에게 반응이 돌아온다는 뜻으로 이해해도 무방하다(시편 7,11-16; 9,15-16 참조).

17) 15-16절은 "미련한 자"와 "지혜로운 이"의 생각과 반응을 대비시킨다. 사람들은 누구나 제 길이 바르다고 여기는 경향이 있는데(잠언 16,2; 21,2; 28,11 참조), 지혜로운 이는 다른 사람의 충고에 귀를 기울이면서 다시금 숙고한다는 점에서 미련한 자와 차이를 보인다(15,12.22 참조). 저마다 제 길이 바르다고 여긴다는 것은 사회 구성원이 모두 주관적인 기준으로 살아간다는 뜻이다(판관 17,6; 21,25 참조). '미련한 자'에 대해서는 잠언 1,7 주해 참조.

영리한 이는 모욕을 덮어둔다.[18]

17 바른 것을 말하는 이는 진실을 밝히지만
거짓 증인은 허위만 퍼뜨린다.[19]

18 난도질하듯 함부로 지껄이는 자들도 있지만
지혜로운 이들의 혀는 아픔을 낫게 한다.[20]

---

18) "영리한 이"는 불쾌한 감정을 곧바로 터뜨리지 않고 신중하게 대처함으로써, 자기를 모욕한 상대방의 의도에 말려들지 않도록 자제한다. 동시에 올바로 대응하는 방식을 찾는 냉철한 분별력을 보인다(12,23; 13,16; 17,27; 18,2 참조). 말을 어떻게 하느냐에 따라서 다른 사람에게 상처를 줄 수도 있고 치유할 수도 있다는 사실을 잘 알기 때문이다(12,6.16). '영리함과 지식과 현명함'에 대해서는 1,4 주해 참조.

19) '말하다(푸 פּוּחַ)'는 '숨 쉬다'라는 뜻도 지니고 있어, 올바르게 말하는 생활은 숨 쉬는 것과 같이 자연스럽게 몸에 배어있어야 함을 함축한다. '거짓 증인'에 대해서는 6,19 주해 참조.

20) "함부로 지껄이는(바타 בָּטָה)"은 생각 없이 입을 놀린다는 뜻이다(레위 5,4). 17절과 연관해서 생각하면, 자신의 증언이 어떤 영향을 미칠지 신중하게 생각지 않고 위증한다는 말이다. 추후 결과를 생각지 않고 맹세하거나 분노에 휩싸여 막말을 할 때에도 이 어휘가 언급되는데, 구약성경에는 그 대가를 호되게 치러야 했던 경우가 여러 차례 나온다. 입타는 생각 없이 맹세했다가 암몬과 싸워 승리한 후 외동딸을 제물로 바쳐야 했고(판관 11,30-39), 사울은 필리스티아인들과 싸워 승리를 안겨준 왕자 요나탄을 잃을 뻔했다(1사무 14,24-46). 또 모세는 끊임없이 불평하는 이스라엘 백성을 나무라다가 므리바 샘에서 주님을 노엽게 하여 약속의 땅에 들어가지 못하는 결과를 초래했다(민수 20,10; 시편 106,32-33).

19 진실한 입술은 길이 남지만
거짓된 혀는 한순간뿐이다.[21)]

20 악을 꾸미는 자들의 마음에는 속임수가 들어있지만
평화를 권유하는 이들에게는 기쁨이 있다.[22)]

21 의인은 아무런 환난도 당하지 않지만
악인은 불행으로 가득하게 된다.[23)]

22 거짓된 입술은 주님께서 역겨워하시고
진실을 행하는 이는 주님께서 기뻐하신다.[24)]

---

21) 17절에서는 발언 내용이 진실인지 허위인지를 대비시키지만, 여기서는 그 발언이 얼마나 지속되는지에 초점을 맞춘다. "거짓된 혀는 한순간뿐"이라는 표현은 거짓말이 처음에는 그럴듯해 보이지만 얼마 지나지 않아 거짓임이 밝혀진다는 뜻이다.

22) 악을 꾸미거나 평화를 권유하는 일체의 행동은 이미 마음속에 채워진 감정이 분출된 결과다. 주님은 바로 그 마음을 살피고 속을 떠보시고 제 행실의 결과에 따라 갚으시는 분이다(예레 17,10).

23) 인과응보의 원칙을 원론적으로 천명한다. 그렇지만 욥의 예에서 보듯이, 우리 삶에서는 인과응보가 이루어지지 않는 경우가 종종 벌어진다.

24) 거짓과 진실, 말과 행동을 대비시켜 주님의 반응을 제시한다. "거짓된 입술"은 주님이 역겨워하시기에 시편 저자는 거짓된 입술과 속임수 혀에서 목숨을 지켜달라고 청한다(시편 120,2). 주님은 '거짓된 입술'만이 아니라 비뚤어진 자, 마음이 빗나간 자, 마음이 교만한 자를 역겨워하실 뿐 아니라(잠언 3,32; 11,20; 16,5), 그들의 속임수 저울과 제물, 그

23 영리한 사람은 지식을 덮어두지만
우둔한 자의 마음은 어리석음을 외쳐댄다.[25)]

24 부지런한 이의 손은 남을 다스리지만
게으른 자는 강제 노동을 하게 된다.[26)]

25 마음속의 근심은 사람을 짓누르지만

들의 길과 계획까지도 역겨워하신다(11,1; 15,8-9.26; 20,23).

25) 무엇을 덮어두고 드러내는지에 따라 그 사람이 누구인지가 드러난다. 영리한 사람은 지식만이 아니라 모욕도 덮어두고(12,16), 아무 말이나 믿지 않고 제 발걸음을 살피는 식으로 사려 깊게 행동한다(14,8.15). 반면에 우둔한 자는 험담이든 불쾌감이든 모든 것을 거르지 않은 채 드러냄으로써 자신이 누구인지를 만천하에 공개한다(10,18; 12,16). 사울도 통치자로서의 지혜를 상실한 다음 아들 요나탄에게 다윗을 죽이려는 의도까지 숨김없이 드러냈다(1사무 20장). 잠언 13,16에는 영리한 이가 지식으로 행동한다고 되어있어 얼핏 보기에는 이 구절과 상반되는데, 오래도록 축적해 온 지식으로 판단해서 행동했다면 일맥상통한다. '영리함과 지식과 현명함'에 대해서는 1,4 주해, '우둔한 자'에 대해서는 1,22 주해 참조.

26) "부지런한 이"는 훗날 남을 다스리는 위치에 올라서지만, "게으른 자"는 남의 밑에서 시키는 일을 하게 된다는 기본 원칙을 상기시킨다. 그런데 고대 근동에서는 부지런히 일하는 삶을 살았다 하더라도 잦은 전쟁으로 노예로 팔려가 강제 노동을 하는 일이 많았다(판관 1,28-30; 1사무 8,10-18; 1열왕 5,13-17; 15,22; 이사 31,8 참조). 이렇게 뒤틀린 사회구조가 형성되었더라도 주님이 역사하시는 날이 오면 다시 제자리를 찾아 기본 원칙이 확립될 것이다(1사무 2,2-10; 루카 1,46-55 참조).

좋은 말 한마디가 그를 기쁘게 한다.[27]

26 의인은 이웃에게 길을 알려주지만
악인의 길은 자신까지도 방황하게 한다.

27 게으른 자는 제가 사냥한 것도 굽지 않지만
부지런한 사람은 귀중한 재산을 얻는다.[28]

28 의로움의 길에는 생명이 있지만
악인의 행로는 죽음에 이른다.[29]

---

27) "근심(더아가 דְּאָגָה)"을 가져오는 일들은 다양하다. 후손들이 주님을 망각하고 살아갈까(여호 22,24), 적군에게 포위되어 식량이 떨어질까(에제 4,16; 12,18-19), 들려오는 나쁜 소식에 앞날이 어찌 될까(예레 49,23) 싶을 때마다 근심에 싸인다. 더구나 우둔한 자를 낳은 사람에게는 근심이 가득하다고 한다(잠언 10,1; 17,21). 한편 "좋은 말 한마디"로 근심이 기쁨으로 바뀌기도 하지만, 기쁨이 근심으로 끝나기도 한다(14,13). 여기서 '좋은 말'은 상황에 따라 달라지는데, 당면한 문제를 해결할 수 있는 역량이 생겼거나 포위를 풀고 적군이 퇴각했다는 반가운 소식일 수 있다. '말'에 대해서는 10,18 주해 참조.

28) "게으른 자"와 "부지런한 사람"을 대비시킨다. 부지런하면 높은 자리에 오를 뿐만 아니라(24절) 재산까지 얻을 수 있다고 제시하여 잠언을 듣는 이들에게 부지런할 것을 권면한다. '재산'에 대해서는 8,18 주해 참조.

29) "죽음에 이른다(알 마에트 אַל־מָוֶת)"는 직역하면 '죽음이 없다'이다. 선행구의 '생명이 있다'와 대구로 잘 어울리지만, 악인의 행로에 죽음이 없다는 내용이 의미상 성립되지 않으므로 '없다(로 לֹא)'를 '…에(엘 אֶל)'로

13

1 지혜로운 아들은 교훈을 사랑하지만
빈정꾼은 꾸지람을 들으려 하지 않는다.[1)]

2[2)] 사람은 제 입이 맺는 열매 덕에 좋은 것을 먹게 되지만[3)]
배신자들의 욕망은 폭행으로 치닫는다.

3 입을 조심하는 이는 제 목숨을 보존하지만

수정하여 번역했다.

1) 히브리어 원문에는 '사랑하다' 동사가 언급되지 않는다. 직역하면 '현명한 아들은 아버지의 교훈'이며, 지혜로운 아들은 아버지의 교훈에 열려있다는 뜻이다. 칠십인역은 후행구에 나오는 '듣다'를 서술어로 보충해서 '지혜로운 아들은 아버지의 교훈을 듣지만'으로 제시한다. 우리말 성경은 '아버지(압 אָב)'를 '사랑한다(아합 אָהַב)'로 수정해서 읽었다. 교훈은 질책이라는 의미도 함축하고 있으므로, 지혜로운 아들은 질책을 받으면 기꺼이 받아들여 같은 실수나 잘못을 반복하지 않지만, 빈정꾼은 꾸지람을 받아들이지 않기에 현 상태에서 나아가지 못해 성장이 멈출 수밖에 없다. '교훈'에 대해서는 1,2 주해, '빈정꾼'에 대해서는 1,22 주해 참조.

2) 2-4절에서는 '네페쉬נֶפֶשׁ'가 네 차례 언급된다. 문맥에 따라 2절에서는 '욕망'으로, 3절에서는 '목숨'으로, 4절에서는 '갈망'으로 번역했다. '네페쉬'에 대해서는 3,22 주해 참조. 지혜로운 이들이 말로 결실을 맺는 것과는 달리, 불성실한 이들은 과도한 욕망으로 폭행을 저지르는 경향이 있어 자기 자신만이 아니라 이웃을 망치는 결과를 초래한다(10,21; 11,9 참조). '배신자들'에 대해서는 2,22 주해 참조.

3) "입이 맺는 열매"에 대해서는 12,14 주해 참조. 사람이 제 입이 맺는 열매로 먹게 된다는 표현은 18,20에도 등장한다.

입술을 열어젖히는 자에게는 파멸이 온다.[4]

4 아무리 바랄지라도 게으름뱅이의 갈망은 헛되지만
부지런한 이의 갈망은 충족된다.[5]

5 의인은 거짓된 말을 미워하지만
악인은 역겹고 파렴치하게 행동한다.[6]

6 정의는 사람의 길을 흠 없이 지켜주지만
불의는 죄악으로 빠져든다.[7]

---

4) 2절에 이어 말이 초래하는 위험을 제시한다. 이 구절이 솔로몬의 첫째 잠언집에 수록되어 있는 만큼 이스라엘 궁정의 지혜라고 할 수 있다. 신하들이 임금 앞에서 입을 함부로 놀리다가는 한순간에 화를 입을 수도 있었다. 입과 혀를 조심하고 잘 지킬 필요가 있음을 거듭 당부하는 가르침이 곳곳에 수록되어 있는 이유다(18,21; 21,23 참조).

5) '게으름뱅이'에 대해서는 6,6 주해 참조.

6) 히브리어 본문에서 의인에 대한 서술어로 제시되는 '미워하다'는 능동형이지만, 악인에 대한 서술어로 제시되는 '행동하다(야버이쉬 יַבְאִישׁ)'는 능동 사역형이다. 그렇게 직역하면 '악인은 역겨움과 파렴치함을 가져온다'로 번역할 수 있다. 이는 악인이 행동하는 방식이 아니라 악인의 행동이 가져오는 결과에 초점을 맞춘 것이다. 그 결과를 어떻게 가져오는지는 다루지 않지만, 선행구에 제시된 "거짓된 말"로 공동체에 역겹고 파렴치한 결과를 초래한다고 유추할 수 있다.

7) 정의와 불의가 자신의 세력권에 있는 사람들을 지켜주거나 죄악으로 빠져든다고 묘사함으로써 생동감을 더해준다(5,22; 11,3-6; 19,3 참조). 의인화 기법을 사용하여 누가 그런 상황을 만들었는지 밝히지 않

7 부자인 체하나 아무것도 없는 자가 있고
가난한 체하나 재물이 많은 자가 있다.[8)]

8 재산은 사람의 목숨을 보장해 주지만
가난한 이는 협박을 들을 일도 없다.[9)]

았지만, 다른 구절에서는 의인이나 주님이 그 역할을 한다고 제시된다(21,12; 22,12 참조).

8) 7-8절은 부자와 가난한 자를 대비시킨다. 부자들은 겉모습에 치중하지만, 허름해 보여도 실속이 있는 이들이 있다는 점을 지적한다(12,9 참조). 한편 신약성경에서는 재산과는 별도로 영성적 가난에 대해 관심을 보인다(2코린 6,10; 8,9; 야고 2,5: 묵시 3,17-18 참조). 아우구스티누스는, 참으로 훌륭한 부자는 자신이 부유하기에 위대하다고 생각하는 오만한 자세를 버리고, 자신이 그리스도인이라는 사실에 더 큰 기쁨을 느껴야 한다고 말한다.

9) 납치당했을 때 몸값을 지불하거나, 죄를 범했을 때 배상금을 내면 풀려날 수 있었던 고대사회에서 재산은 목숨을 보장해 주는 중요한 수단으로 여겨졌다(탈출 30,12; 민수 35,31; 시편 49,7-9 참조). 반면에 재력이 있는 사람을 대상으로 온갖 약탈과 범죄가 이루어지곤 했기에(잠언 1,11-13 참조), 재산은 재앙을 불러일으키는 마물魔物로 치부되기도 했다. 그런 면에서 가난한 이는 재산을 빼앗기거나 협박당할 위험에서 벗어나 있기에 홍겨운 마음을 지닐 수 있었다(15,15).

교부들은 발 크기에 맞추어 신발을 신듯 재산은 자신이 필요한 만큼만 가져야지 그 이상은 짐이 되거나 올가미가 될 뿐이라고 경고한다(알렉산드리아의 클레멘스, 암브로시우스). 아울러 부자들에게는 재산을 억압받는 이들과 나누어서 구원을 얻으라고 권하는가 하면(알렉산드리아의 클레멘스, 알렉산드리아의 페트루스, 암브로시우스), 가난한 이들에게는 현재 상태

9 의인들의 빛은 흥겹게 빛나지만
악인들의 등불은 사위어 간다.[10)]

10 오만은 싸움만 일으키지만
충고를 듣는 이들에게는 지혜가 있다.[11)]

11 거저 얻은[12)] 재물은 줄어들고
조금씩 모으는 재물은 늘어간다.

12 이루어지지 않은 희망은 마음을 아프게 하지만
이루어진 소망은 생명의 나무가 된다.[13)]

에 절망하지 말고 하느님이 이미 부어주시고 미래에 약속한 복들을 생각하면서 희망을 품으라고 격려한다(대 바실리우스).

10) 8절에서 재산이 생명을 보장해 준다는 점을 부각했다면, 9절에서는 세월의 흐름에 따라 변해가는 생명의 질에 초점을 맞춘다. 가난하더라도 흥겹게 살아갈 수 있는 의인들의 삶과 미래가 없는 악인들의 삶은 근본적으로 다르다(15,15; 20,20; 24,20 참조). 빛을 주시는 분은 주님이시기에(잠언 29,13; 욥 22,28; 33,30) 의인들의 삶은 빛이 나고 악인들의 삶은 어두워질 수밖에 없다. '빛과 등불'에 대해서는 잠언 6,23 주해 참조.

11) "오만"과 "충고를 듣는 이들"이 대구로 제시되는 것으로 보아, 충고를 듣지 않는 모습에서 오만한 이들의 행태를 지적하는 잠언이 생겨났을 법하다. 충고를 듣는다는 것은 곧 그 사람의 인생 경험이 녹아 들어간 지혜를 습득하는 것과 같다(12,15; 19,20 참조).

12) "거저 얻은(메헤벨מֵהֶבֶל)"은 '덧없이, 한숨에서'라는 뜻이다. 공들이지 않고 얻은 불로소득이나 일확천금은 수증기처럼 서서히 증발되어 사라지기에 헛된 것에 불과하다는 통찰이 담겨있다(20,21; 21,6; 28,22 참조).

13 말씀을 업신여기는 자는 멸망하고
계명을[14] 두려워하는 이는 보상받는다.

14 현인의 가르침은 생명의 샘이라
죽음의 올가미에서 벗어나게 한다.[15]

---

13) 자신이 바라는 것을 이루었느냐의 여부에 따라 희비가 엇갈린다는 심리학적 통찰이 담겨있다. 목표를 달성하지 못했을 때 밀려오는 좌절감과 실망과 우울은 마음을 아프게 한다고 단순하게 표현한 반면, 희망을 이루었을 때의 기쁨은 "생명의 나무"가 된다는 식으로 추상적으로 표현한다. 잠언에서 '생명의 나무'는 건강과 장수를 나타내는 비유로 사용되므로, 성취감이 그동안 쏟았던 노력과 시간에 대한 보상심리로 작용하여 건강하고 감미롭게 살아갈 수 있게 해준다는 것이다(19절). 11절과 연관해서 자신이 바라는 소망을 이루기 위해 나아가는 점진적인 과정을 나날이 성장하는 나무에 빗대었을 수도 있다.

14) '계명'에 대해서는 2,1 주해 참조.

15) 이 구절은 "현인의 가르침"을 "생명의 샘"이 흘러나오는 원천으로 서술하는데, 그 외에도 의인의 입과 마음, 식견과 주님을 경외함 등이 그 원천으로 거론된다(4,23; 10,11; 14,27; 16,22 참조). '생명의 샘'은 12절의 '생명의 나무'와도 연관되며, 자신의 힘으로 소망을 이루든 현인의 가르침을 듣든 모두 생명을 신장하고 활기를 북돋우는 역할을 한다는 점에서 공통된다. 또한 '현인의 가르침'은 "죽음의 올가미"에서 벗어나게 해준다고 서술되는데, 주님을 경외함도 같은 역할을 한다(14,27). 생명의 샘과 생명의 나무가 생기와 활기를 주는 이미지로 제시되었다면, 죽음의 올가미는 죽음으로 치닫는 과정에서 빠져나올 수 없음을 나타내는 이미지로 제시되었다(2사무 22,6; 시편 18,6; 116,3 참조). 알렉산드리아의 클레멘스는, 가르침이 신과 인간에 관한 과학적 지식을 심어주기에 덕행

15 좋은 식견은 호의를 불러오지만
배신자들의 길은 파멸에 이른다.[16)]

16 영리한 이는 누구나 지식으로 행동하지만
우둔한 자는 어리석음을 퍼뜨린다.[17)]

17 악한 사신은 스스로 불행에 빠져들지만
충실한 사절은 치유를 가져온다.[18)]

18 교훈을 저버리는 자는 빈곤과 수치가 닥치지만
훈계를 지키는 이는 존경을 받는다.[19)]

을 추구하기가 더 쉽고 빨라진다고 가르친다.

16) '식견'에 대해서는 잠언 12,8 주해, '배신자들'에 대해서는 2,22 주해 참조.

17) 비슷한 내용이 12,23에 나온다. '우둔한 자'에 대해서는 1,22 주해, '영리함과 지식과 현명함'에 대해서는 1,4 주해 참조.

18) 오늘날처럼 교통이 발달하지 않은 고대 근동에서는 심부름꾼을 보내어 상거래나 행정 지침은 물론 개인적인 소식을 전했다. 그에 따라 심부름꾼은 그를 보낸 사람과 거의 동등한 인격적 대우를 받았다. 그는 사절, 사자, 심부름꾼 등 여러 이름으로 불렸는데, 그 일을 잘 수행하느냐에 따라 그를 사신으로 보낸 사람의 안목과 명예가 좌우되었다. 그러기에 게으름뱅이와 우둔한 자를 심부름꾼으로 보낸 사람은 결과가 나올 때까지 안절부절못하지만(10,26; 26,6 참조), 믿음직한 심부름꾼은 일을 잘 처리해서, 보낸 사람의 생기를 북돋우며 상처를 어루만져 준다고 서술된다(22,21; 25,13.25 참조).

19) "존경을 받는다(카베드כָּבֵד)"는 '부와 영예'를 뜻하는 카보드כָּבוֹד와

19 이루어진 소망은 영혼에 감미롭건만
우둔한 자들은[20] 악에서 멀어지기를 싫어한다.

20 지혜로운 이들과 어울리는 이는 지혜로워지고
우둔한 자들과 사귀는 자는 해를 입는다.[21]

21 죄인들에게는 불행이 따르지만
의인들에게는 행복이 뒤따른다.[22]

22 착한 이의 유산은 자손 대대로 이어지지만
죄인의 재산은 의인의 몫으로 보존된다.[23]

어근이 똑같기에 "빈곤과 수치"와 대비된다. 교훈과 훈계를 지키느냐의 여부에 따라 개인으로는 재산이 많고 적음이 갈리고, 공동체로는 명예와 수치가 좌우된다.

20) '우둔한 자들'에 대해서는 1,22 주해 참조.

21) 인간은 사회적 동물이라 어떤 이들과 어울리느냐에 따라서 인생의 방향이 달라진다.

22) 21절에서는 인과응보의 원리를 당사자에게만 적용시키는데, 22절에서는 그 업이 대를 이어 내려간다고 천명한다(14,26; 20,7 참조). 농경사회에서 재산은 대부분 토지나 가옥 같은 부동산이었으므로, 악인은 제 재산도 챙기지 못하고 땅에서 쫓겨나리라는 종말론적 전망을 보이기도 했다(2,20-22).

23) 구약성경에서는 유산 상속과 관련된 다양한 규정을 볼 수 있다. 아버지의 유산이 아들들에게만 분배되고, 맏이는 다른 아들의 두 몫을 받는 규정도 있고(신명 21,17 참조), 아들이 없고 딸만 있는 경우에는 유산이 아버지의 형제들에게 상속되는 일들이 벌어졌기에, 딸에게도 상

23 높은 자들의 개간지는[24] 많은 양식을 거두지만
불의에 휩쓸려 사라질 수 있다.

24 매를 아끼는 이는 자식을 미워하는 자
자식을 사랑하는 이는 벌로 다스린다.[25]

속권을 인정하고 그 딸이 상속한 재산이 다른 지파로 넘어가지 않도록 소속된 지파 안에서만 결혼하게 하는 규정도 있었다(민수 27,1-7; 36,2-11 참조). 그 외에도 아들이 없을 경우에는 딸, 딸까지 없을 경우에는 형제들에게 상속하고, 형제가 없으면 아버지의 형제들, 그마저 없으면 가장 가까운 친족에게 상속한다는 상속 순위 규정이 마련되어 있었다(27,8-11 참조). '재산'에 대해서는 잠언 8,18 주해 참조.

24) "높은 자들(라쉼רָאשִׁים)"을 '가난한(루쉬רוּשׁ)'의 복수 분사형으로 여겨 '가난한 이들의 경작지'로 해석할 수도 있다. 불가타는 전자의 번역을, 칠십인역과 영어 성경은 대부분 후자의 번역을 취한다. 이 둘을 취합해 보면, 높은 자들의 개간지에서 일하는 가난한 이들이 많은 양식을 거두더라도 부당한 소작세로 수탈당하는 현실을 고발하는 경구일 수 있다. 가난의 원인을 주로 어리석음이나 게으른 탓으로 돌리는데(6,6-11; 10,4-5; 19,15; 22,13), 여기서는 사회구조적인 수탈을 원인으로 암시한다.

25) 체벌이 지혜를 습득하고 악을 회피하는 데 교육적으로 효과가 있다고 가르친다(10,13; 19,18.25; 22,15; 23,13-14; 26,3; 29,15.17.19). 어린 자식이 게으름이나 꾀를 부리지 못하도록, 필요하다면 매로 다스려 훈육해야 한다는 것이다(잠언 17,10; 19,18; 29,15.17; 신명 25,1-3; 집회 30,1-2.11-13 참조). "벌(무사르מוּסָר)"에 해당하는 히브리어는 '교훈'으로도 번역된다. 행여나 안쓰러운 마음에 자식을 호되게 나무라지 못해 부모를 욕되게 하는 일이 있어서는 안 된다고 신신당부한다(잠언 23,13-14; 29,15.17).

25 의인은 배불리 먹지만
악인의 배는 허기가 진다.

14 1 지혜로운 여자는 집을 짓고
미련한 여자는 제 손으로 집을 허문다.[1)]

교부들은 아이들에게만이 아니라 어른들에게도 훈육이 필요하다고 가르친다. 주님의 교정과 훈육을 경험해야 비로소 잘 알고는 있지만 소홀히 했던 계명들을 곧바로 받아들이게 되고(대 바실리우스), 이 세상에서 참회와 징계를 거쳐야 훗날에 응징을 받지 않으리라고 이른다(아를의 카이사리우스). 또한 왜 매질을 당하는지에 대해서는 언급하지 않고, 매질을 당했을 때 고통 중에 자신을 성찰하며 혼란스러운 마음을 가다듬으라고 권한다(대 그레고리우스).

1) "지혜로운 여자(하크못 나쉼 חַכְמוֹת נָשִׁים)"가 집을 짓는다는 선행구는 '여자'가 언급된다는 것 외에 지혜(호크못 חָכְמוֹת)가 집을 지었다는 9,1과 유사하다. '집'에 대해서는 11,29 주해 참조. 첫째 단어의 모음만 달리하면 '지혜로운 여자'는 '여자들의 지혜'로 볼 수 있기에, 우주를 포괄하는 지혜와 여자로 대변되는 사람들의 지혜가 대비되기도 한다. 주님이 세상을 창조하고 쉬셨던 것을 토대로 일주일 동안 일하고 쉬는 안식일 제도가 생겨났듯이(탈출 20,11; 에페 5,1; 1테살 1,6 참조), 의인화된 지혜가 우주를 창조한 것을 본으로 삼아 여인의 지혜도 가족이나 집안을 만들어 낸다는 것이다. 반대로 미련한 여자는 이미 형성된 집안도 한순간에 허물어뜨리는 위력을 발휘하므로 배우자를 찾는 데 그만큼 신중을 기하라는 통찰이 들어있다.

교부들은 지혜로운 여자가 집을 짓는 행위를 신앙에 빗대어 실천적이면서도 영성적인 지침을 내린다. 곧 하느님을 경외하며 자매들을 사랑하는 가운데 제 이웃을 격려하거나(콥트인 베사), 교회에 들어오는 사

2 바른길을 걷는 이는 **주님**을 경외하고
그릇된 길을 걷는 자는 주님을 업신여긴다.[2]

3 미련한 자의 입에서는 교만이 싹트지만
지혜로운 이의 입술은 그를 지켜준다.

4 소가 없으면 구유는 말끔하지만
황소의 힘을 빌려야 소출이 많아진다.[3]

5 진실한 증인은 거짓을 말하지 않지만
거짓 증인은 거짓말만 내뱉는다.

6 빈정꾼은 지혜를 찾아도 얻지 못하지만

람을 교의와 신앙으로 격려하여 회복시키며(요한 크리소스토무스), 선행을 실천하여 천상 고향에 집을 짓는 행위를 나타낸다고 보았다(존자 베다).

2) '주님 경외'와 "바른길"을 걷는 윤리가 서로 긴밀하게 관련되어 있다. 주님 경외는 잠언에 자주 등장하는 기본 개념이다(잠언 1,7; 9,10; 10,27; 31,30). 요한 크리소스토무스는 두려움이 아니라 주님 경외만이 사람들로 하여금 바른길을 걷게 한다고 강조하며, 덕행으로 충만한 삶에 경외가 더해지면 훨씬 더 종교적이 된다고 가르친다.

3) "소"는 농가에서 장정의 몇 몫을 하는 일꾼이지만, 값이 비싸 웬만한 집에서는 소를 장만하기 힘들어 밭갈이할 때마다 사용료를 지불하고 빌려 쓰기도 했다. 빌려 간 짐승이 다치거나 죽었을 경우 배상해야 한다는 규정이 있을 정도로 중히 여겼다(탈출 22,13-14). 소를 키우기 위해서는 제때에 여물을 주고 외양간 짚단도 갈아주는 등 손이 많이 가서 부지런해야 했다(잠언 10,4; 12,27; 13,4; 21,5 참조).

슬기로운 이에게는 지식이 쉽게 온다.[4)]

7 우둔한 사람 앞에서 떠나가라.
거기에서는 지식의 말을 배우지 못한다.[5)]

8 영리한 이의 지혜는 갈 길을 깨닫게 하지만
우둔한 자의 미련함은 속임수일 따름이다.[6)]

9 미련한 자들은[7)] 속죄 제물을 비웃지만
올곧은 이들은 은혜를 입는다.

10 마음만이 제 자신의 아픔을 알고
그 기쁨도 다른 사람은 나누지 못한다.[8)]

---

4) 지혜를 습득하는 능력은 사람의 성향과 관련됨을 밝힌다. 빈정꾼은 찾으려 해도 얻지 못하는 지혜를 슬기로운 이가 쉽게 터득하는 것은 일상 자체가 슬기와 지식 쪽으로 열려있기 때문이다.

5) "우둔한 사람" 앞에서 떠나라는 것은 말로 하는 가르침만이 아니라 생활태도나 행동에서도 본받을 만한 것이 없기 때문이다. 지혜로운 이들과 어울려야만 지혜로워질 수 있다(13,20).

6) '영리함과 지식과 현명함'에 대해서는 1,4 주해, '우둔한 자'에 대해서는 1,22 주해 참조.

7) '미련한 자들'에 대해서는 1,7 주해 참조.

8) 기쁨과 슬픔은 다른 사람들과 나눌 수 있지만, 그런 감정의 공유에는 한계가 있음을 일깨운다. 더 깊은 내면의 감정은 당사자의 몫이며, 인간의 한계를 뛰어넘는 주님과만 나눌 수 있다(잠언 15,11; 17,3; 1사무 16,7; 시편 44,22 참조). 이와 관련하여 암브로시우스는, 마음으로 자신

11 악인들의 집은 무너지고
올곧은 이들의 거처는 번성한다.

12 사람에게는 바른길로 보여도
끝내는 죽음에 이르는 길이 있다.[9)]

13 웃으면서도 마음은 괴롭고
기쁨이 근심으로 끝나기도 한다.

14 마음이 빗나간 자도 제 행실의 결과로 채워지고
착한 사람도 제 행동의 결과로 채워진다.

15[10)] 어수룩한 자는 아무 말이나 믿지만

의 과오를 인정하며 자기 형제에게 입힌 해에 대해 자책하기에 마음의 심판이 더 가혹하다고 한다.

9) 사람의 판단력에는 한계가 있다. 각 사람의 판단은 성장배경과 취합된 정보에 따라 달라지므로 그릇된 판단을 내릴 가능성이 늘 존재한다. 사람들이 바른길이라고 하여 많이 몰려가는 널찍한 길이 생명의 길이 아니라 죽음에 이르는 길일 수도 있다(잠언 2,15; 이사 55,8; 마태 7,13-14 참조). 히에로니무스는 진리를 가진 듯 보이는 사람이 다른 식으로 생각하여 지옥에 떨어지는 일이 없기를 경계하는 가운데, 불확실하고 변할 수 있는 인간의 뜻이 아니라 하느님의 의견에 따르는 자세가 중요함을 일깨운다.

10) 15-16절은 어수룩하고 우둔한 자에게 비판적인 사고가 부족한 면이 있음을 보여준다. 그들은 상대방의 말이나 제안을 아무런 의심 없이 그대로 믿어 재앙을 피하지 못하는데, 지혜로운 이는 피할 수 있는

영리한 이는 제 발걸음을 살핀다.

16 지혜로운 이는 조심해서 악을 피하지만
우둔한 자는[11] 마음 놓고 굳게 믿는다.

17 화를 잘 내는 자는 미련한 짓을 하고[12]
음흉한 사람은 미움을 받는다.

위험은 미연에 방지하는 조심성이 있다는 점에서 대비된다.

11) '우둔한 자'에 대해서는 잠언 1,22 주해 참조.

12) 감정 자체는 중립적이지만, 어느 상황에서 감정을 표현하느냐에 따라 그 사람의 기질과 성격을 보여준다. 불의를 보고 화를 내는 사람은 정의로운 사람이지만, 자신의 뜻대로 되지 않았다고 "화를 잘 내는 자"는 감정대로 행동하다가 훗날 후회하는 어리석은 사람일 뿐이다(19,3.19; 22,24; 26,17; 29,22). 반면에 분노에 더딘 이는 다툼을 가라앉히는 매우 슬기로운 사람으로 제시된다(14,29; 15,18). 지혜문학에서는, 화는 어리석은 자들의 품에 자리 잡기에(코헬 7,9), 이웃의 잘못에 일일이 화내지 말라고 권유한다(집회 10,6). 신약성경에서는 형제에게 성을 내는 사람은 재판에 넘겨질 것이라고 할 정도로 경계하면서(마태 5,22), 교회의 지도자가 될 품성으로 쉽사리 화내지 않는 태도를 꼽는다(티토 1,7).

교부들은 분노해 있더라도 충동적 경솔함으로 죄를 짓지 않도록 애쓰고(카시오도루스), 다른 사람에게 분노하기보다는 너무 쉽게 화내는 자신에 대해 분노하라고 가르친다(암브로시우스). 자신을 낮추고 겸허하게 다른 이들을 견디어 낼 때에야 비로소 자기를 정복하는 더 큰 승리를 얻을 수 있다(대 그레고리우스). 억울하게 당한 사람이 분노에 휩싸이는 것을 본다면, 죄를 짓는다고 여기기보다 그동안 숨겨져 있던 나약함이 드러난 것으로 여기라고 이른다(요한 카시아누스).

18 어리석은 자들은 미련함을 제 몫으로 삼지만
영리한 이들은 지식으로 꾸며진다.[13]

19 악한들은 선인 앞에 엎드리고
악인들은 의인의 문 앞에 엎드린다.[14]

20[15] 빈곤한 이는 이웃에게도 미움을 받지만

---

13) "지식"이나 "미련함" 같은 추상적인 특성을 장식물을 달거나 옷을 입는다는 식으로 형상화하여 묘사한다(잠언 1,9; 14,24 참조). 신약성경에서는 추상적인 특성을 구체적인 표상과 연결시켜 의로움의 갑옷, 준비의 신, 믿음의 방패, 구원의 투구와 같은 식으로 적극 활용한다(에페 6,14-17 참조).

14) 의인들은 악인들에게 당하는 경우가 많은데, 길게 보면 결국 의인들이 승리한다는 기본 원칙을 천명한다. 악인들이 의인의 문 앞에 엎드린다는 것은, 의인들의 지위가 높아져 악인들이 자비를 바라는 거지나 종처럼 비천해졌음을 나타낸다. 그 예로 형들의 악의로 종으로 전락한 요셉이 능력을 인정받아 재상이 되고 결국에는 형들이 요셉의 자비를 바라는 처지가 된 일화를 들 수 있다(창세 37—50장).

15) 20-21절은 가난한 이와 부유한 자의 대인관계에 관해서 다룬다. '미움을 받다(이사네 יִשָּׂנֵא)'는 미워하는 감정이 담겨있다기보다 가까이하기를 꺼린다는 뜻이다. 곧 빈곤한 이는 도움을 주어야 하기에 이웃이 꺼리지만, 부유한 자는 도움을 받을 수 있기에 안면을 트기를 바라는 사람들이 많다는 것이다. 21절은 이런 인간 본성을 관찰한 결과를 바탕으로, 빈부와 상관없이 사람을 업신여기는 것 자체가 죄를 짓는 일임을 분명히 밝힌다. 아울러 자비로우신 주님을 본받아 가난한 이들을 사랑으로 대하는 이들은 행복하다고 선언한다(잠언 19,17; 21,10; 28,8; 시편

부유한 자에게는 많은 친구가[16] 따른다.

21 이웃을 업신여기는 자는 죄를 짓는 사람이고
가난한 이들을 불쌍히 여기는 이는 행복한 사람이다.[17]

111,4; 112,4; 마태 5,7 참조).

16) "친구"는 공통된 취향이나 체험을 바탕으로 자신과 공감할 수 있는 수평적 관계다. 진정한 친구는 불행이 닥쳤을 때에도 옆에서 함께하면서 잘못을 덮어주고 끝까지 사랑하는 태도를 보인다(잠언 17,9.17; 27,9-10). 반면에 거짓된 친구는 자신에게 이로울 때만 가까이하는 위선적인 면모를 보이는가 하면, 우정을 빌미로 해를 끼치거나 분란을 일으킨다(16,28; 18,24; 19,4.6). 참된 우정은 "친구들을 위하여 목숨을 내놓는 것보다 더 큰 사랑은 없다"(요한 15,13)라는 예수님의 말씀에 제시된다.

알렉산드리아의 클레멘스는 우정을 덕행에 근거한 우정, 상호관계에 근거하여 서로를 나누는 우정, 같은 기쁨을 나누는 습관에서 오는 우정으로 구분할 수 있다고 가르친다. 그중에서 덕행에 근거한 우정은 이성에 바탕을 두는 사랑이기에 가장 훌륭한 형태이고, 기쁨을 나누는 습관에서 오는 우정은 나눌 기쁨이 없을 때 변하기 쉽다고 이른다. 교부들은 이를 바탕으로 친구가 주는 '우정의 매'를 기꺼이 받아들이라고 권유한다. 친구가 잘못에 빠지면 그가 상처를 받는다고 생각하더라도 계속해서 훈계하고 침묵해서는 안 되며(암브로시우스), 절친한 사이에서는 반대하는 말도 신실한 마음에서 나온 것이기에 기꺼이 받아들이라고 이른다(아우구스티누스).

17) 부자와 가난한 이는 성장하는 과정에서 겪은 체험의 폭과 질이 달라서 사고하는 방식과 대처하는 태도에서도 차이가 난다. 그러기에 서로 이해하지도 어울리지도 못하는 경우가 많지만, 근원적으로 두 사회계층은 주님이 창조하셨다는 점에서 공통된다. 주님은 부자나 가난

22 악을 꾸미는 자들은 반드시 길을 잃게 되지만
선을 꾸미는 이들에게는 자애와 진실이 따른다.[18)]

한 이를 모두 지으신 분이기에 재산의 많고 적음으로 사람을 차별하지 않고 모두 품으신다(잠언 22,2 참조). 29,13에서는 창조 사건에 근거하지 않고 현재에 초점을 맞추어 두 사람 눈에 빛을 주시는 분이 주님이심을 강조한다.

재력으로 사람을 평가하는 사회 풍조에 편승해서 가난한 이들을 비웃는 태도는 곧 그들을 지어내신 주님을 함부로 대하는 것과 다르지 않다. 가난한 이들에게 자비를 베푸는 것은 주님께 자비를 베푸는 것과 일맥상통한다(잠언 19,17; 29,13; 마태 18,5.10; 25,31-46 참조). 따라서 잘 나갈 때에 다른 사람 앞에서 높이거나 뽐내지 말고 자신의 마음을 추스를 필요가 있다(집회 11,4). 신약성경에서는 의로운 이에게나 불의한 이에게나 똑같이 해를 떠오르게 하시고 비를 내려주신다는 점을 들어 주님은 모두를 차별 없이 대해주심을 강조한다(마태 5,45).

교부들은 부자들과 가난한 이들을 이 세상을 함께 여행하는 동반자로 제시한다. 부자들은 가난한 이를 돕기 위해서, 가난한 이는 부자를 시험하기 위해서 창조되었으니, 서로에게 필요한 것을 나누어 주어 무거운 짐에 짓눌리지 않는 삶을 살아가라고 권유한다(아우구스티누스, 아를의 카이사리우스). 또한 자신이 부자라서 더 많은 존경을 받아야 한다거나 가난한 이를 비웃는 이들은 주님의 슬기로운 섭리를 거슬러 죄를 짓는 행위라고 경고한다(암브로시우스, 요한 크리소스토무스). 아울러 교회에서 부자는 재산이 많은 사람이 아니라 믿음으로 부유한 사람임을 명시한다.

18) "선을 꾸미는 이들"에게 따르는 것으로 제시되는 "자애와 진실"은 주님의 속성으로 곧잘 제시된다(탈출 34,6; 민수 14,18; 느헤 9,17; 시편 25,10; 86,15; 103,8; 요엘 2,13; 요나 4,2 참조). 가난한 이들을 불쌍히 여기는 이들에게서 주님의 자비를 연상할 수 있듯이(잠언 14,21), 선을 행하는 사람

23 모든 노고에는 이득이 생기는 법이지만
입술만 놀리면 궁핍해질 뿐이다.

24 지혜로운 이들의 면류관은 부유함이고
우둔한 자들의 화관은 미련함이다.[19]

25 진실한 증인은 여러 목숨을 구하지만
거짓말을 퍼뜨리는 자는 속임수만 일삼는다.[20]

26[21] **주님**을 경외함에 확고한 안전이 있으니
자손들에게도 피신처가 된다.

들에게는 주님을 떠올리게 하는 자애와 진실의 모습이 드리워진다는 뜻으로 새길 수 있다. '자애와 진실'에 대해서는 3,3 주해 참조.

19) '우둔한 자들'에 대해서는 1,22 주해 참조.

20) '거짓 증인'에 대해서는 6,19 주해 참조.

21) 26-27절은 주님을 경외하는 이들에게 보장되는 이점에 대해 이야기한다. 치안이 확보되지 않고 다툼과 전쟁이 잦은 사회에서 가족의 생명을 보장받을 수 있는 확고한 피신처는 무엇보다도 중요하였다. 27절에서는 주님을 경외함이 죽음의 올가미에서 벗어나게 하는 피신처가 된다는 점을 명시한다(14,32 참조). 구약성경에서는 주님이 힘없는 이들과 가난한 이들의 피신처가 되어주실 뿐 아니라 폭우와 폭염 등 자연재해에서도 보호해 주시기를 희망하였다(시편 9,10; 14,6; 37,39; 43,2; 59,17; 이사 4,6; 25,4; 33,16; 나훔 1,7 참조). 아우구스티누스는 징벌에 대한 두려움에서 시작하더라도 좋은 삶을 영위해서 좋은 양심을 가지게 되면 어떤 징벌도 두려워하지 않을 수 있기에, 주님을 경외하는 법을 배울 때 우리의 삶을 위협하는 일체의 두려움에서 벗어날 수 있다고 가르친다.

27 **주님**을 경외함은 생명의 샘이니
죽음의 올가미에서 벗어나게 해준다.[22)]

28 백성이 많은 것은 임금의 영광이고
국민이 적은 것은 제후의 멸망이다.[23)]

29 분노에 더딘 이는 매우 슬기로운 사람이지만
성을 잘 내는 자는 제 미련함만 드러낸다.[24)]

30 평온한 마음은 몸의 생명이고
질투는 뼈의 염증이다.[25)]

31 약한 이를 억누름은 그를 지으신 분을 모욕하는 것이고
불쌍한 이를 동정함은 그분을 공경하는 것이다.[26)]

---

22) 이 구절은 잠언 13,14과 거의 똑같은데, '현인의 가르침' 대신에 "주님을 경외함"이 생명의 샘이라고 제시된다는 점이 다르다. 시편에서는 주님을 경외함을 가르쳐 준다고 서술되므로(시편 34,12), '현인의 가르침'을 통해 주님을 경외함을 전수받을 수 있었을 것이다.

23) 잠언 10—29장에는 임금에 관한 잠언이 많다. 이 구절은 임금이 다스리는 나라의 기본 요소인 백성에 대해 다룬다. 요압도 다윗 임금에게 백성이 백 배나 불어났으면 좋겠다는 의향을 밝히듯이(2사무 24,3), 백성 수가 많으면 국력이 커지고 임금의 위세도 커졌다.

24) 감정을 표현하는 시간과 장소와 강도를 조절하는 능력도 일종의 지혜다. '화'에 대해서는 잠언 14,17 주해 참조.

25) "몸"과 "뼈"는 신체로써 존재하는 인간을 통틀어 가리키는 표현이다(잠언 3,8; 5,11; 마태 16,17; 루카 24,39 참조).

32 악인은 제 악함 때문에 망하지만
의인은 죽음에서도 피신처를 얻는다.[27)]

33 지혜는 슬기로운 마음에 깃들지만
우둔한 자의[28)] 마음속에서는 인정을 받지 못한다.

34[29)] 정의는 나라를 드높이지만
죄악은 민족의 치욕이 된다.

---

26) 약하고 불쌍한 이에게 친절하게 대하라는 원칙은 잠언만이 아니라 구약성경 전반에서 강조된다(잠언 17,5; 22,22-23; 23,10-11; 탈출 22,20-28; 신명 10,18; 24,17; 27,19; 2마카 3,10; 시편 10,14; 82,3; 이사 1,17; 예레 7,6; 즈카 7,10 참조). 이 구절에서는 그들에 대한 대우가 주님과 연관됨을 강조하는데, 신약성경에서는 가장 작은 이들에게 해준 것이 곧 하느님께 해준 것이라고 분명히 말한다(마태 25,31-46).

27) 선행구는 전형적인 인과응보를 표현하지만, 후행구의 의인이 죽음에서도 얻는 피신처가 무엇인지는 명확하지 않다. 부활 사상이 통용되는 시대라면 주님을 피신처로 삼아 죽어서 부활하리라는 희망을 간직했다고 볼 수 있지만, 부활 사상 이전에 생겨났다면 그렇게 생각할 수 없다. 그런 이유로 칠십인역은 선행구의 "악함"과 대비되는 '온전함'에서 피신처를 얻는다로 옮긴다. 본문에 적용하여 해석하면, '의인은 죽어가면서도 주님을 피신처로 삼아 그 안에 머무른다'로 볼 수 있다.

28) '우둔한 자'에 대해서는 잠언 1,22 주해 참조.

29) 현인들은 주로 개인의 처신에 관심을 가졌지만, 34-35절에서처럼 인간 공동체에 관심을 보이기도 한다. 나라와 임금에 관한 가르침은 잠언의 지혜가 가정만이 아니라 왕궁에서 비롯되었다는 사실을 뒷받침해 준다.

35 임금의 총애는 사려 깊은 종에게 내리고
그의 진노는 수치스러운 자에게 내린다.

15 1[1)] 부드러운 대답은 분노를 가라앉히고
불쾌한 말은 화를 돋운다.

2 지혜로운 이들의 혀는 지식을 베풀지만
우둔한 자들의 입은 미련함을 내뱉는다.[2)]

3 **주님**의 눈은 어디에나 계시어
악인도 선인도 살피신다.[3)]

---

1) 1–2절은 말하는 방식과 말하는 이와 말에 담긴 내용을 서로 대조시킨다. 현인은 꾸지람을 듣더라도(17,10 참조) 부드러운 말로 사람들을 위로하고 원기를 회복시킴으로써 분노를 가라앉히는 때가 많다(12,18; 15,4). '말의 힘'에 대해서는 12,18 주해 참조. 반면에 우둔한 자들은 불쾌한 말로 화를 돋울 때가 많다. 나발은 후원을 청하는 다윗 부하들에게 호통을 치고(1사무 25,10–11), 시므이는 피신하는 다윗 일행에게 무뢰한이라며 저주하고(16,5–13), 여부스 주민들은 다윗을 조롱하다가(2사무 5,6–8) 대가를 호되게 치러야 했다. '화'에 대해서는 잠언 14,17 주해 참조.

교부들은 소낙비가 아니라 가랑비가 땅을 부드럽게 하고 땅 깊숙이 뚫고 들어가듯이 주님도 꾸짖기보다는 권고로 도와주셨다고 이르는 가운데(시리아의 에프렘), 분노를 가라앉히거나 화를 돋우는 것은 주님이 아니라 우리에게 달려있음을 상기시킨다(요한 크리소스토무스).

2) '영리함과 지식과 현명함'에 대해서는 1,4 주해, '우둔한 자들'에 대해서는 1,22 주해 참조.

4[4] 원기를 회복시켜 주는 혀는 생명의 나무지만
사악한 혀는 정신을 파탄시킨다.

5 미련한 자는 아버지의 교훈을 업신여기지만

---

3) 주님이 모두를 살피신다는 주제는 성경의 근본적인 가르침이다. 주님은 각 사람의 인생 행로를 지켜보실 뿐만 아니라(잠언 5,21; 욥 31,4), 겉으로 드러나지 않는 인간의 마음과 영혼을 비롯하여 저승까지도 살피시는 분이다(잠언 15,11; 24,12). 주님이 모든 것을 아신다는 것을 추상적으로 제시하기보다는 "주님의 눈"(잠언 22,12; 시편 33,18; 34,16; 116,15)이라는 구체적인 이미지로 전달한다. 성경에서는 이외에도 "주님의 팔"(탈출 15,16; 시편 71,18; 77,16; 지혜 11,21; 이사 51,9), "주님의 손"(탈출 9,3; 16,3; 욥 12,9; 시편 28,5; 75,9; 지혜 5,16), "주님의 귀"(민수 11,1.18; 야고 5,4), "주님의 입"(신명 8,3; 2역대 36,12; 예레 23,16) 등 신체 일부를 언급함으로써 생동감을 자아낸다. 키프리아누스는 주님의 귀와 연관시켜 주님이 들으시는 것은 우리 목소리가 아니라 마음이기에, 거칠고 천한 소리를 내거나 떠들썩한 수다로 청원해서는 안 된다고 한다.

4) 4–5절은 1–2절에 이어 '말'을 주제로 삼는다. 말에는 사람들의 원기를 회복시키기도 하고 정신을 파탄시키기도 하는 양면적인 특성이 있다. '생명의 나무'에 대해서는 잠언 3,18 주해 참조. 따라서 아버지에게서 전수받는 교훈과 훈계를 통해 단련되는 과정이 필요한데, 이를 소홀히 하거나 귓전으로 흘려버리면 영리해질 수 없다. 미련한 사람과 영리한 사람은 아버지의 가르침을 듣는 자세부터 다르다. 이와 연관해서 대바실리우스는, 참된 분별은 기만하는 말과 우리에게 가장 훌륭한 삶의 방식을 조용히 일깨워 주는 말의 차이를 알아차리는 지식이므로, 자기 자신과 이웃의 이익을 위하는 건전한 조언을 받아들인다고 말한다.

그 훈계를 지키는 이는 영리해진다.[5)]

6 의인의 집에는 많은 보물이 쌓이지만
악인의 소득에는 불행만 따른다.[6)]

7 지혜로운 이들의 입술은 지식을 전하지만
우둔한 자들의 마음은 바르지 않다.[7)]

8[8)] 악인들의 제물은 **주님**께서 역겨워하시고

---

5) '교훈'에 대해서는 1,2 주해 참조.

6) 의인은 잘되고 악인은 곤경에 처하게 된다는 주제는 10—15장에서 자주 나온다(10,3.16; 15,26). 히브리어 본문에는 '쌓이다' 동사 없이 '의인의 집 많은 보물'로 되어있다. 재물만이 아니라 삶의 기쁨이나 심리적·사회적으로 누리는 이익 등도 보물이라는 표현에 포함된다. 의인의 집에 쌓이는 "많은 보물"은 오랜 시간에 걸쳐 모였고, 악인의 "소득"은 단시일에 모였음을 암시한다.

7) '영리함과 지식과 현명함'에 대해서는 1,4 주해, '우둔한 자들'에 대해서는 1,22 주해 참조.

8) 8–9절은 주님이 무엇을 역겨워하고 사랑하시는지에 대해 다룬다. 제사는 주님과 친교를 유지하는 수단이기에 중요시되었지만(3,9–10), 예언자들은 주님을 알고 그 말씀에 순종하는 것이 제물보다도 더 중요하다고 선포하였다(이사 1,10–20; 예레 6,16–20; 호세 6,6; 아모 5,21–25 참조). 이 구절에서는 이 정신을 이어받아 주님이 제물보다도 기도를 기꺼워하신다고 서술하는데, 제물과 기도를 드리는 주체를 각각 악인과 올곧은 이로 단정한다. 올곧은 이가 제물을 드리고 악인이 기도를 드릴 수도 있지만, 그런 가능성은 배제하고 의인과 악인이 보이는 행태를 단순화하여 대비

올곧은 이들의 기도는 주님께서 기꺼워하신다.

9 악인의 길은 **주님**께서 역겨워하시고
의로움을 추구하는 이는 주님께서 사랑하신다.

10 길을 저버리는 자는 엄한 징벌을 받고
훈계를 싫어하는 자는 죽게 된다.[9)]

11 저승도 멸망의 나라도 **주님** 앞에 놓여있는데
하물며 사람의 마음이야![10)]

12 빈정꾼은[11)] 훈계받는 것을 좋아하지 않으며
지혜로운 이에게는 다가가지도 않는다.

시킨다. 악인은 주님께 드리는 제사만이 아니라 일상에서도 제 길을 갈 뿐이지만, 의인은 의로움을 추구한다는 점에서 차이를 보인다.

9) 10절은 9절과는 "길"이라는 단어로, 11절과는 '죽음'이라는 착상으로 서로 연결된다. 훈계를 듣고 그릇된 언행을 바로잡는 행동은 지혜를 터득하려면 반드시 갖추어야 할 자세다(잠언 3,1–12; 9,7–12 참조). 그러지 않는 자는 엄하게 징벌을 받는 데 그치지 않고 죽음에 이르게 된다(8,36; 11,19; 12,28). "훈계(무사르מוּסָר)"는 다른 구절에서 '교훈'으로 번역되었다(1,2.3.8; 3,11; 4,1; 5,12.23: 6,23 등).

10) 인간의 능력으로는 헤아리기 어려운 저승과 마음까지도 주님의 권능이 미치는 영역임을 나타낸다(시편 139편; 아모 9,2–4 참조). 주님의 눈은 어디에나 계셔 모두를 살피신다는 3절을 떠올리게 한다.

11) '빈정꾼'에 대해서는 잠언 1,22 주해 참조.

13[12] 마음이 즐거우면 얼굴이 밝아지고
마음이 괴로우면 기가 꺾인다.

14 슬기로운 마음은 지식을 찾고
우둔한 자의 입은 미련함을 일삼는다.[13]

15 가난한 이의 날은 언제나 불행하지만
흥겨운 마음은 늘 잔치와 같다.[14]

---

12) 13–15절은 '마음'에 대해서 다룬다. 즐거운 마음을 품으면 얼굴이 밝아지고, 슬기로운 마음을 품으면 지식을 찾고, 흥겨운 마음을 품으면 환경이 여의치 않더라도 거기에 매몰되지 않고 기쁨으로 바꾸어 놓는다. 마음 상태에 따라서 표정도 달라지고 행동하는 방식도 달라지는데(잠언 14,30; 집회 13,25–26 참조), 즐거운 마음이 가져오는 효과는 얼굴만 밝아지는 것이 아니라 건강에도 영향을 미친다(잠언 17,22). 코헬렛은 역설적으로 마음만 편할 수 있다면 슬픔이 웃음보다 낫고, 얼굴 표정보다는 내면의 상태가 더 중요하다고 지적한다(코헬 7,3).

13) '영리함과 지식과 현명함'에 대해서는 잠언 1,4 주해, '우둔한 자'에 대해서는 1,22 주해 참조.

14) "흥겨운(톱 טוֹב)"은 16–17절에 제시되는 '낫다'와 똑같은 단어다. 그러므로 15절은 '마음'이라는 단어로 13–14절과 연결되고, '톱'이라는 단어로 16–17절과 연결된다. 15–17절은 드러나는 현상과 대조되는 참된 의미를 나열한다. 가난해서 불행할 것 같지만 마음이 흥겨우면 행복하고, 가진 것이 적어도 주님을 경외하면 많은 보화보다 낫고, 푸성귀 음식이라도 사랑이 깃들면 살진 황소 고기보다 낫다. 바오로 사도가 사도들의 삶을 서술할 때에도 자신들이 속이는 자같이 보이지만 진실하고, 가난한 자같이 보이지만 모든 것을 소유하고 있어 많은 사람을 부

16 **주님**을 경외하며 가진 적은 것이
불안 속의 많은 보화보다 낫다.[15)]

17 사랑 어린 푸성귀 음식이
미움 섞인 살진 황소 고기보다 낫다.[16)]

18 성을 잘 내는 사람은 싸움을 일으키고[17)]
분노에 더딘 이는 다툼을 가라앉힌다.

19 게으름뱅이의 길은 가시밭 같지만[18)]
올곧은 이들의 앞길은 잘 닦여있다.

유하게 한다고 역설적으로 대비시킨다(2코린 6,8-10).

15) '…보다 낫다'에 대해서는 잠언 3,14 주해 참조.

16) 교부들은 이 구절을 바탕으로 사랑 어린 눈에는 평범한 것도 값져 보이고 남은 것도 넉넉하게 느껴지므로(요한 크리소스토무스), 가진 것에 만족하면서 단순 소박하게 살아가라고 당부한다(암브로시우스).

17) 마음속에서 솟구치는 화를 해소하지 못하고 억누르기만 하면 바로 해결될 일도 큰 싸움으로 번져 죄를 짓는 일까지 벌어질 수 있다(17,14.19; 29,22; 30,33). 카인도 제사 때 아우 아벨의 제물은 받아들여지고 자신의 제물은 받아들여지지 않자, 화를 내다가 끝내는 아우를 살해하는 범죄를 저질렀다(창세 4,2-8). '화'에 대해서는 잠언 14,17 주해 참조.

18) '게으름뱅이'에 대해서는 6,6 주해 참조. 니사의 그레고리우스는 자신의 길을 가시밭길로 만드는 게으름뱅이의 특성을 영성적으로 평한다. 하느님의 계명을 따르려는 열정을 영혼에 해롭다고 여기는가 하면, 사도들의 권고에 불평하거나 다른 이들에게 아첨하는 일을 일삼으며, 사람을 기만하는 꿈을 복음서의 가르침보다 더욱 신뢰한다는 것이다.

20 지혜로운 아들은 아버지를 기쁘게 하고
우둔한 자는 어머니를 업신여긴다.[19)]

21 지각없는 자는[20)] 미련함을 즐기지만
슬기로운 사람은 똑바로 걸어간다.

22 의논이 없으면 계획이 실패하고
조언자가 많으면 계획이 성공한다.[21)]

---

19) 어떤 자식인지에 따라 부모의 기쁨과 근심이 좌우된다는 10,1의 가르침과 유사하다. 탈출기의 계약 법전에서 부모를 때리거나 욕하는 자는 극형에 처하라고 규정한다(탈출 21,15.17). 심지어 신명기에서는 부모가 꾸짖어도 듣지 않는 고집 센 아들은 원로들의 처분에 따라 극형에 처하라며 경종을 울린다(신명 21,18). 부모 공경은 십계명에 들어갈 정도로 농경사회에서 중시되었다(탈출 20,12).

20) '지각없는 자'에 대해서는 잠언 6,32 주해 참조.

21) 어느 누구도 완전한 지혜를 갖고 있지 못하기에 다른 사람들의 지혜를 모아야 앞으로 벌어질 법한 문제에 대책을 세울 수 있고, 그래야만 계획이 순조롭게 이루어질 수 있다(20,18). 그렇지만 아무리 좋은 계획을 세운다 하더라도 궁극적인 실현은 주님께 맡겨야 한다(16,1.3.9; 19,21). 계획을 이루는 분은 주님이기에, 악인의 계획은 아무리 많은 사람이 머리를 맞대고 치밀하게 세웠다 하더라도 수포로 돌아간다(잠언 15,26; 이사 8,10; 19,3; 29,15). 개인만이 아니라 나라 살림도 조언자가 많으면 훨씬 안전하지만, 무엇이 참된 조언인지를 식별하는 지도력이 없으면 물의만 빚을 뿐이다(잠언 11,14). 일례로, 솔로몬의 아들 르하브암은 백성에게 부과된 짐을 가볍게 해달라는 요구를 해결하는 과정에서 원로들의 완화책과 신진세력의 강경책 가운데 강경책을 택하는 어리석은 결정

23 사람은 자기의 올바른 대답으로 기쁨을 얻으니
알맞은 때에 나오는 말이 얼마나 좋으냐![22]

24 사려 깊은 이는 위로 난 생명의 길을 걸어
아래에 있는 저승을 벗어난다.[23]

25 **주님**께서는 교만한 자의 집은 허무시지만
과부의 경계는[24] 똑바로 세워주신다.[25]

을 하여 나라가 남북으로 분열되는 결과를 초래했다(1열왕 12,1–19).

22) 히브리어 본문에는 대답이나 때를 수식하는 "올바른"과 "알맞은"에 해당하는 말이 없다. '제 대답으로 기쁨을 얻고 제때에 나오는 말이 좋다'는 뜻으로 새길 수 있다. 22절과 연관하면, 조언자가 여럿이기에 모두 다 한마디씩 거드는데, 자기 차례가 왔을 때 우물쭈물하지 않고 바로 조언하는 데에서 기쁨을 누린다는 뜻이다. '말'에 대해서는 잠언 10,18 주해 참조.

23) 생명의 길과 죽음의 길을 "위"와 "아래"로 대비시킨다. 위로 난 길은 주님이 계신 방향으로 걸어가는 삶을 나타내지만 종말론적 의미의 승천을 뜻하지는 않는다. 신명기에서는 위와 아래 외에 오른쪽과 왼쪽 방향을 언급하여, 다른 신들을 섬기는 길로 빠지지 말 것을 당부한다(신명 28,13–14).

24) "경계(그불גְּבוּל)"는 농촌에서 자신의 농지를 구획하려고 사용한 표지다. 농경 문화권에서 땅은 생계에 직결되고 하느님이 선조들에게 약속해 주신 터전으로 간주되기에 중시되었다(창세 12,1–3; 신명 19,14). 보통 무거운 돌로 경계를 삼았으므로 맘만 먹으면 얼마든지 옮길 수 있었기에, 누구의 땅인지를 구분하는 경계선을 임의로 바꾸지 못하도록 엄격히 규정되었다(잠언 22,28; 23,10; 신명 19,14; 27,17). 큰비가 내리거나 그

26 악인의 계획은 주님께서 역겨워하시지만
상냥한 말은 주님께서 좋아하신다.

27 부정한 이득을 챙기는 자는 집안을 어지럽히지만
뇌물을 싫어하는 이는 잘살게 된다.[26)]

외의 원인으로 흐트러진 경계를 바로 세우는 일은, 한 가정의 생계가 달려있기에 예민한 문제였다. 그러기에 현인은 주님이 아무도 돌보지 않는 과부의 경계선을 친히 세워주시는 분이라는 점을 상기시키며, 어떠한 이유로든 땅을 잃었을 경우 오십 년이 되는 희년에 돌려받을 수 있도록 성문화하였다(레위 25,24-34).

교부들은 '경계'를 그리스도교의 경전이나 교의로 정해진 것을 나타낸다고 보고, 외경에서 인용한 구절이 신약성경에 있다고 해서 그 외경을 정경으로 받아들이거나, 공의회에서 확정된 문안을 바꾸거나, 교의를 지속적으로 수정하려는 생각 자체를 차단한다(오리게네스, 폰투스의 에바그리우스, 알렉산드리아의 키릴루스, 레렝스의 빈켄티우스, 베로이아의 아카키우스, 다마스쿠스의 요한).

25) 가부장제 문화권에서 과부는 법적으로나 사회적으로 보호가 필요했다. 유산이 많으면 재물을 탐내는 악한들의 손에서 벗어나기가 어렵고(잠언 1,10-19 참조), 유산이 없으면 날품이나 몸을 팔며 생계를 유지해 나가야 했다(룻 2,2-7.22; 3,1-18; 토빗 2,11-14 참조). 그 대표적인 예로 모압에서 더부살이하다가 남편과 자식 둘을 모두 잃어버리고 과부가 되어 고향으로 돌아와 자신의 쓰라린 처지를 한탄한 나오미를 들 수 있다(룻 1장). 주님은 사회적 약자의 후견인이 되어 친히 그릇된 일을 바로잡으신다. 아무도 대변해 주지 않는 고아와 과부와 이방인이 우선적으로 보호받을 수 있도록 약자 보호법이 제정되었다(탈출 22,20-25).

26) '선물과 뇌물'에 대해서는 잠언 6,35 주해 참조.

28 의인의 마음은 대답하기 전에 깊이 생각하지만
악인의 입은 악한 것을 내뱉는다.[27)]

29 **주님**께서는 악인들을 멀리하시고
의인들의 기도는 들어주신다.[28)]

30 반짝이는 눈은 마음을 즐겁게 하고
좋은 소식은 뼈마디에 생기를 준다.[29)]

31 생명이 담긴 훈계를 듣는 귀는
지혜로운 이들 사이에 자리를 잡는다.

32 교훈을 저버리는 자는 자신을 업신여기는 자고

---

27) 의인은 제때에 알맞은 말을 부드럽게 전달할 수 있도록 숙고하지만(23.26절), 악인은 내키는 대로 불쑥 말하기에 미련함을 고스란히 내비칠 뿐 아니라 사람들의 정신을 파탄시키고 화를 불러일으킨다(2.4절).

28) 주님은 의인들이나 악인들을 똑같이 살피시는 분이기에(3절), 악인들을 멀리할 때에도 물리적으로나 심리적으로 거리를 두는 것이 아니라 악인들을 편들지 않는다는 뜻이다. 또한 의인들의 기도를 들어주신다는 것은 모두의 기도를 들어주시기는 하지만, 의인들의 기도에만 응답하신다는 뜻으로 새겨야 한다. 요한 크리소스토무스는 하느님께 청할 만한 것들을 청하여 얻도록 하라고 권유한다.

29) 눈과 귀를 통해 들어오는 시청각 정보가 몸과 마음에 생기를 준다. 시편 저자는 "반짝이는 눈"과 '생기를 주는 소식'을 파생시키는 근본 원천은 주님의 가르침과 계명이라고 밝힌다(시편 19,8-9). '마음'에 대해서는 잠언 2,2 주해 참조.

훈계를 듣는 이는 깨달음을 얻는 사람이다.[30]

33 지혜의 교훈은 **주님**을 경외하는 것이다.
영광에 앞서 겸손이 있다.[31]

16[1] 1 마음의 계획은 사람이 하지만
혀의 대답은 **주님**에게서 온다.[2]

---

30) "깨달음(렙לֵב)"은 '마음'이라는 뜻이다. 이스라엘에서 마음과 혀, 입과 입술, 눈과 귀는 이해력과 지혜에 관련된 신체 기관으로 강조되었다. 모세는 자신이 전달해 준 계명이 이스라엘 백성의 입과 마음에 있기에 실천할 수 있다고 설교한다(신명 30,14). 바오로 사도는 이 말씀을 인용해서 예수님을 주님이시라고 입으로 고백하고 하느님께서 주님을 죽은 이들 가운데에서 일으키셨다고 마음으로 믿으면 구원을 받을 것이라고 선포한다(로마 10,8–9).

31) 잠언 1,7에서 주님을 경외함이 지식의 근원임을 밝힌 것과 유사하게, "주님을 경외하는 것"이 "지혜의 교훈"임을 명시하면서 15장을 마무리한다. 15,25–33에는 '주님(야훼יְהוָה)'이 네 번이나 집중적으로 언급되는데, 주님이 지혜의 근원임을 함축한다. 주님은 교만한 자와 악인들을 멀리하시고 당신밖에 의지할 데가 없는 과부를 보살펴 주시며 의인들의 기도를 들어주시는 분이기에, 아무리 뛰어난 지혜를 지녔다 하더라도 겸손하게 그분을 경외하는 자세가 바람직하다.

1) 16장은 10—15장과 달리 반의적 대구법을 덜 사용하는 가운데, 인간의 지혜에 한계가 있음을 지적하면서 주님의 주권을 강조한다.

2) 1–7절에는 주님 경구가 연속으로 나온다. 15,33과 16,9에 주님이 언급되기에, 15,33—16,9을 가장 길고 오래된 주님 경구로 보기도 한다. 사람이 계획하더라도 그 계획대로 실현될지는 주님께 달려있다는 것이

2 사람의 길이 제 눈에는 모두 결백해 보여도
영을 살피시는 분은 **주님**이시다.[3)]

3 네가 하는 일을 **주님**께 맡겨라.[4)]
계획하는 일이 이루어질 것이다.

다. 그렇다고 앞날을 계획할 필요가 없다는 것이 아니라, 계획은 치밀하게 세우되 주님께 미래를 내어맡기는 자세가 필요하다는 뜻이다. "혀의 대답"은 결정을 나타내므로, 심사숙고해서 세운 계획을 검토한 후에 내린 결정은 공동체의 최종 의향이자 주님의 이끄심으로 받아들여도 된다는 뜻이기도 하다. '마음'에 대해서는 2,2 주해 참조.

3) 사람의 자기 인식과 판단 능력은 주님과 비교할 때 한계가 있다는 점을 지적한다. 사람의 판단 능력은 성장해 온 배경과 습득한 지식으로 편향되고 이기적일 수밖에 없어 자신이 제대로 살아가고 있다고 합리화하기 쉽다. 따라서 다른 사람의 말에 귀 기울이지 않고 제 길이 바르다고 여기는 사람은 지혜로운 이가 아니라 미련한 자일 뿐이다(12,15; 14,12; 26,5). 자신을 지혜롭다고 생각하는 자체가 곧 교만이므로, 스스로 지혜롭다 여기지 말고 주님을 경외할 것을 촉구한다(3,7; 26,12). 21,2에서는 주님이 영이 아니라 마음을 살피신다고 이른다.

4) "맡겨라(골גֹּל)"는 본래 '굴려라'라는 뜻이다. 내가 움켜쥐고 있는 일을 주님께 공을 굴리듯이 넘겨 집착에서 벗어나야만 가장 알맞은 방식으로 계획을 마무리할 수 있다(잠언 3,6; 시편 90,17 참조). 다윗 임금이 성전을 지을 의사가 있음을 나탄 예언자에게 밝힌 그날 밤에 나탄이 주님의 예언을 받자 곧바로 마음을 접고 아들인 솔로몬 임금 때 성전을 건축했던 일이 그 예다(2사무 7장; 1열왕 6장 참조). 히에로니무스는, 우리의 길은 우리 자신의 노력이 아니라 주님의 도움과 자비로 바르게 되기에 주님께 우리의 길을 보이고 맡겨드려야 한다고 가르친다.

4 **주님**께서는 모든 것을 제 목적대로 만드셨으니
악인까지도 재앙의 날을 위하여 만드셨다.[5)]

5[6)] **주님**께서는 마음이 교만한 자를 역겨워하시니
그런 자는 결코 벌을 면하지 못한다.

6 자애와 진실로[7)] 죄가 덮이고

---

5) "목적(마안 מַעַן)"은 '반응, 응답'이라는 뜻이므로, 모든 생물이 반응을 할 수 있도록 창조되었다고 이해할 수 있다. 새는 하늘을 날 수 있도록 창조되었고, 물고기는 바다를 헤엄칠 수 있도록 창조되었다는 것이다. 그런 시각에서 보면 악인은 주님을 거스르기에 재앙을 피해갈 수 없으며, 악을 통제하시는 주님은 악인들을 이용해 선한 목적을 이루시는 분으로 제시된다(로마 8,28 참조). 그 예로 형들의 악의로 이집트에 종으로 팔려갔다가 재상이 되어 이스라엘 집안을 극심한 가난에서 구해낸 요셉을 들 수 있다(창세 37—50장).

6) 5-6절은 처벌을 받는 경우와 죄가 덮이는 경우를 대비시켜 제시함으로써, 각 구절에 함축되어 있는 의미를 보완한다. "마음이 교만한 자"는 주님이 주신 능력은 생각지 않고 모든 것을 자기 능력으로 해냈다고 생각하며 주님을 경외하지 않는 사람이다(신명 8,14-18 참조). 반면에 주님을 경외하는 사람은 악에서 멀어짐으로써 벌을 받지 않는다. 요한 크리소스토무스는 주님의 자비에서 멀어지게 하는 교만을 종기와 같다고 비유하며 제거하라고 이른다.

7) 죄를 덮는 "자애와 진실"이 사람의 행동을 가리키는지 주님의 행동을 가리키는지 분명하지 않다. 주님은 자애와 진실이 충만하신 분으로서(탈출 34,6; 시편 25,10; 40,11; 85,11; 86,15; 89,15 참조), 나라를 다스리는 임금에게 당신의 자애와 진실을 나누어 주신다(잠언 20,28; 시편 61,8 참

주님을 경외함으로 악이 멀어진다.[8)]

7 사람의 길이 **주님** 마음에 들면
원수들도 그와 화목하게 해주신다.[9)]

8 정의로 가진 적은 것이
불의로 얻은 많은 소득보다 낫다.[10)]

9 인간이 마음으로 앞길을 계획하여도

조). 그러기에 주님의 자애와 진실로 보면, 주님과 인간이 함께 협력하여 죄가 덮이고 악에서 멀어진다는 의미가 된다. 반면에 사람의 자애와 진실로 보면, 사람의 올곧은 행동으로 말미암아 벌을 면하게 된다는 의미가 된다(잠언 3,3; 14,22 참조). '자애와 진실'에 대해서는 3,3 주해 참조.

8) '주님을 경외함'에 대해서는 1,7 주해 참조.

9) 원수들과 화목하게 하는 방식은 명시되지 않는다. 주님이 함께하시는 모습을 보임으로써 평화 조약을 맺을 수도 있고(창세 26,26-32), 강대한 군사력으로 실력 행사를 한 이후에 화친을 맺을 수도 있고(2사무 10,12.19), 완전히 정복할 수도 있다(시편 110,1). 주님은 극단적 방식으로도 평화를 가져오실 수 있다(로마 5,1.10).

10) '…보다 낫다'는 경구는 잠언 16장에 네 차례 언급되는데(16.19.32절), 겉으로 보이는 현상보다는 그 안에 숨겨진 지향과 과정이 중요함을 대비시킨다. 소득이 많으면 좋겠지만 획득 과정이 합당한지 유념해야 하고(8절), 거만한 자들과 사귀면 부수입이 생기지만 그보다는 가난한 이들과 어울리는 것이 낫다(19절). 또한 외적 부귀영화와 성과보다는 자신의 분노와 마음을 다스리며 지혜와 예지를 얻는 것이 더 낫다(16.32절).

그의 발걸음을 이끄시는 분은 **주님**이시다.[11]

10 임금의 입술에는 신탁이[12] 있어
판결할 때에 그 입이 그르치지 않는다.[13]

---

11) 사람은 주어진 환경요인을 감안해서 앞날을 계획할 수는 있어도 그 과정과 결과는 주님께 맡겨져 있음을 지적한다(1절 참조). 주님은 우리 발이 흔들리지 않도록 지켜주시는 분이다(시편 66,9; 91,11-12; 121,3). 그렇지만 하루 사이에 무슨 일이 생겨날지 알 수 없으므로 주님 안에서 모든 일을 겸허하게 받아들이려는 자세가 필요하다(잠언 20,24; 27,1; 야고 4,13-16 참조).

12) "신탁(케셈 קֶסֶם)"은 이스라엘 사회에서 행해서는 안 되는 악한 짓으로 서술되는 "점쟁이, 점, 점괘" 등으로도 번역된다(신명 18,10; 1사무 6,2; 28,8; 2열왕 17,17; 이사 44,25 참조). 그런데 이 구절만 임금과 연관되어 옳고 그른 것을 분명히 판가름하는 신탁이라는 긍정적 의미로 제시되었다. 이스라엘에서 임금은 주님의 천사처럼 지혜로워 선과 악을 판별해 준다고 여겨졌기에(2사무 14,17.20), 그릇된 판결이 내려지지 않으리라는 기대감이 투영되었을 것이다. 그런 맥락에서 판결을 내리는 통치자의 환심을 사려는 이가 많지만, 사람의 권리를 세워주는 분은 주님이심을 분명히 밝히기도 한다(잠언 29,26). 임금이 신탁으로 판결했다면, 일반인들은 제비를 뽑았고, 사제는 우림과 툼밈을 판결 도구로 삼아 가슴받이 안에 넣고 다녔다(1,14; 16,33; 18,18 참조).

13) 10-15절은 주님을 언급한 11절을 제외하고는 임금에 관해서 다룬다. 고대 근동에서 신과 임금은 서로 밀접하게 관련되었다(잠언 24,21; 1열왕 21,10.13 참조). 임금은 주님의 대리인이기에 죄악을 저지르는 것을 역겨워하고 의로운 혀를 기뻐하는데, 이런 행위는 주님이 하시는 역할과 다르지 않다(잠언 3,32; 11,1.20; 12,22; 15,8-9.26; 16,5; 20,23 참조). 다윗의

11 올바른 저울과 저울판은 **주님**의 것이고
주머니 속의 저울추도 그분의 소관이다.[14)]

12[15)] 임금은 죄악을 저지르는 것을 역겨워하니
정의로 왕좌가 굳건해지기 때문이다.

13 임금은 의로운 혀를 기뻐하고
바른 것을 말하는 이를 사랑한다.

14 임금의 분노는 죽음의 사자지만

왕권은 바빌론 유배 이후 다시 회복되지 않았으므로 왕권과 법정을 다루는 내용(19,12; 20,2.8.26; 21,1 참조)은 유배 이전에 생겨나 전해진 것으로 보인다(퍼듀).

14) 이 구절은 임금 대신에 "주님"을 언급한다. 저울과 저울판과 저울추는 상거래에서 기본이 되는 도구여서 정확한 무게를 나타내도록 감독하고 관리할 책무가 통치자에게 부여되어 있었다. 그런데 경제 정의의 규범과 실천은 주님의 창조 질서에 속하기에 주님이 주관하신다고 역설함으로써, 임금의 권위도 주님의 뜻에 부합되는 범위 안에서 발휘된다고 그 한계를 설정한다(잠언 11,1; 신명 25,13-16; 집회 42,4.7 참조). '저울과 추'에 대해서는 잠언 11,1 주해 참조.

15) 12-13절은 임금이 역겨워하는 행위와 기뻐하는 행위를 다룬다. 이 두 행위는 모두 정의와 결부된다. 임금이 죄악을 저지르는 이를 역겨워하고(25,5), 의롭고 바른 것을 말하는 이를 기뻐하며, 가난한 이들을 진실하게 재판하는(29,14) 등 정의를 실천하면 왕좌가 길이 굳건해질 수 있다. 다윗과 솔로몬도 백성에게 공정과 정의를 실천하였다고 칭송된다(2사무 8,15; 1열왕 10,9; 1역대 18,14; 2역대 9,8; 이사 9,6 참조).

지혜로운 사람은 그것을 가라앉힌다.[16]

15 임금의 얼굴이 빛날 때 생명이 보장되고
그의 호의는 봄비를 내리는 구름과 같다.[17]

16 지혜를 얻는 것은 금보다 좋고
예지를 얻는 것은 은보다 낫다.[18]

---

16) 14–15절은 임금에게 생사여탈권이 있음을 다룬다. 임금이 분노하면 생명의 위협을 받는데, 지혜로운 사람은 임금의 분노도 가라앉힐 수 있다. '가라앉히다(키페르 כִּפֶּר)'는 6절의 '죄가 덮이고'와 같은 단어다. 임금의 성정과 기분을 살펴서 제때에 사려 깊게 이야기하기에 임금의 분노를 가라앉혀 호의를 입고 생명을 유지할 수 있다는 것이다(잠언 15,23.28; 16,22–23 참조). 코헬렛은, 임금은 원하는 것을 무엇이나 할 수 있기에 마음속으로라도 임금을 저주하지 말라고 권유한다(코헬 8,2–4; 10,20). 실례로, 다윗과 솔로몬 치세 때 임금을 거슬러 행동했던 이들은 일시적으로는 안위를 보장받을 수 있었지만 상황이 바뀌자 곧바로 죽음으로 내몰렸다(1열왕 2,24–46 참조).

17) 임금의 호의는 농경사회에 걸맞게 봄비를 내리는 구름이나 아침 이슬에 비유된다(잠언 19,12). 팔레스티나의 기후는 우기와 건기가 뚜렷하게 구분된다. 따라서 건기에 맺히는 아침 이슬과 봄비는 굳어있는 밭을 부드럽게 하고 초목의 생기를 돋우는 데 무척 중요하여 사람들에게 생명을 선사하는 임금의 호의를 나타내는 비유로 사용되었다. 임금의 호의는 사람들의 생명을 보장해 주고 풍요로운 농작물을 거둘 수 있는 기반이 되어 삶을 윤택하게 해주는 역할을 했다.

18) 지혜가 귀금속보다 더 좋다는 사실이 자주 반복된다(3,14–15; 8,10–11). 귀금속에 비유되는 지혜에 관해서는 2,4 주해 참조. 장님 디디

17 올곧은 이들의 길은 악을 피하는 것이니[19]
제 갈 길을 지키는 이는 목숨을 보존한다.

18 파멸에 앞서 교만이 있고
멸망에 앞서 오만한 정신이 있다.[20]

19 가난한 이들과 겸허하게 지내는 것이
거만한 자들과 노획물을 나누는 것보다 낫다.[21]

무스는 지혜 자체가 그리스도라고 밝힌다.

19) 이 구절은 잠언에서 가장 중앙에 위치해 있다. 이를 바탕으로 중세 유다교 학자들은 올곧은 이들은 악을 피하는 인생길을 걸음으로써 목숨을 보존한다는 핵심 사상을 전달한다고 본다. 지혜가 무엇보다도 소중하다는 사실을 일깨우는 16절과 연관시키면, 귀금속보다 더 귀한 지혜가 곧 생명의 샘이자 나무라는 사실을 나타낸다. 15,19에는 올곧은 이들의 앞길이 잘 닦여있다고 서술하는데, 이 구절에서는 그 이유를 온갖 문제를 일으키는 악을 피하기 때문이라고 제시한다.

20) 이 구절에서는 오만이 가져오는 멸망을 동의적 대구로 다루는데, 다른 구절에서는 겸손이 가져오는 영광과 대비시키는 반의적 대구로 제시한다(18,12). 교만한 사람은 임금만이 아니라 주님 앞에서도 제 대우를 받지 못하므로, 잘난 체하지 말고 낮은 자리에 서있어야 한다(3,34; 15,25; 25,6-7 참조). 최초의 철학자로 통용되는 헤라클레이토스도 오만은 큰 화재보다도 신속하게 꺼야 한다고 이를 정도로 그 위험성을 지적한다(『단편집』 43).

21) "노획물"은 전쟁이라는 맥락에서 자주 사용된다(탈출 15,9; 민수 14,3; 신명 3,7 참조). 전쟁에서 패배한 측의 사람과 짐승과 재산을 차지하여 노획물로 나누는 이들은 상대방이 강하면 견제하고 약하면 공격해

20 말씀에[22] 유의하는 이는 좋은 것을 얻고
주님을 신뢰하는 이는 행복해진다.

21 마음이 지혜로운 이는 슬기로운 이라 불리고
부드러운 혀는 말솜씨를 더해준다.[23]

22 식견은 그것을 지닌 이에게 생명의 샘이 되지만
미련한 자들의 교훈은 미련할 뿐이다.[24]

23 지혜로운 마음은[25] 입을 사려 깊게 하고
입술에 말솜씨를 더해준다.

서 무너뜨리는 힘의 논리로 움직인다. 따라서 나눌 것은 없어도 마음으로 생각해 주는 가난한 이들과 맺는 관계와는 근본적으로 다를 수밖에 없다. '부자와 가난한 이들'에 대해서는 잠언 14,21 주해 참조.

22) "말씀(다바르דָּבָר)"은 현인들이나 주님의 가르침일 수도 있고, '사건'이라는 뜻으로 볼 수도 있다. 현인들이나 주님의 말씀에 유의하며 우리의 일상사에서 벌어지는 사건을 신중하게 대하다 보면 좋은 결실을 맺을 수 있다는 가르침이다.

23) 이 절과 23절은 "지혜로운", "마음", "말솜씨", "더해준다" 등 공통 어휘가 많아 다루는 내용도 유사하다. '말솜씨(레카לֶקַח)'는 본래 '가르침, 배움'이라는 뜻이므로, 마음이 지혜로우면 더 효율적으로 가르치거나 배울 수 있게 된다는 점을 짚는다. "부드러운 혀"는 직역하면 '달콤한 혀'로, 귀에 쏙 들어와 생기를 주는 가르침을 말한다(16,24 참조).

24) '식견'에 대해서는 12,8 주해, '미련한 자들'에 대해서는 1,7 주해 참조.

25) '마음'에 대해서는 2,2 주해 참조.

24 상냥한 말은 꿀송이[26)]
목에 달콤하고 몸에 생기를 준다.

25 사람에게는 바른길로 보여도
끝내는 죽음에 이르는 길이 있다.[27)]

26 일꾼을 일하게 하는 것은 배고픔
입이 일하라고 그를 몰아세운다.[28)]

27[29)] 쓸모없는 사람은 재앙을 엮어내고
그의 입술은 거센 불길과 같다.

28 사악한 사람은 싸움을 일으키고

---

26) '말'에 대해서는 10,18 주해 참조. 대 바실리우스는 세상 이야기를 들으면 쓴맛을 느끼고 거룩한 사람들의 말은 꿀송이처럼 느껴져야 한다면서, 잡담을 삼가되 구원하는 성경 말씀에 귀를 기울일 줄 알아야 한다고 촉구한다.

27) 14,12 주해 참조.

28) 일하는 동기가 "배고픔"이라는 사실을 명시한다. 녹색혁명이 일어나기 이전에는 가난과 굶주림으로 바싹 야윈 채 나무뿌리를 캐 먹으며 연명하거나 굶주려 죽는 이들이 많았다(1마카 13,49; 욥 30,3-4; 예레 11,22; 14,16; 38,9; 루카 15,17 참조). 그런 상황에서 일자리는 생존과 직결되었다. 코헬렛도 인간의 온갖 노고가 제 입을 위한 것임을 명시한다(코헬 6,7).

29) 27-30절은 공동체에 부정적인 영향을 미치는 여러 부류의 사람을 열거한다.

중상꾼은 친구들을 갈라놓는다.[30)]

29 포악한 사람은 제 이웃을 꾀어
좋지 않은 길을 걷게 한다.

30 눈짓하는 자는 사악한 짓을 꾸미는 사람이고
입술을 굳게 다무는 자는 악한 짓을 끝낸 사람이다.

31 백발은 영광의 면류관
의로운 길에서 얻어진다.[31)]

32 분노에[32)] 더딘 이는 용사보다 낫고
자신을 다스리는 이는 성을 정복한 자보다 낫다.[33)]

33 제비는 옷 폭에 던져지지만
결정은 온전히 **주님**에게서만 온다.[34)]

---

30) '친구'에 대해서는 잠언 14,20 주해 참조.

31) 고대 세계에서는 세상을 살아온 경험이 많은 노인일수록 남다른 통찰력과 지혜를 간직했다고 여겼다. 그래서 고대 근동에서 "백발"은 지혜의 상징으로 간주되었고(욥 12,12; 지혜 4,9 참조), 지혜로운 사람만이 장수의 축복을 누린다고 생각되었다(잠언 3,16; 4,10).

32) '화'에 대해서는 14,17 주해 참조.

33) 겉으로 드러나는 외적인 성과보다 내면의 충동을 다스리는 힘을 높이 평가한다(14,29; 15,18). 『선조들의 어록』에서도 자기 본성을 누르는 자가 용맹하다고 가르친다(4,1).

34) 결정을 내리기 위해 "제비"와 같은 도구를 사용할 수도 있지만

17 1 편안하게 먹는 마른 빵 한 조각이
불화 섞인 잔치 음식으로 가득한 집보다 낫다.[1)]

2 사려 깊은 종은 주인의 수치스러운 아들을 다스리고
그 형제들 사이에서 유산을 나누어 받는다.[2)]

3 은에는 도가니, 금에는 용광로

(판관 20,9; 1사무 14,42; 시편 22,19; 마태 27,35 참조), 인간의 방식을 뛰어넘는 최종 결정은 주님께 달려있음을 강조한다(잠언 16,1.9 참조). 이스라엘의 사제들은 제비의 일종으로 우림과 툼밈을 가슴받이 안에 가지고 다니면서 판결을 신속하게 내렸다(탈출 28,30; 레위 8,8; 민수 27,21; 신명 33,8; 1사무 28,6; 에즈 2,63; 느헤 7,65; 집회 45,10 참조).

1) 부유함과 대인관계의 가치를 상대화시킨다. 잔치를 벌이더라도 불화와 반목이 뒤따른다면, 소스 없이 마른 빵을 혼자 먹는 편이 낫다는 것이다. 잠언 15,17에서도 '사랑 어린 푸성귀 음식이 미움 섞인 살진 황소 고기보다 낫다'고 한다. '…보다 낫다'에 대해서는 3,14 주해 참조.

2) 집안의 종이 유산을 나누어 받는 규정은 성경에서 찾아볼 수 없다. 자식이 없어서 종이 상속받게 될 것이라고 하소연하기는 하지만(창세 15,2-3 참조), 그런 경우에도 종을 양자로 받아들인 뒤 상속했을 것이다. 종이 주인의 아들을 다스리고 유산을 나누어 받는 경우는 흔한 일이 아니지만(잠언 19,10; 30,21-23 참조), 여기에서는 출신이나 혈연보다는 능력을 높이 평가한다. 이와 유사한 예로 이집트에 종으로 팔려갔다가 파라오의 꿈을 풀이해 이집트의 통치자가 되어 형제들을 다스리고 아버지 야곱의 축복을 나누어 받았던 요셉을 들 수 있다(창세 37—50장). '유산 상속법'에 대해서는 잠언 13,22 주해 참조.

그러나 마음을 시험하시는 분은 **주님**이시다.[3)]

4 악행을 하는 자는 해로운 입술에 주의를 기울이고
거짓말하는 자는 악독한 혀에 귀를 기울인다.[4)]

5 가난한 이를 비웃는 자는 그를 지으신 분을 모욕하는 자
남의 불행을[5)] 즐기는 자는 벌을 면하지 못한다.[6)]

6 손자들은 노인의 화관이고
아버지는 아들들의 영광이다.[7)]

---

3) 금이나 은 같은 귀금속도 도가니와 용광로에서 정제되고 제련되는 과정을 거치듯이, 사람의 마음도 주님의 시험을 통해 정화되고 단련됨을 말한다. 금과 은의 제련에 대해서는 27,21에서도 언급되는데, 사람은 그가 받는 칭찬으로 가려진다고 함으로써 주님과 연결시키지는 않는다. "도가니"는 주님의 말씀이 순수하다거나(시편 12,7), 사람이 비천과 시련을 통해 단련된다고 서술할 때에 거론된다(집회 2,5; 이사 48,10). '마음'에 대해서는 잠언 2,2 주해 참조.

4) 사람은 누구와 어울리고 어디에 관심을 갖느냐에 따라서 평가된다. 악행하고 거짓말하는 자들이 해롭고 악독한 말을 흘려듣거나 차단하지 않고 귀를 기울이는 태도는 그들의 마음이 악한 쪽으로 정향되어 있음을 나타낸다(시편 52,2–5 참조).

5) "남의 불행"은 가난해서 생겨나는 불행만이 아니라 모든 형태의 재난을 포괄한다. 재력이 있다 하여 가난한 이를 비웃는 태도도 문제지만, 내가 불행을 당하지 않았다고 해서 강 건너 불구경하듯 한다면 그 불행이 발등의 불로 변할 수 있음을 경고한다(잠언 1,26–27 참조).

6) '부자와 가난한 이'에 대해서는 14,21 주해 참조.

7 어리석은 자에게는 빼어난 말이 어울리지 않고
고귀한 이에게는 거짓된 말이 더욱 어울리지 않는다.[8)]

8 뇌물을 주는 자의 눈에는 그것이 요술 보석 같아
그가 몸을 돌리는 곳마다 안 되는 일이 없다.[9)]

9 잘못을 덮어주는 이는 사랑을 키우고
그 일을 거듭 말하는 자는 친구를 멀어지게 한다.[10)]

---

7) 아들들이 아버지를 영광스럽게 여기고, 노인들이 손자들을 화관으로 기쁘게 받아들일 때 삼 대가 어우러진 화목한 대가족을 이룰 수 있다(집회 3,1-16 참조). 반면에 자식이 우둔할 때에는 집안에 기쁨이 없고 근심이 끊이질 않는다(잠언 17,21.25).

8) 말에는 그 말을 하는 사람의 신분과 품위가 반영되어 있음을 지적한다. 말은 마음에 담긴 생각을 드러내는 도구이자(6,14; 12,20), 공동체를 선하거나 악하게 만드는 수단이다. '어수룩한 자들과 어리석은 자들'에 대해서는 1,4 주해, '말'에 대해서는 10,18 주해 참조.

9) '선물과 뇌물'에 대해서는 6,35 주해 참조.

10) 무엇을 덮어주거나 널리 퍼뜨리는 행위가 옳은지 그른지는 그 동기와 결과와 구체적인 상황에 따라 달라진다. 잘잘못을 분명히 하는 것은 정의를 세우는 데 필요한 일이지만, 다른 사람의 잘못을 덮어주고 허물을 감싸주는 행동은 사랑을 키우고 인격을 수양하는 데 영향을 미친다(잠언 10,12; 11,13; 19,11; 1코린 13,7). 그리고 다른 사람이 아니라 자신에게 가해지는 모욕을 미움으로 키우지 않고 덮어둘 수 있는 이는 영리하지만(잠언 12,16), 미워하게 되면 감추거나 내뱉거나 부정적인 평가를 받을 수밖에 없다(10,18). 험담하거나 중상하거나 불쾌함을 바로 드러내는 행위는 미련한 자요 우둔한 자다(10,18; 11,13; 12,16). 대 그레고리우스

10 우둔한 자를 백 번 때리는 것보다
슬기로운 이를 한 번 꾸짖는 것이 더 효과가 있다.[11)]

11[12)] 악인은 반란만을[13)] 꾀하다가

는 진정으로 강한 사람은 다른 사람들이 잘못했을 때 담대한 마음으로 참아낼 수 있다고 이른다.

11) "우둔한 자"는 수없이 꾸짖어 보아야 아무 소용이 없다. 그들은 꾸지람을 들으려 하지 않아 우둔함에서 벗어나지 못하기에(13,1; 15,10.12.31-32 참조), 고통스러운 훈육 과정을 거칠 수밖에 없다는 것이 고대의 교육관이었다(15,10 참조). 그렇지만 매질하는 횟수는 마흔 대를 넘길 수 없도록 규정되어 있었으므로(신명 25,3; 2코린 11,24 참조), 백 번이라는 횟수는 과장된 것으로 볼 수 있지만 그만큼 우둔하다는 점을 부각하는 역할을 한다.

12) 11-15절은 갈등을 일으키는 상황을 연이어 제시한다. 반란을 꾀하는 악인과 미련함을 고집하는 바보, 선을 악으로 갚는 자와 악인을 무죄라고 하거나 의인을 유죄라고 하는 자가 모두 싸움을 일으키는 다양한 원인으로 열거된다.

13) "반란(머리 מְרִי)"은 우리말 성경에서 '거역, 반항'으로도 번역되어 하느님께 도전하는 행위를 일관되게 나타낸다(이사 30,9; 에제 2,8; 44,6 참조). 죄는 단순히 도덕적 타락에 그치는 것이 아니라 하느님께 맞서는 거역 행위와 같다. "거역하는 것은 점치는 죄와 같고 고집을 부리는 것은 우상을 섬기는 것과 같습니다"(1사무 15,23). 하느님께 맞서다가 '거역하는 백성, 반항의 집안'이라는 낙인이 찍힌 이스라엘이 결국 멸망의 길을 걸을 수밖에 없었던 역사를 떠올리게 한다. 죽음의 사자가 임금의 분노를 표상하듯이(잠언 16,14), "잔인한 사신의 방문"은 하느님의 진노를 나타낸다.

잔인한 사신의 방문을 받는다.

12 새끼 잃은 암곰과 마주칠지언정
미련함을 고집하는 바보는 만나지 마라.[14)]

13 선을 악으로 갚는 자
그의 집에서는 악이 떠나가지 않는다.[15)]

---

14) 암곰의 포악성은 두 마리가 아이들 마흔두 명을 찢어 죽였다는 엘리사의 일화로 잘 알려져 있다(2열왕 2,23-24). 하물며 "새끼 잃은 암곰"은 좌충우돌하며 무서운 모습을 보이기에 다윗 부하들의 용맹성이나 주님의 심판을 나타내는 비유로 사용되기도 하였다(2사무 17,8; 호세 13,7-8 참조). 주님의 심판과 관련된다면, 11절의 '잔인한 사신'을 새끼 잃은 암곰으로 비유했을 법하다. 이를 바탕으로 "미련함을 고집하는 바보"가 야기하는 피해는 눈에 잘 띄지 않아 크게 위험해 보이지 않을지라도, 누적되면 새끼 잃은 암곰보다도 더 위험함을 과장해서 서술한다. 바보들이 파급시키는 위험성은 여러 차례 지적된다(잠언 1,32; 10,1; 13,20; 17,21; 18,6-7; 26,6 참조).

15) 고대사회에서는 동태복수법이 통용되었다. 상해 규정으로 "목숨은 목숨으로 갚아야 하고, 눈은 눈으로, 이는 이로, 손은 손으로, 발은 발로, 화상은 화상으로, 상처는 상처로, 멍은 멍으로 갚아야 한다"(탈출 21,23-25)라고 구체적으로 명시한다. 한편 복수만이 아니라 은혜를 입었으면 그에 상응하는 보답을 하는 것이 자연스러운 관습법으로 뿌리내렸다. "나를 사랑하는 이들을 나는 사랑해 주고 나를 찾는 이들을 나는 만나준다"(잠언 8,17). 예수님은 여기서 한 걸음 더 나아가 자기를 사랑하는 이들만 사랑한다면 무슨 상을 받겠느냐고 가르치신다(마태 5,46).

그런데 상식과 달리 "선을 악으로 갚는 자"가 생겨나 사회질서를 교

14 싸움의 시작은 물꼬를 트는 것
다툼이 일어나기 전에 그만두어라.[16)]

15 악인을 무죄라 하는 자, 의인을 유죄라 하는 자
주님께서는 둘 다 역겨워하신다.[17)]

16 지혜를 산다 해도 깨달음이 없으니
우둔한 자의 손에 돈이 있다 한들 무엇하랴?[18)]

란하고 무너뜨리는 일이 벌어지면 하느님께 하소연할 수밖에 없다. "그들은 제게 선을 악으로, 제 사랑을 미움으로 갚습니다"(시편 109,5). "선을 악으로 갚아도 됩니까?"(예레 18,20) 한편 선을 악으로 갚는 사람의 집에는 인과응보에 따라 악이 되돌아올 수밖에 없고, 거기에 되갚는 일이 끊이지 않아 집안에서 악이 떠나갈 새가 없다. 바오로 사도는 아무에게도 악을 악으로 갚지 말고, 모든 사람에게 좋은 일을 해줄 뜻을 품으라고 권유한다(로마 12,17). 이 가르침을 실천한 대표적인 인물로 악행을 저지른 형들을 용서한 요셉을 들 수 있다. "형님들은 나에게 악을 꾸몄지만, 하느님께서는 그것을 선으로 바꾸셨습니다"(창세 50,20).

16) 둑에 구멍이 나면 걷잡을 수 없이 무너지듯이, 사소한 일로 다툼이 벌어지면 감정싸움으로 번져 일이 커지게 되는 현실을 지적한다.

17) 13절에서 선과 악이 뒤집히는 현상을 개괄적으로 말했다면, 15절에서는 법정이라는 특정 장소에서 일어나는 불의한 판결에 대해 다룬다. 재판할 때에 옳은 이에게는 무죄를 선언하고 그른 자에게는 유죄를 선언해야 한다(신명 25,1). 그런데 현실에서는 재판관이 거짓 고소를 분별하지 못하거나 뇌물이나 권력층의 사주로 선악이 뒤집히고 있음을 비판한다(잠언 18,5; 탈출 23,6-8; 이사 5,23 참조).

18) "지혜를 산다"라는 표현은 현인들에게 수업료를 내고 지혜를 배

17[19] 친구란 언제나 사랑해 주는 사람이고
형제란 어려울 때 도우려고 태어난 사람이다.

18 담보를 서주는 자,
이웃의 보증을 서는 자는 지각없는 사람이다.[20]

19 싸움을 사랑하는 자는 죄악을 사랑하는 사람이고
자기 대문을 높이는 자는 파멸을 찾는 사람이다.[21]

운다는 뜻이다. 헬레니즘 시대의 벤 시라 이전에 그런 관행이 있었는지는 입증되지 않는다. 벤 시라는 "많은 양의 은으로 가르침을 얻어라. 그리고 그것으로 많은 금을 차지하여라"(집회 51,28)라고 하면서, 배움에 대한 갈망이 있는 사람들을 자신의 학교로 초대한다. 그렇지만 수업료를 지불했다고 하더라도 목에 지혜의 멍에를 씌우는 지속적인 노력이 따르지 않는 한 지혜를 획득할 수 없다는 사실을 분명히 한다(51,25-26). 우둔한 자는 깨달음이 없어서 지혜의 결실을 맺지 못한다.

19) 17-18절은 '친구'와 '이웃'을 뜻하는 히브리어(레아 רֵעַ)를 연달아 제시함으로써 사회적 관계를 맺는 기본 통찰을 전해준다. 친구란 순탄할 때나 역경에 처할 때나 한결같이 사랑을 나누는 형제와 같은 존재임을 일깨우면서도 담보를 서거나 보증을 설 정도는 아니라고 한계를 설정한다. '친구'에 대해서는 잠언 14,20 주해 참조.

20) '보증과 담보'에 대해서는 6,1 주해 참조.

21) 이 구절은 이해하기 어렵다. "싸움"과 "죄악"이 바로 연결되는 것은 아니지만, 마음속으로 악을 꾀하는 이들이 싸움을 일으키는 것만은 분명하다(잠언 6,14; 16,28; 시편 140,3). 그 외에 싸움이 일어나는 원인으로는 미움(잠언 10,12)과 오만(13,10), 성을 잘 내는 사람(15,18; 29,22)과 욕심 많은 자(28,25) 등이 손꼽힌다. "대문을 높이는" 행위는 건축구조상 문

20 마음이 빗나간 자는 행복을 얻을 수 없고
혀가 비틀린 자는 불행 속에 빠진다.[22)]

21 우둔한 자를 낳은 이에게는 근심뿐이고
어리석은 자의 아버지에게는 기쁨이 없다.[23)]

22 즐거운 마음은 건강을 좋게 하고
기가 꺾인 정신은 뼈를 말린다.

23 악인은 품속에 감춘 뇌물을 받고
올바른 길을 그르친다.[24)]

24 슬기로운 이는 제 앞에 지혜를 두고 살지만
우둔한 자의 눈은 땅끝에 가있다.[25)]

간을 높이거나 자존심을 내세움으로써 사람들이 걸려 넘어지게 한다는 비판으로 보인다.

22) '마음'과 '혀'는 대구로 자주 등장한다(10,20; 16,1.21). "마음이 빗나간 자"는 "혀가 비틀린 자"와 동일시되어 주님이 역겨워하신다(11,20). 이는 주님의 길을 깨닫지 못해 사십 년 동안 광야에서 떠돈 이스라엘 백성을 가리킬 때에도 사용된다(시편 95,10). '마음'에 대해서는 잠언 2,2 주해 참조.

23) 우둔한 자의 부모는 근심과 상심에 사로잡힌다는 내용은 25절에도 나온다. '우둔한 자'에 대해서는 1,22 주해, '어수룩한 자들과 어리석은 자들'에 대해서는 1,4 주해 참조.

24) "품속에 감춘 뇌물"은 정의를 뒤집는 데 영향을 주는 뇌물이 비밀리에 건네짐을 나타낸다. '선물과 뇌물'에 대해서는 6,35 주해 참조.

25 우둔한 자식은 아버지의 상심거리고
어머니에게 비탄거리다.

26 의인을 처벌하는 것은 결코 좋지 않고
고귀한 이를 때리는 것은 옳지 않다.[26)]

27[27)] 말을 삼가는 이는 지식을 갖춘 사람이고
정신이 냉철한 이는 슬기를 지닌 사람이다.

28 미련한 자도 잠잠하면 지혜로워 보이고
입술을 닫고 있으면 슬기로워 보인다.

18

1[1)] 외톨이는 제 욕심만 채우려 하고
충고하기만 하면 화를 낸다.

---

25) "슬기로운 이"는 지혜를 터득하겠다는 목표 의식이 분명하기에 지혜를 눈앞에 두고 살지만, "우둔한 자"는 목표 의식이 흐릿해 시선도 저 멀리 땅끝에 가있어 주의력이 산만하고 막연하다. 슬기를 손가락에 묶고 그 멍에를 메는 노력을 기울임으로써 가르침을 받아들이려는 적극적인 자세가 요청된다(잠언 7,1-4; 집회 51,26 참조).

26) 23절과 연관해서, 올바른 판결이 내려지지 않을 때, 의인과 고귀한 이도 처벌을 받는 불의한 사태가 벌어진다는 사실을 지적한다.

27) 27-28절은 지혜로운 이와 미련한 자가 보이는 침묵에 대해서 다룬다. 말을 삼가거나 침묵을 지키는 행동은 그 사람이 누구든 지혜로워 보이게 한다. 욥도 상선벌악의 논리를 펼치는 친구들에게 섣부른 위로보다는 차라리 침묵하는 것이 지혜로운 처사라고 항변한다(욥 13,5).

1) 1-2절은 제 욕심과 생각에 사로잡혀 지혜를 받아들이기를 거부

2 우둔한 자는[2] 슬기를 좋아하지 않고
제 생각을 내세우기만 좋아한다.

3 악인이 오면 멸시도 오고
수치와 함께 치욕도 온다.[3]

4 사람 입에서 나오는 말은 깊은 물이고
지혜의 원천은 쏟아져 흐르는 시냇물이다.[4]

하는 사람들을 다룬다. "외톨이(니프랏 נִפְרָד)"는 내적으로나 외적으로 단절된 사람을 가리킨다. 다른 사람은 고려하지 않고 제 욕심을 채우는 데 급급하기에 공동체에서 소외될 수밖에 없다. 그로 말미암아 사람들과 어울려야만 습득할 수 있는 가치관을 받아들이지 않는 성향을 보인다. 사람살이에 필요한 지혜를 일러주어도 받아들이지 않고 배척하기만 한다. "우둔한 자"도 제 생각을 내세우기만 하지 다른 사람들이 전해주는 슬기는 받아들이려 하지 않는다는 점에서 외톨이와 비슷한 양상을 보인다.

2) '우둔한 자'에 대해서는 잠언 1,22 주해 참조.

3) '…이 오면 …도 온다'는 형식은 두 짝이 긴밀하게 연결되어 있음을 보여준다(11,2 참조). 1-2절과 연관해서 이해하면, 악인은 제 욕심과 생각만 내세우기에 존중을 받을 수 없다. 나아가 의미상 대동소이한 "멸시"와 "수치"와 "치욕"을 연달아 나열함으로써 더없이 무시당한다는 점을 부각한다. 교부들은 죄를 가볍게 생각해 익숙해지거나 악의 마수에 빠져 용서를 거부하는 일이 없도록, 살아있는 동안 매일 참회하면서 우리의 이성이 무뎌지지 않고 마음이 깨어있어야 한다고 가르친다(다마스쿠스의 요한, 아를의 카이사리우스, 루스페의 풀겐티우스, 요한 크리소스토무스).

4) 4-8절은 말과 관련된 경구다. 4절에서는 '물'이라는 표상을 통해

5 재판에서 의인을 억누르려고
악인을 두둔하는 것은 좋지 않다.[5)]

6[6)] 우둔한 자의 입술은 싸움을 일으키고
그의 입은 주먹질을 부른다.

7 우둔한 자의 입은 그를 파멸시키고
입술은 그를 옭아맨다.

말에 담긴 특성을 대구로 펼쳐나간다. “깊은 물”은 사람의 말에 담긴 심오한 사상이나 내면의 깊이를 반영한다(20,5; 21,1; 25,3). 또한 “쏟아져 흐르는 시냇물”로 묘사되는 “지혜의 원천”은 선행구에 제시된 “사람 입에서 나오는 말”과 동일시된다. 깊이 있는 말에는 지혜가 담겨있다는 통찰이다. 벤 시라 또한 현인의 지혜를 바다와 심연, 강에서 끌어낸 운하와 정원으로 이어지는 물길 등으로 표현한다(집회 24,29–30). 신약성경에서 예수님은 당신을 물로 표상하여 목마른 사람은 당신에게로 와서 마시라고 초대하면서, 믿는 사람은 “그 속에서부터 생수의 강들이 흘러나올 것이다”(요한 7,37–38)라고 선포하신다.

5) ‘두둔하다(서엣 퍼네 שְׂאֵת פְּנֵי)’는 직역하면 ‘얼굴을 들어 올리다’이다. 이렇듯 얼굴을 들어 올리는 행동은 그에게 잘못이 없음을 나타낸다. 마음속으로 누가 옳고 그른지 알아차린 상태에서 악인에게 무죄판결을 내리는 것은 비판받아 마땅하다. 재판에서 정의가 뒤집히게 된 이유는 명시되어 있지 않지만, 사람을 차별대우하지 않고 정의를 바로 세우시는 주님의 눈에는 좋아 보이지 않는다(신명 10,17; 집회 35,15; 로마 2,11 참조).

6) 6–7절은 ‘입술–입–입–입술’ 식의 교차대구법을 사용하여, 우둔한 자가 말로 갈등을 불러일으켜 파멸을 초래함을 지적한다. ‘우둔한 자’에 대해서는 잠언 1,22 주해 참조.

8 중상꾼의 말은 맛난 음식과 같아
배 속 깊은 곳까지 내려간다.[7]

9 제 일을 게을리하는 자는
파괴자의 형제다.[8]

10[9] **주님**의 이름은 견고한 성탑
의인은 그곳으로 달려가 안전하게 된다.

11 부유한 자는 재산이 견고한 성읍이 되고

---

7) 말이 미치는 영향력을 다루는데, 26,22에 똑같은 표현이 반복된다. 앞에서는 자기 말로써 자기를 파멸시키는 결과를 초래했다면, 이 절에서는 다른 사람의 말에 휘둘려 큰 영향을 받는다는 점을 지적한다.

8) "파괴자(마쉬힛 מַשְׁחִית)"를 뜻하는 단어가 부모를 언급하는 맥락에서는 "살인자"(28,24)로 제시되는 것으로 보아, 사물이나 생명체에 깃들어 있는 고유성을 빼앗는 행동을 하는 사람을 가리키는 것으로 보인다. '게으름뱅이'에 대해서는 6,6 주해 참조.

9) 10-11절은 "견고한(오즈 עֹז)"과 '안전한, 높은(사갑 שָׂגַב)'을 뜻하는 두 단어를 공유함으로써, 주님의 이름과 재산 가운데 어느 쪽이 안전한지를 대비시키고 있다. 성이 포위공격을 당하면 가난한 자는 가진 것이 없어 굶어 죽기 쉽지만(10,15), 부자는 비상식량과 피난처가 있기에 살아남을 수 있었던 역사적 체험이 반영되었을 것이다(2열왕 6,24-31 참조). 성벽은 높을수록 적들이 쉽게 무너뜨릴 수 없기에 더 안전하게 여겨졌다. 재산으로 일시적인 안전은 보장받을 수 있지만, 참된 안전은 주님을 믿는 데서 비롯된다는 예언자들의 가르침과 일맥상통한다(시편 62,8-9; 이사 9,7-20; 30,1-7.15-17 참조).

높은 성벽이 되리라 생각한다.[10)]

12 파멸에 앞서 마음의 오만이 있고
영광에 앞서 겸손이 있다.[11)]

13 다 듣기도 전에 대답하는 것은
미련함이고 수치이다.[12)]

14 사람의 정신은 제 병을 참아내지만
기가 꺾인 정신은 누가 견디어 내랴?[13)]

---

10) 비슷한 내용이 잠언 10,15에 반의적 대구법으로 언급된다. '재산'에 대해서는 8,18 주해 참조.

11) 15,33과 16,18에 이미 제시된 내용을 한데 모은 경구다. 오만한 이는 개선의 여지가 없으므로 파멸로 귀결되는 행동과 태도를 바꿀 수 없지만, 겸손한 이는 자신을 끊임없이 개선해 나가기에 영광스러운 결실을 맺을 수 있다(11,2; 29,23 참조).

12) 현인은 말을 할 때와 침묵할 때를 정확히 아는 사람이다(집회 20,6). 충분히 숙고한 다음에 이야기하므로 상대방의 말을 다 듣기도 전에 지레짐작으로 대답하는 어리석은 행동을 하지 않는다. 벤 시라도 "듣기 전에 대답하지 말고 남이 말하는 도중에 끼어들지 마라"(11,8) 하고 권유한다. 유다교 문헌에서도 현인들은 말 중간에 끼어들지 않으며 급하게 대답하지 않는 특성이 있음을 지적한다(『선조들의 어록』 5,7).

13) 정신이 신체에 영향을 미친다는 통찰이 깃들어 있다. 영에 해당하는 "정신(루아흐 רוּחַ)"이 강인하면 끝까지 병마와 싸우는 투지를 발휘하지만, 기가 꺾이면 이길 수 없음을 지적한다. 욥도 자신의 영이 산산이 부서져 수명이 다해가니 남은 것은 무덤뿐이라고 한탄한다(욥 17,1). 내

15 슬기로운 마음은 지식을 구하고
지혜로운 이들의 귀는 예지를 찾는다.[14)]

16 선물은[15)] 길을 넓혀주고
높은 사람들 앞으로 이끌어 준다.

17 소송에서 먼저 말하는 자가[16)] 옳아 보여도

적 인간을 가리키는 '마음'도 즐거우면 건강해져 얼굴이 밝아지지만, 괴로우면 기가 꺾이고 뼈를 마르게 하는 등 정신과 비슷하게 작용한다(잠언 15,13; 17,22).

14) "마음"과 "귀"를 대구로 사용하여 지식을 구하고 예지를 찾는 지혜로운 이들의 삶을 조명한다. 귀로 들어서 지혜를 습득하였기에(4,20; 20,12; 25,12), 가장 지혜로운 임금으로 알려진 솔로몬은 선과 악을 분별하는 지혜를 습득하기 위해서 '듣는 마음'을 달라고 청한다(1열왕 3,9). 아시리아와 바빌로니아 언어에서 지혜를 가리키는 용어가 '귀'를 뜻한다는 점도 이를 뒷받침한다. 바룩서에서도 '올바른 마음'과 '들을 귀'는 하느님을 아는 데 꼭 필요한 요소로 거론된다(바룩 2,31–32 참조). 이런 지혜 전승의 맥락에서 예수님도 하느님 나라에 들어가는 데 필요한 가르침 끝에 "들을 귀 있는 사람은 들어라"(마르 4,9; 루카 8,8; 14,35) 하고 주의를 환기시키신다.

지식을 찾고 구하는 슬기로운 마음을 이야기하는 구절 바로 앞에 정신과 마음이 신체에 영향을 미친다는 구절을 배치하는 방식은 잠언 15,13–14에서도 발견된다. 병을 이겨내고 밝게 살아가는 비법의 하나로 지식 추구를 제시하는 듯하다.

15) '선물과 뇌물'에 대해서는 6,35 주해 참조.

16) 교부들은 "소송"이라는 문맥과는 무관하게 "먼저 말하는 자"에

상대편이 와서 그에게 따질 때까지만이다.[17)]

18[18)] 제비가 분쟁을 끝내고
세도가들 사이를 판가름한다.

19 배반당한 형제는[19)] 견고한 성읍보다 더하고

초점을 맞추어, 불의한 자는 자신을 변명하고 수다를 떨어 자신의 잘못을 감추지만, 의인들은 남들이 고발하기에 앞서 죄를 고백한다고 한다(암브로시우스, 대 그레고리우스, 밀라노의 파울리누스, 대 바실리우스, 요한 크리소스토무스). 이어 성경의 인물을 예로 들어, 카인은 땅에 떨어진 피가 고발한 뒤에야 죄를 고백했기에 아무것도 얻지 못했지만(요한 크리소스토무스), 다윗과 베드로와 바오로는 자신이 지은 잘못을 곧바로 고백했기에 용서받을 수 있었다고 가르친다(오리게네스, 요한 크리소스토무스, 히에로니무스). 그리고 죄를 지었다는 것을 깨달았을 때 주님이 용서해 주시리라는 희망으로 먼저 고백하라고 사목적으로 권면한다(아를의 카이사리우스).

17) 외견상으로 사실관계가 분명해 보이더라도, 소송하는 쌍방의 의견을 모두 들어야만 올바른 판결을 내릴 수 있음을 나타낸다. 모세도 판관들에게 "잘 듣고 의롭게 재판하여라"(신명 1,16) 하고 지시했다.

18) 18-19절은 "분쟁"에 대해서 이야기한다. 현인들은 갈등과 분쟁이 무질서와 혼란을 야기하기에 가급적 피하라는 입장을 취했다. 세도가들 사이에 분쟁이 일어날 경우에는 더 큰 사태로 확산되지 않도록 "제비"를 뽑도록 권유한다. 분쟁과 배반은 공동체 안에서 서로 소통되지 않도록 차단하는 빗장과 견고한 성읍 같은 역할을 하기 때문이다. '제비'에 대해서는 잠언 16,33 주해 참조.

19) "배반당한 형제"는 친형제일 수도 있지만 친한 친구를 가리킬 수도 있다(17,17; 18,24 참조). 친한 친구에게 배신당한 기억은 오래도록 지워

분쟁은 대궐 문의 빗장과 같다.

20[20] 사람은 제 입이 맺는 열매로 배를 채우고
제 입술이 내는 소출로 배부르게 된다.

21 혀에 죽음과 삶이 달려있으니
혀를 사랑하는 자는 그 열매를 먹는다.

22 아내를 얻은 이는 행복을 얻었고
주님에게서 호의를 입었다.[21]

23 가난한 이는 간곡하게 청하고

지지 않는다(욥 12,4; 16,20; 19,13; 시편 55,13-15.21-22 참조).

20) 20절과 21절에는 "입/입술/혀"와 "열매"가 똑같이 언급된다. '제 입이 맺는 열매'에 대해서는 잠언 12,14 주해 참조. '열매로 배를 채운다'는 표현은 사람들에게 조언함으로써 생계를 유지하거나 지적 호기심을 충족한다는 뜻이다. "혀를 사랑하는 자"가 다른 사람의 조언을 귀담아듣는 사람을 나타낸다면, 죽음과 삶의 기로에서 조언을 듣기를 마다하지 않아 위기에서 벗어나게 된다는 점을 강조한다.

21) 아내를 잘 얻는 것이 중요함을 역설한다. 1—9장에서는 지혜와 우둔함을 여인으로 표상해서 지혜 여인을 사랑해야지 우둔함이라는 여자에게 말려들어서는 안 된다고 여러 차례 가르쳤다. 이 구절에서는 아내가 어떤 사람인지를 명시하지 않은 채 인간적으로는 "행복"을 선사받고, 주님과 관련해서는 "호의"를 입었다고 평한다. 조상에게서 물려받는 집과 재산과는 달리 사려 깊은 아내는 주님에게서 온다는 사실을 강조한다(19,14).

부유한 자는 거칠게 대답한다.[22)]

24 서로 해나 끼치는 친구들이 있는가 하면
형제보다 더 가까운 벗이 있다.[23)]

19 1[1)] 그릇된 입술을 가진 우둔한 자보다
가난해도 흠 없이 걷는 이가 낫다.

2 지식이 없는 욕망은 좋지 않고[2)]

---

22) 재산의 유무에 따라 목소리가 달라짐을 지적한다. 가난한 이는 자신이 바라는 청이 받아들여질 수 있도록 간곡한 마음을 담을 수밖에 없지만, 부유한 자는 자신도 모르는 사이에 목소리에 힘이 들어가거나 거칠게 말하기 쉽다.

23) '친구'에 대해서는 14,20 주해 참조.

1) 1-3절에는 1—9장에서 많이 거론되었던 '길'이나 이와 연관된 행동 '걷다', '서두르다' 등이 언급된다. 길은 한 사람의 인생 행보를 나타내는 상징이며, '흠 없이 걷다'는 윤리적 문제를 일으키지 않고 잘 살아간다는 뜻이다. '우둔한 자'에 대해서는 1,22 주해, '흠 없이'에 대해서는 2,21 주해 참조. 2-3절에서는 인생길을 그르치고 망치는 요인으로 '서두름'과 '미련'을 각각 꼽는다. 두 요인 모두 복된 삶을 살아가는 데 꼭 필요한 지식과 지혜가 부족하다는 점이 공통된다. 이런 요인으로 말미암아 실패하게 되면 자신의 미련함이나 성급함을 반성하기보다는 원망의 시선으로 다른 사람을 탓하거나 주님을 원망하기 일쑤다. 벤 시라는 인간의 자유의지로 선택한 일을 두고 주님께 화를 내는 일이 불합리하다는 점을 분명히 지적한다(집회 15,11-20 참조).

2) '영리함과 지식과 현명함'에 대해서는 잠언 1,4 주해, '욕망(네페쉬)'

발걸음을 서두르는 자는 길을 그르친다.

3 사람은 미련하여 길을 망치고서도
마음속으로는 도리어 **주님**께 화를 낸다.[3]

4[4] 부유하면 친구가 많아지고
궁핍하면 있던 벗도 떨어져 나간다.

5 거짓 증인은 벌을 면하지 못하고
거짓말을 퍼뜨리는 자는 빠져나가지 못한다.[5]

6 권세가에게는 비위를 맞추는[6] 자가 많고

에 대해서는 3,22 주해 참조.

3) '마음'에 대해서는 2,2 주해, '화'에 대해서는 14,17 주해 참조.

4) 4-7절은 재력과 권력이 많아지면 친구들이 늘어나고, 그렇지 못하면 친구들이 모두 떠나가는 사회현상을 말한다. 부자나 권세가에게는 자신의 앞날에 도움이 되리라는 판단 아래 비위를 맞추고 선물을 주는 친구들이 많은데(4.6절), 코헬렛에서는 그들이 오히려 문제가 될 수도 있다며 비판적으로 조명한다(코헬 5,10 참조).

5) 부자와 권세가는 사람을 매수하여 거짓 증언을 하게 할 수 있지만, 정의를 추구하는 하느님의 징벌을 피해갈 수는 없다고 경계한다. '거짓 증인'에 대해서는 잠언 6,19 주해 참조.

6) "비위를 맞추는(여할루 퍼네 יְחַלּוּ פְנֵי)"을 직역하면 '얼굴에 알랑거리는'이다. 얼굴은 다른 사람들과 관계를 맺는 주된 신체 기관이다. 그러기에 사제가 이스라엘 자손들에게 주님의 복을 빌어줄 때에도 얼굴을 보여주는 행동을 부각한다. "주님께서 그대에게 당신 얼굴을 비추시고

선물을 주는 사람에게는 모두가 친구다.[7)]

7 빈곤하면 형제들은 모두 미워하고
친구들은 더욱 멀어진다.
남의 말만 따르는 자는 얻는 것이 없다.[8)]

8 지혜로운 마음을 구하는 이는 자신을 사랑하고[9)]
슬기를 간직하는 이는 좋은 것을 얻는다.

9 거짓 증인은 벌을 면하지 못하고

그대에게 은혜를 베푸시리라. 주님께서 그대에게 당신 얼굴을 들어 보이시고 그대에게 평화를 베푸시리라"(민수 6,25-26). 여기에서는 권세가들에게 얼굴 도장을 찍고 그들의 눈에 들게 행동한다는 뜻으로 사용되었다.

7) '선물과 뇌물'에 대해서는 잠언 6,35 주해, '친구'에 대해서는 14,20 주해 참조.

8) 빈곤을 극복할 수 있도록 도와야 할 친족이 책임을 소홀히 하는 현상을 '미워하다'라는 말로 표현한다. '미워하다'에 대해서는 1,29 주해 참조. 두 번째 문장을 직역하면 '그들은 말을 따르는 자들이 아니다'인데, 첫 번째 문장과 대구를 이루지 않아 무슨 뜻인지 분명치 않다.

9) 자신을 사랑하는 것은 이기적인 태도라기보다 하느님의 피조물로서 자신을 지혜롭게 배려하고 존중하고 책임감을 갖는 성숙한 태도를 나타낸다. 교훈을 저버리는 자는 자신을 업신여긴다고 가르치는데(15,32), 계명과 제 갈 길을 지키며 입을 조심하는 이는 제 목숨(네페쉬)을 보존한다고 한다(13,3; 16,17; 19,16).

거짓말을 퍼뜨리는 자는 멸망한다.[10]

10 호사하는 것은 우둔한 자에게 어울리지 않고
제후들을 다스리는 것은 종에게 더욱 어울리지 않는다.[11]

11 사람을 관대하게 만드는 것은 사람의 식견이고
남의 허물을 너그럽게 보아주는 것은 그의 영광이다.[12]

12 임금의 분노는 사자의 으르렁거림 같고
그의 호의는 풀밭의 이슬과 같다.[13]

---

10) 5절과 맨 끝에 나오는 동사만 다를 뿐 거의 똑같다. 거짓 증인은 멸망한다는 후행구는 21,28의 선행구로 다시 등장한다.

11) 성공하면 모든 것이 용납될 수 있다는 사회 통념과 달리, 제 역량에 맞는 위치에서 제 분수를 지키는 삶이 중요함을 지적한다. 현실에서는 우둔한 자가 부유하게 살고 지도력이 없는 이가 높은 위치에 올라서는 불합리한 일들이 벌어지지만, 하느님이 세우신 바른 질서에 어울리지 않으면 대내외적으로 적절하게 대응하지 못해 파란을 일으킬 뿐임이 암시된다(코헬 10,5-7 참조).

12) 주어진 자극에 곧바로 반응하기에 앞서 숙고하는 인간의 능력과 관련된 경구다(잠언 15,28 참조). 자신만이 아니라 다른 사람도 평정을 유지할 수 있도록 다른 사람의 감정을 격동시키지 않거나 너그럽게 대하는 행동이야말로 인생에 관해 깊이 통찰하고 있는 현인들이 보이는 지혜로운 자세임을 밝힌다. '식견'에 대해서는 12,8 주해 참조.

13) 임금이 일으키는 분노와 호의를 대비시킴으로써, 사람을 관대하게 만드는 식견이 중요하다는 11절의 통찰을 뒷받침한다. '임금의 분노와 호의'에 대해서는 16,14-15 주해 참조.

13[14] 우둔한 아들은 아버지에게 재앙이고
아내가 투덜거리는 것은 끊임없는 낙숫물과 같다.

14 집과 재산은 조상에게서 물려받지만
사려 깊은 아내는 **주님**에게서 온다.[15]

15 게으르면 깊은 잠에만[16] 빠지고

---

14) 13-14절은 한 집안의 가장에게 중요하게 여겨지는 아들과 아내에 대해서 다룬다. "우둔한 아들"은 아버지의 근심거리라 늘 노심초사할 수밖에 없고(10,1.5; 15,20; 19,24), '불평 많은 아내'는 남편을 지치게 하고 성가시게 하는 요인임을 밝힌다. 반면에 14절에서는 관점을 달리하여 가정을 이루는 기반으로 집과 재산과 아내를 열거하고, 집과 재산은 조상에게서 유산으로 물려받는 것이기에 이미 정해진 것이지만, 아내는 평생을 함께할 짝이기에 신중해야 할 필요가 있음을 지적한다. 다투기 좋아하고 성 잘 내는 아내와 살기보다는 별거하는 것이 낫다고 혹평하기도 하고(21,9.19; 25,24), 사려 깊은 아내는 주님에게서 온다며 살림을 잘하는 여자를 칭송하기도 한다(31,10-31). 이렇듯 잠언은 기본적으로 성인 남자에게 주어지는 가르침이기에, 여자를 여자 본연의 모습으로 다루기보다 가족 안에서 조화를 이루는지의 여부로 평가한다(18,22). 요한 크리소스토무스는 인생에서만이 아니라 덕행에서도 동반자가 될 사람을 배우자로 얻으라고 권유한다.

15) '재산'에 대해서는 8,18 주해 참조.

16) "깊은 잠(타르데마תַּרְדֵּמָה)"은 일상적인 수면이 아니라, 하와를 창조할 때 아담이 빠진 잠과 하느님과 계약을 맺을 때에 아브람에게 쏟아진 잠과 같다(창세 2,21; 15,12). 곧 아무것도 할 수 없는 상태를 나타낸다. 게으름이 지나쳐 무기력증에 빠지면 한참 땀 흘려 일해야 할 수확 철에도

나태하면 배를 곯는다.

16 계명을 지키는 이는 제 목숨을 지키지만
제 길을 업신여기는 자는 죽는다.[17]

17 가난한 이에게 자비를 베푸는 사람은 **주님**께 꾸어드리는 이
그분께서 그의 선행을 갚아주신다.[18]

18 아직 희망이 있을 때 자식을 벌하여라.[19]

잠만 자는 행태를 보여 굶주릴 수밖에 없다(잠언 10,5 참조).

17) "계명"은 현인들의 가르침이 주님이 내리신 명령과 같은 비중을 가지며 반드시 지켜야 함을 암시한다(2,1; 4,4; 7,2; 13,13 참조). 주님의 계명이나 현인들의 가르침은 섣불리 행동하여 죽음을 자초할 가능성을 최대한 줄이는 데 기여한다. '계명'에 대해서는 2,1 주해 참조.

18) 가난한 이들을 대하는 자세에 따라 주님과의 관계가 달라진다. 성경은 가난한 이들이 없어지지 않으리라는 사실을 냉철하게 지적하면서, 그들에게 우호적으로 대하기를 당부한다(신명 15,1−11; 마태 25,40 참조). '부자와 가난한 이들'에 대해서는 잠언 14,21 주해 참조. 요한 크리소스토무스는 자선을 베풀면 주님을 재판관이 아니라 채무자로 만날 수 있다고 말한다.

19) "벌하여라(야세르יַסֵּר)"는 23,13에서는 '훈육하다'로 번역되었다. 부모는 체벌을 해서라도 자식이 올곧은 길을 갈 수 있도록 이끌어야 한다. 체벌 교육에 대해서는 13,24 주해 참조. 또한 자식의 생사여탈권을 아버지가 쥐고 있는 가부장제 아래에서 과도한 훈육은 곧 죽음으로까지 이어질 수 있기에 조심할 것을 일깨운다. 신명기에서는 부모의 꾸지람을 듣지 않고 반항하며 방탕하게 사는 아들은 성읍의 원로들에게 보

그러나 죽일 생각까지는 품지 마라.

19 화를 잘 내는 자는 벌을 받는다.[20)]
네가 그를 구해주려 하면 화를 돋울 뿐이다.

20 충고를 듣고 교훈을 받아들여라.
그러면 마침내 지혜로워진다.[21)]

21 사람의 마음속에 많은 계획이 들어있어도
이루어지는 것은 **주님**의 뜻뿐이다.[22)]

고한 후에 투석형에 처하라고 할 정도로 단호하다(신명 21,18–21).

20) 화내는 것으로는 아무것도 해결할 수 없고, 화를 내는 빈도가 잦아지면 그 자체로 벌을 받게 된다는 인과응보적인 시각을 보여준다. 화가 난 상태에서는 아무리 선의를 보인다 하더라도 반발을 살 뿐이라고 냉철하게 표현한다. '화'에 대해서는 잠언 14,17 주해 참조.

21) '충고를 듣고 교훈을 받아들여 지혜로워진다'는 발상은 1—9장에서 줄곧 제시되어 온 가르침과 상통한다. 이와 비슷한 표현으로는 "지혜로운 이는 충고에 귀를 기울인다"(12,15)를 들 수 있다. 다른 사람들의 충고를 고깝게 여기기보다 자신에게 필요한 부분을 선별하여 받아들이는 이들이 지혜로운 사람들이다. '세 사람이 같이 길을 가면 그중에 반드시 내 스승이 있다. 좋은 것은 본받고 나쁜 것은 고쳐야 한다'는 공자의 가르침도 이와 무관하지 않다(『논어』 술이편).

22) 사람들은 일을 성사시키기 위해 온갖 계획을 세우지만, 늘 일이 순조롭게 풀리는 것은 아니다. 계획을 세울 때는 반드시 달성해야 한다는 생각으로 정성을 다해야 하지만, 계획을 실행시킨 다음에는 여유 있는 마음으로 지켜보는 자세가 필요함을 지적한다(잠언 16,1.9).

22 사람에게서 바랄 것은 신의다.[23)]
거짓말쟁이보다는 빈곤한 이가 낫다.[24)]

23 **주님**을 경외함은 사람을 생명으로 이끌어 주어
그는 흡족히 밤을 지내며 환난을 겪지 않는다.[25)]

24 게으름뱅이는 손을 그릇 속에 넣고서도
입으로 가져가려 하지 않는다.[26)]

---

23) "신의(헤세드חֶסֶד)"는 계약을 체결할 때의 마음을 묘사하는 용어로, '자애'로 번역되기도 한다. 사람과의 관계만이 아니라 하느님과의 관계에서도 요청되는 덕목이다(요나 2,9; 시편 37,3). 잠언 3,3 주해 참조.

24) 앞 문장과의 맥락에서 거짓말을 해서 부유하게 되는 것보다는 빈곤하더라도 신의를 지키는 일이 훨씬 중요함을 일깨운다. '…보다 낫다'에 대해서는 3,14 주해 참조. '거짓말'은 주님께서 싫어하시는 일곱 가지 행동 가운데 하나로 "거짓말하는 혀"(6,17)와 "거짓말을 퍼뜨리는 거짓 증인"(6,19) 등으로 거듭 언급된다. 그리하여 지혜문학에서는 의인들과 진실한 증인은 거짓말을 하지 않는 것으로 제시되고(잠언 13,5; 14,5; 집회 7,13; 20,24; 25,2; 41,17 참조), 허위와 거짓말을 멀리하게 해달라고 하느님께 청하는 것으로 서술된다(잠언 30,8).

25) 고대에는 여행하고 숙박하는 데 안전이 보장되지 않았다. 구약성경은 그 예로 낯선 지방에서 숙박한 이들에게 벌어진 위험을 두 번에 걸쳐 전한다(창세 19장; 판관 19장 참조). 이처럼 동네 무뢰배들이 여행객이 숙박하는 집으로 몰려와 해코지한 사례는 실제로 벌어질 수도 있는 위험을 언급한다. 그런 상황에서 주님을 경외하는 품성이야말로 생명을 지킬 수 있는 길임을 밝힌다. '주님을 경외함'에 대해서는 잠언 1,7 주해 참조.

26) 손을 그릇 속에 넣는 것은 빵을 뜯어서 소스에 찍어 먹는 고대

25 빈정꾼을 때리면 어수룩한 자도 깨닫고
슬기로운 이를 훈계하면 그가 지식을 얻는다.[27)]

26 아버지를 구박하고 어머니를 내쫓는 자는
수치스럽고 파렴치한 자식이다.[28)]

27 내 아들아, 지식의 말씀에서 벗어나 헤매려거든
교훈 듣기를 그만두어도 좋다.[29)]

근동의 식사 풍습을 연상시킨다(마태 26,23 참조). 식사를 하려면 손을 그릇 속에 넣은 뒤 입으로 가져가야 하는데, 게으른 이들은 그조차도 귀찮아한다고 담담하게 이야기한다(잠언 26,15). 허기와 굶주림도 게으름뱅이를 움직이게 하지 못한다고 함으로써, 그들에게는 일반 상식이 통하지 않는다는 점을 암시한다.

27) '빈정꾼'에 대해서는 1,22 주해, '어수룩한 자들과 어리석은 자들'과 '영리함과 지식과 현명함'에 대해서는 1,4 주해 참조.

28) 고대 이스라엘에서 아버지와 어머니를 저주하는 것은 심각한 범죄로 간주되어 사형에 처해졌다(탈출 21,17; 레위 20,9). 잠언에서도 나라를 좀먹는 대표적인 범죄로 네 가지를 드는데, 그중에서 첫 번째로 "아버지를 저주하고 어머니에게 축복하지 않는 세대"(잠언 30,11)를 꼽는다. 아버지와 어머니는 자녀들에게 늘 올바르고 지혜로운 조언을 주는 샘과 같은 존재이기에, 부모를 구박하고 내쫓는 것은 곧 그들이 어리석은 바보임을 입증할 뿐이다. 십계명에서도 아버지와 어머니를 공경하는 자녀들에게는 하느님이 주신 땅에서 오래 살 수 있는 축복을 약속한다(탈출 20,12; 에페 6,2).

29) "내 아들아"는 잠언 1—9장에서 자주 언급된 호칭으로, 가족관계에서만이 아니라 스승이 제자를 자기 자식처럼 아끼며 훈육할 때에

28[30] 쓸모없는 증인은 법을 멸시하고
악인들의 입은 부정을 집어삼킨다.

29 빈정꾼들에게는 형벌이,
우둔한 자들의 등에는 매가 마련되어 있다.[31]

20 1 술은 빈정꾼, 독주는 소란꾼
그것에 취하는 자 모두 지혜롭지 못하다.[1]

2 임금이 일으키는 공포는 사자의 으르렁거림 같아
그의 노여움을 사는 자는 목숨을 잃는다.[2]

도 사용된다. "지식의 말씀"과 "교훈"이라는 용어에서도 교육 현장을 전제하고 있음이 암시된다. 표현상으로는 교훈 듣기를 그만두어도 좋다고 하지만, 지식의 말씀에서 벗어나 헤매지 않으려면 그리해서는 안 된다는 점을 역설적으로 강조한다(1열왕 2,22; 아모 4,4 참조).

30) 28-29절은 재판에서 위증으로 자신의 부정을 숨기는 이들은 법을 멸시했으므로 그에 부합하는 형벌이 내려지리라는 인과응보의 원칙을 천명한다. '거짓 증인'에 대해서는 잠언 6,19 주해 참조.

31) '빈정꾼들'에 대해서는 1,22 주해, '우둔한 자들'에 대해서는 1,22 주해 참조.

1) 히브리어에서 "술(야인 יַיִן)"과 "독주(쉐카르 שֵׁכָר)"는 술을 담그는 재료에 따라 포도로 담갔으면 야인, 그 외의 과일이나 곡물로 담갔으면 쉐카르로 구분되었다. 고대 팔레스티나에는 증류 기법이 알려져 있지 않았으므로, 두 종류의 술을 연달아 제시함으로써 술 전체를 나타낸다. 술이 상심한 이들을 위로하기는 하지만(31,6), '술김에' 일을 벌여서는 안 된다고 지적한다. 술과 독주를 "빈정꾼"과 "소란꾼"으로 각각 의인화시

3 분쟁을 멀리하는 것은 사람에게 자랑스러운 일이지만
미련한 자는 모두 싸움에 뛰어든다.[3)]

4 게으름뱅이는 제철에 밭을 갈지 않고
수확 철에 소출을 찾지만 아무것도 없다.[4)]

켜, 술 취한 이들이 벌이는 난동과 소란을 생생하게 전달한다. 교부들도 술로 인해 벌어지는 현상을 냉철하게 지적하면서 절제할 것을 당부한다. 술은 적당하게 마실 때에만 좋은 것이기에 무절제한 음주를 금하는가 하면(파코미우스, 알렉산드리아의 클레멘스), 술은 술을 즐기는 사람들을 술처럼 만들어 버린다고 일침을 가한다(시리아의 에프렘).

2) 임금은 사람들의 생사를 좌우하는 권세를 휘두르기에, 분노할 때의 위세를 포효하는 사자와 덮치는 곰 등 사나운 야생동물로 표현한다(28,15). 사자는 고대 세계에서 힘세고 난폭한 포식동물로서, 목자들이 치는 양을 물어가거나(1사무 17,34) 사람들을 물어 죽이기도 하였다(1열왕 13,24; 20,36; 2열왕 17,26). 그래서 임금이 일으키는 공포를 "사자의 으르렁거림"에 빗대어 임금의 눈 밖에 나면 생명이 위태로워질 수밖에 없음을 생생하게 전달한다. 실제로 솔로몬 임금의 왕좌 옆에는 사자 조각상이 세워져 있어(1열왕 10,19-20), 임금은 사자처럼 용맹하고 권위가 있지만 진노할 때에는 아무도 감당할 수 없음을 나타냈다.

3) 잠언에서는 갈등이나 분쟁 상황에 말려드는 것을 경계한다(잠언 15,18; 17,14 참조). 현인들은 싸움이나 분쟁이 일어나지 않도록 조심하고 그럴 기미가 보이면 곧바로 수습한다. 싸움을 벌여 구설수에 오르는 것은 미련한 행동일 뿐이다.

4) "제철에(메호렙 מֵחֹרֶף)"를 직역하면 '추수철에, 가을철에'라는 뜻이다. 팔레스티나의 기후는 건기와 우기가 뚜렷하게 구분된다. 건기가 끝나고 우기로 들어갈 무렵인 가을철에 밭을 갈고 씨앗을 뿌려야 알찬 수

5 사람 마음속의 뜻은 깊은 물과 같지만
슬기로운 사람은 그것을 길어 올린다.[5)]

6 많은 사람이 저마다 제 신의를 외치지만
성실한 사람을 어디에서 찾을 수 있으랴?[6)]

7 흠 없이 걷는 사람은 의로운 이!
행복하여라, 그의 뒤를 잇는 자손들![7)]

확을 기대할 수 있는데, 게으름뱅이는 그러지 않았기에 소출이 적을 수 밖에 없다. 기원전 10세기경의 게제르 달력에서 밭 갈기에 두 달을 할당하는 것으로 보아 밭 갈기는 씨 뿌리기 못지않게 중요한 농경 활동임을 알 수 있다. 예수님도 씨 뿌리는 사람의 비유에서 씨를 뿌리고도 밭을 갈지 않아 돌밭이나 가시덤불이 고스란히 남아있을 경우 소출을 기대할 수 없다고 말씀하셨다(마태 13,1-9). "사람은 자기가 뿌린 것을 거두는 법입니다"(갈라 6,7)라는 바오로 사도의 말씀도 이를 뒷받침한다.

5) 고대 근동에서는 우기에 내린 빗물을 모아 건기에 사용하려고 물 저장소를 깊이 팠고, 그렇게 만든 물 저장소에 오르내리기 위해 바위를 깎아서 계단을 만들었다. 그렇게 해서 고인 "깊은 물"은 상당한 노력과 시간을 들여야만 사용할 수 있었다. 마찬가지로 사람 마음속에 들어있는 생각을 감지하기 위해서는 현인들처럼 오래도록 숙고하고 해석하는 노력이 필요하다. 좋은 결과를 얻으려면 그에 부합하는 노력과 사색이 필요하다는 점에서 앞 구절과 일맥상통한다.

6) 사람들은 저마다 자신이 "신의" 있다고 공적으로 천명하지만, 신의 있는 사람이 극히 드물다는 점을 지적한다. 또한 겉으로 표명하는 가치를 그대로 수용해서는 안 된다는 점을 상기시킨다. '신의'에 대해서는 잠언 3,3 주해 참조.

8 재판석에 좌정한 임금은
제 눈으로 모든 악을 가려낸다.[8)]

9 "나는 내 마음을 깨끗이 보존하여
죄 없이 결백하다"고 누가 말하랴?[9)]

---

7) 9절에서 '죄 없이 결백하다'고 말할 수 있는 이는 없다고 천명하는 것으로 보아, "흠 없이"는 다른 사람들에게서 받는 평판이다. '흠 없이'에 대해서는 2,21 주해 참조.

8) "가려낸다(자라 זָרָה)"는 본래 '키질한다'는 의미다. 수확이 끝나면 키질을 하여 가벼운 쭉정이는 멀리 날려 보내고 무거운 알곡만 곳간에 모아들인다(집회 5,9; 예레 4,11; 23,28; 51,2; 마태 3,12; 요한 4,36 참조). 이런 추수 풍습을 바탕으로, 임금은 재판에서 올바른 판결을 내려야 한다고 제시한다. 솔로몬도 궁전을 지을 때 판결을 내리는 별실을 마련했고(1열왕 7,7), 시편 저자도 예루살렘에 재판하는 왕좌가 놓여있다고 노래한다(시편 122,5). 왕좌는 신의로 굳게 세워져 공정을 추구해야 하기에(이사 16,5), 6절에서 신의와 성실을 어디서 찾을 수 있느냐고 묻는 물음과 연관된다.

9) '아무도 없다'라는 답변을 전제로 한 물음이다. 인간은 말과 행동과 생각으로 죄에 휘둘리면서도 자기 길을 올곧게 걸어가려고 애쓰는 존재다(창세 6,5; 8,21; 시편 14; 32편; 51,5; 예레 17,9-10 참조). 욥도 하느님 앞에서 의롭다 할 이가 어디 있겠느냐고 반문하고(욥 9,2), 바오로 사도도 사람은 모두 죄인이라고 선포한다(로마 3,9-19). 엄격한 잣대를 적용하면 모두가 죄인이지만, 지혜문학에서는 이 기준을 상대화하여 의인과 악인을 구분한다. 교부들은 죄 없는 사람은 아무도 없지만 참회할 때에 주님이 분명히 구원해 주시므로, 비참한 현실에 절망하거나 좌절하지 말고 최선을 다해서 노력하며 살아가라고 권면한다(요한 크리소스토무스, 니사의 그레고리우스).

10 서로 다른 저울추와 서로 다른 됫박[10)]
주님께서는 이 둘을 역겨워하신다.

11 아이도 이미 그 행동거지로
제 행실이 결백한지 올곧은지 드러낸다.[11)]

12 듣는 귀와 보는 눈
이 둘도 **주님**께서 만드셨다.[12)]

---

10) "서로 다른 저울추와 서로 다른 됫박"은 직역하면 '돌과 돌, 에파와 에파'다. 돌은 저울로 상품의 무게를 재기 위해 사용된 저울추이고, 에파는 밀과 보리 등 곡물을 되는 단위다. '서로 다른'은 파는 자와 사는 자가 생각하는 단위가 서로 달랐을 것으로 여겨 의미상 덧붙인 해석이다. 그렇지 않으면 주님이 역겨워하실 이유가 없기 때문이다. 23절에서는 에파 대신에 '저울판(모제나임מֹאזְנַיִם)'을 사용하고 '속임수'라는 사실을 명확히 밝힌다. '저울과 추'에 대해서는 잠언 11,1 주해 참조.

11) 10절과 연관해서 보면, 어른이 아이의 행동을 통해서 아이의 심성을 엿볼 수 있듯이, 주님도 상인이 사용하는 저울추와 됫박을 통해서 역겨워하신다고 한다. 어른이 아이들을 훈육한다면, 주님도 당연히 어른들을 훈육하지 않겠느냐는 의미가 내포되어 있다.

12) 잠언은 상당 부분 일상생활을 관찰하고 숙고하는 데에서 생겨났다. 그런 면에서 "듣는 귀와 보는 눈"은 큰 비중을 차지한다. 그중에서도 현인에게서 직접 육성으로 가르침을 받을 수 있는 귀가 더 중요하기에 눈보다 먼저 언급된다(2,2; 15,31; 18,15; 25,12 참조). 그런데 후기에 들어와서 관찰과 숙고만으로 풀리지 않는 지혜를 습득하려면 주님을 경외하는 마음이 선행되어야 한다는 통찰이 생겨났다. 이런 관점에서 사물을 관찰하는 눈과 귀를 주신 분이 바로 하느님이라는 창조 신앙과 결부

13 잠을 좋아하지 마라. 가난해진다.
눈을 뜨고 있어라. 양식이 풍부해진다.[13)]

14 물건을 사는 이는 "나쁘다, 나쁘다!" 하지만
돌아가서는 자랑한다.[14)]

15 금이 있고 산호가 많다 하여도
더욱 값진 것은 지식의 입술이다.[15)]

16 낯선 이가 보증을 서면 그의 옷을 저당 잡아라.

되었다(탈출 4,11; 시편 94,9 참조). 신약 시대에 예수님의 제자들은 군중과 달리 볼 수 있는 눈과 들을 수 있는 귀가 있다는 사실로 행복하다고 선포되었다(마태 13,16).

13) "눈"을 통해 앞 절과 연결된다. 눈을 감는 행위는 잠을 연상시켜 그 시간이 길어질수록 가난해지고, 눈을 뜨는 행위는 적극적인 활동으로 이어져 풍부한 양식을 거둔다고 한다. 누워만 있고 꼼지락하기 싫어하는 게으름뱅이에게 주는 경구와도 일맥상통한다(잠언 6,9; 19,24; 21,25; 26,15 참조).

14) 고대 근동에서 통용되던 상거래 관행이 반영되어 있다. 흥정할 때에는 흠을 잡아 구입 가격을 깎지만, 일단 구입하고 나서는 싸게 샀다고 자랑하는 모습은 오늘날의 우리에게서도 찾아볼 수 있다. 아브라함이 주님과 이야기하면서 소돔의 멸망을 막기 위한 최소한의 의인 수를 점차적으로 줄여나가는 과정에서도 흥정하는 관행을 엿볼 수 있다(창세 18,16-33 참조).

15) 지혜와 지식의 가치를 귀금속에 비유한 것에 대해서는 잠언 3,14 주해, '영리함과 지식과 현명함'에 대해서는 1,4 주해 참조.

낯모르는 자이므로 그것을 담보로 삼아야 한다.[16)]

17 속임수로 뺏은 빵은 달콤하지만
뒷날 그 입은 자갈로 가득 찬다.[17)]

---

16) 27,13에 똑같은 내용이 나온다. '보증'과 '담보'에 대해서는 6,1 주해 참조. 이 구절에서는 보증의 위험과 책임을 직접 체험할 수 있도록 보증인의 옷을 담보로 삼으라고 명시한다. 겉옷을 이불 대신 덮고 자는 약자들을 생각해서 담보로 잡은 옷을 해 지기 전에 돌려주라고 규정한 모세오경의 약자보호법과는 상반된 태도를 보인다(탈출 22,25-26 참조). 막연한 이상을 꿈꾸는 것도 좋지만 현실을 직시하고 그에 맞추어 슬기롭게 대처하라고 촉구한다.

17) "속임수로 뺏은 빵(לֶחֶם שָׁקֶר)"은 직역하면 '속임 빵'이다. 우리말 성경처럼 해석했을 때에는 위선이나 부당한 방식으로 취득한 물품이 처음에는 좋아 보이지만 결국에는 해를 입힐 뿐이라는 가르침을 전한다. 한편 '속임 빵'은 속임수가 들어있는 빵이라는 의미로 볼 수 있다. 빵을 빌미로 속임수를 쓰기에 이를 간파하지 못하고 덥석 미끼를 물면, 먹을 때는 달콤해도 그 대가를 치러야 할 때가 온다는 것이다. 예컨대, 우둔함이라는 여자가 "훔친 물이 더 달고 몰래 먹는 빵이 더 맛있다"(잠언 9,17)며 지각없는 이들을 초대할 때, 이 유혹에 말려들면 귀한 생명을 잃을 수도 있다는 뜻이다. 욥기에서는 입에 달콤한 음식이라도 악한 것이라면 내장 속에서 썩어 살무사의 독으로 변한다며 더 신랄하게 비판한다(욥 20,12-14). 빵과 자갈을 대비시키는 기법은 신약성경에서 돌을 빵으로 바꾸어 보라고 유혹하는 사탄의 수법을 떠올리게 한다(마태 4,3 참조). 제 입에 들어오는 빵만 추구하려는 유혹을 떨쳐버리고 바르게 살아가는 삶이 중요하다.

18 계획은 협의로 이루어진다.
전쟁은 현명한 지휘로 수행하여라.[18)]

19 중상하고 돌아다니는 자는 비밀을 폭로하는 사람이니
수다스러운 자와는 사귀지 마라.[19)]

20 아버지나 어머니를 저주하는 자는[20)]
어둠의 시간에 그의 등불이[21)] 꺼진다.

21 처음부터 빨리 얻은 재산은

---

18) 선행구는 일반적인 원칙을 이야기하고, 후행구는 그 원칙을 특정 분야에 적용시킨다. 지혜로운 사람은 충동적으로 행동하지 않고 신중하게 숙고하고 협의한 후에 행동한다(잠언 15,28; 19,2; 20,25; 21,5; 29,20). 그리고 후행구에서 전쟁을 수행하는 데 가장 중요한 요소로 "현명한 지휘"를 꼽는 것으로 보아 이 잠언은 왕궁에서 생겨났을 것이다. 24,6에서는 현명한 지휘로 전쟁을 수행하되 조언자들이 많아야 승리를 거둘 수 있다고 함으로써, 현인들의 중요성을 강조한다(잠언 11,14; 15,22; 루카 14,31 참조).

19) '사귀다(아랍עָרַב)' 동사의 히브리어 어근은 16절에서 '보증을 서다', 17절에서 '달콤하다'는 의미로 사용되었다. 이와 연관시키면, 수다쟁이와 사귀는 것은 처음에는 마음이 통하는 사이 같아 달콤할지 몰라도, 보증을 서는 것처럼 언제 일이 터질지 몰라 전전긍긍하게 된다며 수다스러운 사람은 아예 가까이 하지 말라는 뜻이다.

20) 부모를 구박하고 저주하는 행동에 대해서는 잠언 19,26 주해 참조.

21) '빛과 등불'에 대해서는 6,23 주해 참조.

나중에 복이 되지 않는다.[22)]

22 "내가 악을 되갚겠다" 하지 말고
주님께 바라라. 그분께서 너를 도와주신다.[23)]

---

22) "처음부터"와 "나중에"라는 시간을 대비시킴으로써 현재의 결과가 좋더라도 미래까지 이어지지는 않는다는 점에 주목한다. 노력 없이 "빨리 얻은 재산"은 "거저 얻은 재물"(13,11)이라 갈수록 줄어들기만 하므로 "헛소득"(11,18)으로 그칠 공산이 높다. 쉽게 번 돈은 쉽게 나가기 마련이다. 나봇의 포도원을 차지한 아합 임금처럼 불법으로 재산을 획득한다면 오히려 물의를 일으켜 재앙을 초래할 수도 있다(1열왕 21장; 이사 5,8-9 참조). 재산을 늘리려고 애쓰는 사람은 죄를 피하는 데 관심이 없다.(대 그레고리우스).

23) 개인적으로 복수하는 대신 하느님이 역사하시길 기다리라는 권면은 20-21절의 현상을 뒷받침하는 신학적 토대다. 아버지와 어머니를 저주하는 자에게는 세월이 흐르면 등불이 꺼질 때가 오고, 부당하게 착복한 재산도 대가를 치러야 할 때가 온다. 시간은 영원하신 하느님의 권능을 잘 드러내는 현장이기 때문이다. 공동체에서 규정한 법을 어기는 행위는 당연히 공동체의 제재를 받겠지만, 법망을 피해서 저지른 불의한 행위는 하느님이 직접 벌하시리라는 믿음으로 복수심에 사로잡히지 말라는 것이다. 다윗은 사울을 처단할 수 있는 좋은 기회를 잡고도 하느님의 손에 맡기는 태도를 보여준다(1사무 24—26장). 이런 태도는 신약성경에서 "악인에게 맞서지 마라"(마태 5,39) 하고 권면한 예수님의 가르침과 일맥상통한다. 바오로 사도 또한 아무에게도 악을 악으로 갚지 말고, 모든 사람에게 좋은 일을 해줄 뜻을 품으라고 권면한다(1테살 5,15; 로마 12,17).

23 서로 다른 저울추는 **주님**께서 역겨워하시는 것이고
속임수 저울판은 좋지 않은 것이다.[24]

24 사람의 발걸음은 **주님**께 달려있으니
인간이 어찌 제 길을 깨닫겠는가?[25]

25 "봉헌물!" 하고 경솔하게 말함은 사람에게 올가미
그는 서원한 뒤에 마음이 쓰이게 된다.[26]

---

24) 정직한 상거래를 강조하는 동시에, 이어지는 문맥에서 주님이 친히 그릇된 상거래를 바로잡으시리라는 점을 부각한다. '저울과 추'에 대해서는 잠언 11,1 주해 참조.

25) 지혜문학은 자신의 행동에 책임을 져야 한다는 사실을 진지하게 제시하면서도, 모든 것은 하느님의 손길에 좌우된다고 밝힌다(19,1.9 참조). 예레미야는 "주님, 저는 압니다. 사람은 제 길의 주인이 아니라는 사실을. 인간은 그 길을 걸으면서도 자신의 발걸음을 가눌 수 없습니다"(예레 10,23) 하고 기도한다. 시편 저자도 "주님께서는 사람의 발걸음을 굳건히 하시며 그의 길을 마음에 들어 하시리라"(시편 37,23) 하고 노래한다. '길과 행로'에 대해서는 잠언 1,15 주해 참조.

26) "봉헌물(코데쉬קֹדֶשׁ)"은 직역하면 '성별, 거룩함'이다. 돈이나 소유물을 두고 거룩하다고 말하면 하느님께 바치는 봉헌물이 된다. 따라서 일시적인 감정에 사로잡히거나 앞뒤 가리지 않고 서원을 한 경우, 어쩔 수 없이 희생을 감수하는 불상사가 생기기도 한다. 대표적인 예로 입타를 들 수 있다(판관 11,29-40). 그러기에 코헬렛은 하느님께 서원을 했다면 지체하지 말고 채워야 하므로 하느님 앞에서 말씀을 드리려 서두르지 말고 심사숙고하라고 권면한다(코헬 5,1.3). 아울러 "서원을 하고 채우지 않는 것보다 서원을 하지 않는 편이 낫다"(5,4)고 천명한다. 행동하

26 지혜로운 임금은 악인들을 가려내고
그들 위로 탈곡기 바퀴를 굴린다.[27)]

27 인간의 영은 **주님**의 등불
그것은 배 속 온갖 깊은 곳까지 살핀다.[28)]

28 자애와 진실이 임금을 지켜주고
정의가 그의 왕좌를 받쳐준다.[29)]

기 전에 생각하라는 현인들의 가르침을 서원하는 상황에도 적용한다. 예수님은 하느님께 바치기로 했다면서 부모에게 해드릴 공양을 제대로 하지 않는 현상을 비판하는 동시에(마르 7,11), 그 무엇을 걸든 하느님과 관련되지 않은 일이 없으므로 아예 맹세하지 말라고 단언하신다(마태 5,34-36).

27) 재판석에 좌정해서 키질로 악인들을 가려내는 8절의 임금을 연상시킨다. 여기서는 악인들을 징벌하는 모습을 '탈곡기 바퀴를 굴리는 행동'에 비유한다. 한편 탈곡기는 알곡과 볏짚을 구분하는 역할도 하기에 악인들을 가려내는 임금의 모습을 되새기는 동의적 대구로 사용되었을 수 있다.

28) 인간의 "영(너샤마 נְשָׁמָה)"은 하느님이 사람을 창조할 때 불어넣어 주셨던 '숨'과 같은 단어다(창세 2,7). 그런데 이 단어가 모든 것을 비추는 "주님의 등불"과 동일시됨으로써 두 가지 해석이 가능하다. 주님의 등불이 우리 몸 구석구석을 비추어 우리의 잘잘못을 모두 아신다는 뜻이거나(잠언 15,11; 시편 139편 참조), 하느님이 사람을 창조하실 때 주신 능력으로 우리 자신을 속속들이 들여다보며 반성하고 숙고할 수 있다는 뜻으로 볼 수 있다. '빛과 등불'에 대해서는 잠언 6,23 주해 참조.

29) "자애와 진실"은 잠언에서 자주 함께 언급된다(3,3; 14,22; 16,6). 하

29 젊은이의 자랑은 힘이고
노인의 영광은 백발이다.[30]

30 깊은 상처는 악을 씻고
배 속 깊은 곳을 씻는다.[31]

21

1 임금의 마음은 **주님** 손안에 있는 물줄기
주님께서 원하시는 대로 이끄신다.[1]

느님이 자애와 진실로 임금을 지켜준다거나(탈출 34,6; 시편 25,10; 40,11-12; 57,4 등 참조), 하느님이 나누어 주신 자애와 진실로 임금이 자신에게 속한 사람들을 대한다는 뜻으로 풀이된다(시편 61,8 참조).

30) "젊은이"와 "노인"의 두드러진 특성을 대비시킨다. 젊었을 때는 "힘"이 센 것을 자랑으로 삼았다면, 나이 들었을 때는 재산이나 업적이 아닌 "백발"을 내세운다. 백발은 검은 머리가 하얗게 변하는 동안 겪은 다양한 경험으로 지혜로워졌음을 상징한다. 인생에서 벌어지는 어떠한 상황에도 유연하게 대처하면서 올바른 길을 선택할 수 있다는 점에서, 백발은 지혜의 상징이자 '영광의 면류관'으로 높이 평가된다(잠언 16,31 참조). 히에로니무스는 나이를 먹으면 신체의 모든 기능이 쇠퇴하지만 지혜는 늘어나기에, 젊은 시절에 열정의 습격에 맞서 싸우며 훌륭한 것을 추구하다 보면 나이가 든 후 지난날 추구한 일에서 기쁨을 수확할 수 있다고 이른다.

31) 체벌 교육에 대해서는 13,24 주해 참조.

1) 고대사회에서 임금은 자신이 마음먹은 대로 모든 것을 실행시킬 수 있는 권력을 지닌 인물이었다. 그런데 그 임금의 마음을 좌우하시는 분이 바로 하느님이다. 팔레스티나는 우기와 건기가 뚜렷하게 구분되는

2 사람의 길이 제 눈에는 모두 바르게 보여도
마음을 살피시는 분은 **주님**이시다.[2)]

3 정의와 공정을 실천함이
주님께는 제물보다 낫다.[3)]

4 거만한 눈과 오만한 마음

지중해성기후라, 우기에는 물이 흐르고 건기에는 말라있는 하천(와디)이 곧잘 발견된다. 여기에 비가 쏟아지면 물줄기가 되어 이미 형성되어 있는 마른 하천으로 흘러가듯이, 임금도 하느님이 마련하신 계획에 따라 마음이 움직인다. 교부들은 임금의 마음이 주님 손에 달려있기에 주님이 우리를 다스리지 않을 때가 없으므로(테르툴리아누스), 살아있을 때나 죽을 때나 주님과 함께한다는 점을 일깨운다(암브로시우스).

2) 주님은 마음을 살피시는 능력을 갖추고 있어 무엇이 참으로 바른 길인지 정확하게 분별하실 수 있다고 밝힌다. 16,2에서는 하느님을 마음 대신 영을 살피시는 분으로, 24,12에서는 마음을 살피고 영혼을 지키시는 분으로 묘사한다.

3) '정의와 공정을 실천하는 사회적 덕목'과 '제물' 가운데 어느 것이 더 소중한지를 비교해서 제시한다. 제물과 제사를 역겨워한다기보다는(15,8; 21,27 참조), 정의와 공정을 실천하지 않은 채 제물만 바치는 행동은 무의미하다는 뜻이다. 유신론적 세계관이 확립되어 있던 이스라엘 사회에서 하느님께 제물을 바치는 행위는 자연스럽고 당연하게 여겨졌다. 그러기에 제물을 바치는 행위에 빗대어 더 중요한 행위가 있다고 역설하곤 하였다. 주님의 말씀을 듣는 것을 강조하기도 하고(1사무 15,22), 하느님을 아는 예지와 신의를 내세우며(호세 6,6), 공정과 신의와 겸손을 부각하기도 하였다(미카 6,8). '정의와 공정'에 대해서는 잠언 1,3 주해 참조.

그리고 악인들의 개간지는[4] 죄악일 뿐이다.

5[5] 부지런한 이의 계획은 반드시 이익을 남기지만
조급한 자는 모두 궁핍만 겪게 된다.

6 속임수 혀로 보화를 장만함은
죽음을 찾는 자들의 덧없는 환상일 뿐이다.

7 악인들의 폭력은 그들 자신을 휩쓸어 가니
그들이 공정의 실천을 거부하기 때문이다.[6]

---

4) "개간지(니르 נִיר)"는 '등불'로도 번역할 수 있다. 어느 번역이든 "거만한 눈"과 "오만한 마음"과 어떻게 연관되는지 모호하다. 개간지일 경우, 악인들이 거만한 눈과 오만한 마음으로 행하는 모든 일이 죄악으로 귀결된다는 뜻으로 여겨지고, 등불일 경우, 20,27에 언급된 '주님의 등불'과 대비되어 자신을 성찰하게 하기는커녕 그동안 저지른 죄악만 보일 뿐이라고 풍자하는 듯하다. 이는 예수님이 눈을 몸의 등불로 비유하면서, 네 안에 있는 빛이 어둠이면 그 어둠이 얼마나 짙겠느냐고 추궁하시는 말씀을 연상시킨다(마태 6,22–23 참조).

5) 5–6절은 이윤을 추구하는 데 유의해야 할 점을 두 가지로 제시한다. 의욕만 앞서 충분히 숙고하지 않고 성급하게 달려들거나(잠언 28,20; 29,20 참조), 상대방을 속여서 재산을 부당하게 빼앗는 행동에 대해 경계한다(10,2 참조). 사람들이 대부분 농경에 종사하였던 만큼 한 해 농사를 신중하게 계획하는 가운데 성실하고 부지런하게 일했던 고대사회의 일면을 엿볼 수 있다.

6) 악인들이 사용하는 수단으로 6절의 속임수 외에 "폭력"에 대해 다룬다(10,6; 24,2 참조). 폭력은 악인들이 공정의 실천을 거부하고 자신의

8 죄를 지은 사람의 길은 비뚤어져 있지만
결백한 이의 행실은 바르다.[7)]

9 다투기 좋아하는 아내와 한집에 사는 것보다
옥상 한구석에서 사는 것이 낫다.[8)]

뜻을 관철할 때 곧잘 선택하는 수단이지만, 더 큰 폭력을 불러들이거나 폭력에 내포되어 있는 잔인한 속성에 휩쓸리는 경향을 띤다. 따라서 현인들은 폭력으로 야기되는 사회현상을 경계하였고(욥 19,7; 코헬 4,1; 집회 10,8; 21,4; 30,20 참조), 정의와 공정을 실천하는 것이 무엇보다도 중요함을 여러 차례에 걸쳐 역설한다(잠언 1,3; 2,8-9; 8,20; 21,3.15). 예수님도 당신을 체포하러 온 이들을 폭력으로 대응하려는 제자들에게 "칼을 잡는 자는 모두 칼로 망한다"(마태 26,52)며 만류하셨다.

7) "죄를 지은 사람"과 "결백한 이"는 걷는 길과 행실이 확연히 구분된다고 단정한다. 이런 판단은 외부에서 객관적으로 평가할 때에야 비로소 성립된다. 자기 자신을 바라보는 주관적인 평가는 왜곡하거나 합리화하기 쉬워 자신이 살아가는 길이 결백하다고 여길 수 있는가 하면(잠언 16,2), 어느 누구도 자기가 죄 없이 결백하다고 말할 수 없기도 하다(20,9). 그러기에 드러나는 행실로 그 사람이 결백한지를 알 수 있다고 기준을 제시하거나(20,11), 올곧은 이들은 결백한 삶을 살아갈 수 있도록 하느님이 도와주신다는 점을 명시한다(2,7).

8) 인생의 동반자와 혼인하여 사는 삶은 전반적으로 바람직하지만, 어떤 배우자를 만나느냐에 따라서 독신일 때보다 나빠질 수 있다는 점을 짚는다. "옥상 한구석"은 이 층 구석에 다목적용으로 만들어 놓은 공간으로, 곡물을 말리거나 저장해 두는 창고이자 손님이 묵어갈 수도 있는 간이숙소로 활용되었다. 서로 포용하지 못하고 부부싸움이 끊이지 않는다면, 옥상 한구석에서 불편하고 외롭게 살아가더라도 마음 편

10 악인의 영혼은 악만 갈망하고
그의 눈에는 제 이웃도 가엾지 않다.[9)]

11 빈정꾼이 벌 받으면 어수룩한 자가 지혜로워지고
지혜로운 이가 지도를 받으면 지식을 얻는다.[10)]

12 의인은 악인의 집을 살피고
악인을 불행에 빠지게 한다.[11)]

13 빈곤한 이의 울부짖음에 귀를 막는 자는
자기가 부르짖을 때에도 대답을 얻지 못한다.[12)]

한 것이 더 낫다는 통찰을 제시한다. 같은 내용이 25,24에 반복되며, 21,19에는 조금 변형되어 제시된다.

9) 사람들은 취향이나 열망, 선택이나 궁극적인 지향에 따라서 어떤 사람인지가 드러난다(1,16.28–29; 4,16–17; 8,17.35 참조). 악인은 한두 번 나쁜 짓을 하는 사람이 아니라, 나쁜 방식으로 행동하는 데 길들여진 사람이다. 이웃을 가엾게 볼 수 없는 심리적 장애는 그동안 사랑을 받지 못한 채 성장해 왔음을 시사한다.

10) '빈정꾼'에 대해서는 1,22 주해, '어수룩한 자들과 어리석은 자들'과 '영리함과 지식과 현명함'에 대해서는 1,4 주해 참조.

11) 악인의 집을 살피고 불행에 빠지게 하는 일은 의인이 가진 능력 밖의 일이기에, 의인을 '의로우신 분'으로 해석하여 하느님으로 보기도 한다. 의인이 악인을 눈여겨 살펴 악의에 찬 계획이나 행동을 막아서 결국 악인에게 불행을 가져왔다는 식으로 풀이할 수도 있다.

12) "귀를 막는" 행위는 주변에서 도움을 청하는 이들에게 관심을 갖지 않겠다는 의지를 드러낸다. 보잘것없는 이들의 울부짖음에 귀를 기

14 몰래 주는 선물은 화를 누그러뜨리고
품속에 감춘 뇌물은 거센 분노를 가라앉힌다.[13)]

15 공정을 실천하는 것을 의인은 기뻐하고
나쁜 짓 하는 자들은 무서워한다.[14)]

16 지성의 길에서 벗어나 헤매는 사람은
죽은 자들의 모임에 자리를 잡는다.[15)]

울이시는 하느님과는 다른 삶을 살아가기에(탈출 22,22-24 참조), 자기 자신이 누군가의 도움이 필요한 상황에 처해 부르짖더라도 응답받을 수 없다는 것이다. 신약성경에서도 "누구든지 세상 재물을 가지고 있으면서도 자기 형제가 궁핍한 것을 보고 그에게 마음을 닫아버리면, 하느님 사랑이 어떻게 그 사람 안에 머무를 수 있겠습니까?"(1요한 3,17)라고 하면서 도움이 필요한 이들에게 곧바로 응답할 것을 권유한다. 교부들도 가난은 어떤 맹수보다도 잔인하기에 빈곤한 이의 간청에 귀 기울이고 자선을 베풀어야 하느님의 자비를 입을 수 있다고 가르친다(알렉산드리아의 키릴루스, 키푸리아누스).

13) "몰래 주는 선물"과 "품속에 감춘 뇌물"은 은밀하게 건네준다는 점과 화를 가라앉히는 역할을 한다는 점에서 공통된다. '선물과 뇌물'에 대해서는 잠언 6,35 주해, '화'에 대해서는 14,17 주해 참조.

14) "공정을 실천하는 것"이 주님께는 제물을 바치는 것보다 더 낫지만(3절), 악인들은 이를 거부하고 폭력을 휘두른다(7절). 여기서는 공정의 실천이 의인과 악인에게서 상반된 반응을 이끌어 낸다는 점에 초점을 맞춘다. 빈곤한 이의 울부짖음에 귀를 막고(13절), 뇌물을 제공하는 행위(14절)를 통틀어 "나쁜 짓"으로 단정한다.

15) '헤매다(타아תָּעָה)'는 실제로 길을 잃어 갈팡질팡하고 있거나(창세

17 향락을 좋아하는 자는 궁핍한 사람이 되고
술과 기름을 좋아하는 자는 부자가 되지 못한다.[16)]

18 악인은 의인을 구하는 몸값이 되고
배신자는 올곧은 이들을 구하는 몸값이 된다.[17)]

19 다투기 좋아하고 성 잘 내는 아내와 사는 것보다

4,12.14; 탈출 23,4; 욥 12,16; 즈카 11,16 참조) 윤리적으로 바르게 행동하지 않는 상태를 가리킨다. 그런데 "지성의 길"에서 벗어났다는 것으로 보아 윤리적인 탈선을 암시하는 듯하다. 시편에서는 하느님의 계명을 떠나 헤매는 자들은 저주받은 자들이라고 표현하여 이 점을 더욱 분명히 한다(시편 119,21).

16) 가난하게 되는 원인은 두 가지다. 하나는 게으름이고(잠언 10,4), 다른 하나는 향락을 추구하는 일체의 행동이다(23,21). 술은 잔치에서 흥겨움을 더해주고, 기름은 손님들을 환대하는 데 사용된다(코헬 9,7-8; 마태 9,15; 11,19; 22,2-9 참조). 따라서 '술과 기름을 좋아한다'는 것은 잔치를 과도하게 즐기고 손님을 지나치게 초대함으로써 재산을 탕진하고 있음을 암시한다. 적절한 술과 기름은 삶에 활력을 더해주지만, 정도를 지나치면 많은 문제를 야기한다.

17) 비슷한 경구가 잠언 11,8에도 나오는데, "몸값(코페르 כֹּפֶר)"이 언급된다는 점에서 차이를 보인다. 몸값은 생명을 구하는 대가로 지불해야 하는 대속물을 나타내므로, 의인도 죄나 잘못을 저질렀음을 전제한다. 그 몸값으로 악인과 배신자가 제시되는 것을 보면, 악인은 처벌을 면할 길이 없음을 당대의 관행으로 풍자하고 있는 셈이다. 시편은 그 누구도 하느님께 제 몸값을 치를 수 없다고 명시한다(시편 49,8). '배신자'에 대해서는 잠언 2,22 주해 참조.

황량한 땅에서 사는 것이 낫다.[18)]

20 지혜로운 이의 거처에는 값진 보화와 기름이 있지만
우둔한 인간은 그것을 탕진해 버린다.[19)]

21 의로움과 신의를 추구하는 이는
생명과 명예를 얻는다.[20)]

22 지혜로운 이 하나가 용사들이 지키는 성읍에 쳐 올라가
그들이 믿는 요새를 허물어뜨린다.[21)]

23 입과 혀를 지키는 이는

---

18) 이 절은 21,9의 내용과 유사하다. 그러나 배우자가 다투기 좋아하는 데서 그치지 않고 성을 잘 내기까지 한다면 집을 떠나 "황량한 땅에서 사는 것이 낫다"고 할 정도로 상황이 악화되었음을 암시한다.

19) "기름"은 "보화"와 함께 물질적인 축복을 나타낸다(17절). 지혜로운 이는 절제하는 생활로 값진 보화와 기름을 모아 오래도록 유지할 수 있지만, 우둔한 이는 곧바로 낭비해 버리고 만다(14,1 참조).

20) "의로움과 신의"는 지혜와 밀접하게 관련된다. 의로움과 신의를 추구하는 행위는 지혜를 찾는 행위와 다르지 않기에 "생명과 명예"가 보장된다(3,13.18.22; 4,13.22; 6,23; 11,19.30; 12,28; 22,4; 26,1.8 참조). '신의'에 대해서는 19,22 주해, '추구하다'에 대해서는 11,27 주해 참조.

21) 고대 전쟁에서 지략으로 "성읍"을 공격하던 과정을 반영하는 경구로, 지혜가 무기의 힘보다 더 강하다는 메시지를 전달한다(잠언 8,14; 16,32; 20,18; 24,5; 코헬 9,16.18). 한편 코헬렛은 지혜로운 이가 푸대접을 받는 사례도 있음을 지적한다(코헬 9,13-15).

곤경에서 제 목숨을 지킨다.[22]

24 거만 불손한 자의 이름은 '빈정꾼'[23]
그는 교만 방자하게 행동한다.

25[24] 게으름뱅이의 욕심은 그를 죽이니
그의 손이 일하기를 거부하기 때문이다.

26 그는 언제나 욕심을 부리지만
의인은 베풀고서 아까워하지 않는다.

27 악인들의 제사는 그렇지 않아도 역겨운데
하물며 부정한 속셈으로 바치는 것이야![25]

---

22) 잠언에서는 말조심을 여러 차례 강조한다(잠언 13,3; 18,21). 집회서는 입과 혀가 농간을 부려 화를 입지 않도록 하느님께 기도한다(집회 23,1). 요한 크리소스토무스는, 성령으로 충만한 이들은 혀를 다스려 혀로 죄를 짓지 않을 수 있다고 조언한다.

23) '빈정꾼'에 대해서는 잠언 1,22 주해 참조.

24) 25-26절은 게으름뱅이의 욕심에 대해 다룬다. 누구나 욕심을 품기 마련인데, 게으름뱅이는 일하기 싫은 욕심을 품기에 결국에는 죽음에 이르고 만다고 경고한다. 의인처럼 남들에게 베풀지도 않을 뿐 아니라, 설사 베풀 기회가 있다 하더라도 아까워하며 인색하게 구는 행태를 보여준다. '게으름뱅이'에 대해서는 6,6 주해 참조. 바오로 사도는 일하기 싫어하는 자는 먹지도 말라면서, 어떠한 형태로든 게으름을 부리는 일이 있어서는 안 된다고 경고한다(2테살 3,10).

25) 제사는 내적 결심을 외적으로 드러내는 표시다. 그런데 자신의

28 거짓 증인은 멸망하지만
들을 줄 아는 사람은 언제까지나 말할 수 있다.[26)]

29 악한 사람은 뻔뻔스러운[27)] 얼굴을 하지만
올곧은 이는 제 길을 잘 살핀다.

30[28)] 어떤 지혜도 어떤 슬기도
어떤 조언도 **주님** 앞에서는 가치가 없다.

삶을 되돌아보거나 회심 없이 드리는 "악인들의 제사"는 외양은 경건하게 보이지만 속마음은 전혀 그렇지 않은 위선일 뿐이다. 그러기에 악인들의 제물은 주님이 역겨워하신다고 지적한다(잠언 15,8).

26) "거짓 증인"에 대한 처벌은 여러 곳에서 언급된다(19,5.9). "들을 줄 아는 사람"이 무엇을 나타내는지는 모호하다. 거짓 증인과 대비되는 구조로 가정하면, 올곧은 증언을 한다는 뜻으로 이해할 수 있다. 법정에서 거짓으로 증언하는 내용을 비판적인 시각으로 들을 줄 아는 사람은 그 거짓을 파헤칠 수 있다는 뜻으로 볼 수 있다.

27) "뻔뻔스러운(아자즈 עָזַז)"은 '단호하다'는 의미도 지닌다. 이 단어는 간음녀가 젊은이를 유혹하는 장면에서도 등장하는데(7,13), 다른 사람들의 시선에 좌우되지 않고 자신이 마음먹은 대로 밀고 나간다는 어감을 풍긴다. 올곧은 이가 제 길을 살펴 그릇되지 않도록 늘 주의하고 신중하게 대처하는 것과 다르다.

28) 30-31절은 인간의 지혜가 아무리 탁월하더라도 하느님의 지혜만 못하고, 인간의 능력이 아무리 뛰어나더라도 하느님의 능력에는 미치지 못한다는 통찰을 전한다. 그리스도인들의 믿음은 인간의 지혜가 아니라 하느님의 힘에 바탕을 두어야 한다는 바오로 사도의 가르침도 이와 맥락을 같이한다(1코린 2,5).

31 전시에 대비해서 병마를 준비하더라도
승리는 **주님**께 달려있다.

22 1 이름은 큰 재산보다 값지고
명성은 은보다 금보다 낫다.[1)]

2 서로 마주치는 부자와 가난한 이
이들을 모두 지으신 분은 **주님**이시다.[2)]

3 영리한 이는 재앙을 보면 몸을 숨기지만
어리석은 자는 그대로 가다가 화를 입는다.[3)]

4 겸손과 **주님**을 경외함에 따른 보상은
부와 명예와 생명이다.[4)]

---

1) '이름'과 '명성'에 대해서는 잠언 10,7 주해, '재산'에 대해서는 8,18 주해, '…보다 낫다'에 대해서는 3,14 주해 참조.

2) '부자와 가난한 이'에 대해서는 14,21 주해 참조.

3) "영리한 이"는 재앙을 보면 몸을 숨기는 소극적 행보만이 아니라, 제 발걸음을 살피고 지식으로 자신을 꾸미는 적극적 행보를 보인다(14,15.18). 27,12에 같은 내용이 반복된다. '영리함과 지식과 현명함'과 '어수룩한 자들과 어리석은 자들'에 대해서는 1,4 주해 참조.

4) 히브리어 구문상 선행구는 '겸손의 보상은 주님을 경외함이고'로 번역되기도 한다. 이 경우 겸손에 따른 보상으로 주님을 경외함만이 아니라 부와 명예와 생명까지 수반된다고 여길 수 있다. 그런데 잠언에서 '겸손'은 지혜가 따르거나(11,2) 영광에 앞서 필요한 덕목으로 제시될 뿐이다(15,33; 18,12). 겸손하면 지혜로워지고 그로 말미암아 주님을 경외하

5[5] 빗나간 자의 길에는 가시덤불과 덫이 있어
제 목숨을 지키려는 이는 그것들을 멀리한다.

6 마땅히 걸어야 할 길을 아이에게 가르쳐라.
그러면 늙어서도 그 길에서 벗어나지 않는다.[6]

7 부자는 가난한 이들을 다스리고
빚진 이는 빚 준 사람의 종이 된다.[7]

8 불의의 씨를 뿌리는 자는 재난을 거두어들이고
그 교만의 기세도 사그라진다.[8]

게 되며 부와 명예와 생명까지 누릴 수 있다는 식으로 이해된다. 요한 카시아누스는 겸손을 모든 덕행의 스승이자 천상 건물의 가장 확고한 기초라고 극찬한다. "겸손은 구원자께서 주시는 멋진 선물이다."

5) 5-6절은 '길'에 대해서 다룬다. 빗나간 자의 길을 멀리하려는 현재의 노력만이 아니라, 미래 세대가 일생토록 바른길을 걸을 수 있도록 어려서부터 가르쳐야 한다고 일깨운다(집회 6,18 참조).

6) '길과 행로'에 대해서는 잠언 1,15 주해 참조.

7) 2절에서는 부자와 가난한 이가 모두 주님의 창조물이라는 점에서 근원적으로 동등하다는 점을 지적하지만, 여기서는 실제 사회에서 일어나는 현상을 있는 그대로 기술한다. 부자는 재력으로 가난한 이들을 다스리는 위치에 있고, 가난한 이들은 빚으로 예속되는 현상이 더 심화되고 있음을 보여준다.

8) 씨를 뿌리고 열매를 거두는 농경생활을 바탕으로 인과응보의 원칙을 제시한다. "불의의 씨"에 걸맞은 열매로 "재난"을 제시하여, 불의하게 살면 재난을 초래할 수밖에 없음을 일깨운다(시편 9,16; 141,10; 집회

9 어진 눈길을 지닌 이는 복을 받으리니
제 양식을 가난한 이에게 나누어 주기 때문이다.[9)]

10 빈정꾼을 내쫓아라. 싸움도 없어지고
다툼과 수치도 그친다.[10)]

11 깨끗한 마음을 사랑하고
친절하게 말하는 이는 임금의 벗이 된다.[11)]

27,25-29 참조). 실제 삶에서는 원인과 결과가 분명하지 않은 경우도 있지만, 일반적인 원칙으로 무난하게 받아들일 수 있다. "사람은 자기가 뿌린 것을 거두는 법입니다"(갈라 6,7).

9) 눈은 외부의 정보를 받아들이기도 하지만, 내면의 심리상태를 외부로 전달하는 역할을 한다. 그래서 현인들은 곁눈질하지 말고 똑바로 앞을 바라보라고 하면서(잠언 4,25), 눈길이 재물이나 이성에게로 향하게 하지 말라고 당부한다(잠언 23,5; 창세 39,7; 욥 31,1; 집회 41,20; 42,12 참조). 또한 눈길이 사납거나 탐욕스러운 사람과 어울리지 말고, 가난한 이들에게 제 양식을 나누어 주는 "어진 눈길"을 지니라고 권면한다(잠언 23,6; 28,22.27 참조).

10) "빈정꾼"을 싸움과 다툼과 수치를 일으키는 원인으로 꼽는다. 빈정꾼은 자신을 방어하는 방식으로 상대방을 비난하는 사람들이다. 지혜를 찾아도 얻지 못하고, 교만 방자하게 행동해서 훈계받는 것을 좋아하지 않을 뿐만 아니라, 그를 꾸짖는 이는 수치를 당하고 미움만 산다(9,7-8; 13,1; 14,6; 15,12; 21,24).

11) 이스라엘 왕국에서 "임금의 벗"은 사제와 임금의 벗을 겸임하기도 하고(1열왕 4,5), 임금의 고문과 함께 나열되기도 한다(1역대 27,33). 또한 하스모네아 왕조의 임금이 국제관계에서 '임금의 벗'이라는 칭호로

12 **주님**의 눈은 지식을 지켜주시고
배신자의 말을 뒤엎으신다.[12)]

13 게으름뱅이는 "밖에 사자가 있어!
길거리에 나가면 난 찢겨 죽어!" 하고 말한다.[13)]

14 낯선 여자들의 입은 깊은 구렁
주님의 분노를 산 자는 거기에 빠진다.[14)]

통용될 뿐 아니라(1마카 10,20; 11,57; 13,36; 14,39), 외국에서도 이 칭호를 받은 인물이 거론된다(1마카 3,38; 7,6; 15,32; 2마카 10,13; 다니 14,2). 이로 미루어 임금의 벗은 정식 관직이나 직책은 아니지만 임금과 우호적인 관계를 맺고 있는 명예직을 나타내는 칭호로 생각된다. 통치계급과 말을 섞는 만큼 이권에 흔들리지 않는 깨끗한 마음과 친절한 대화 태도를 견지해야 한다고 이른다.

12) "주님의 눈"이 지켜주시는 "지식"은 추상적인 앎을 뜻하지 않는다. 대구로 나오는 "배신자의 말"과 대비시켜, 지식을 간직한 사람들이나 현인들의 지혜가 주님이 지켜보시는 가운데 그대로 이루어진다는 뜻이다. 지혜문학에서 지식은 지혜의 유의어로 제시되곤 한다. '영리함과 지식과 현명함'에 대해서는 잠언 1,4 주해, '배신자'에 대해서는 2,22 주해 참조.

13) 게으름뱅이가 일하기 싫어하면서 내세우는 핑계로, 26,13에도 비슷한 내용이 나온다. "사자"는 성경 곳곳에서 이스라엘에 출몰하는 맹수로 언급된다(판관 14,5-6; 1사무 17,34-37; 2사무 23,20; 1열왕 13,24-28; 20,36 참조). 사자가 무서워 바깥으로 나가지 못하는 일은 있을 수 없다는 가르침은 '구더기 무서워 장 못 담그랴'라는 우리말 속담을 연상시킨다.

15 아이의 마음에 자리 잡은 미련함은
교훈의 매가 치워준다.[15)]

16 자기의 재산을 늘리려고 빈곤한 이를 학대하는 자와
부자에게 갖다 바치는 자는 궁핍해지기 마련이다.[16)]

---

14) "낯선 여자들"이 구체적으로 누구를 가리키는지 분명치 않지만, 잠언 1—9장에서 다룬 낯선 여자와 상통한다. 다른 구절에서는 단수로 제시되는데, 이 구절에서는 복수로 제시된다. 특히나 낯선 여자들의 "입"이라는 신체 부위를 언급함으로써, "깊은 구렁"과 형태적으로 유사하게 연결시킨다. '입'은 입맞춤의 유혹과 함께 매끄러운 말의 유혹을 연상시킨다(2,16; 5,3; 7,5 참조). '낯선 여자와 낯모르는 여자'에 대해서는 2,16 주해 참조.

15) 아이들의 교육은 체벌과 밀접하게 관련되어 자주 언급된다(13,24: 23,13-14 참조). '교훈'에 대해서는 1,2 주해, 체벌 교육에 대해서는 13,24 주해 참조.

16) 약한 자에게는 강하고 강한 자에게는 약한 이들의 행태를 비판한다. 자신의 보호막을 만들기 위해 약자들을 수탈하고 부자에게 상납하는 비리를 행하는 이들은 결국 궁핍해지는 대가를 치를 수밖에 없다고 경고한다. 신약성경에서 사람들에게 지탄받던 세리들이 보인 행태도 이와 다르지 않다(루카 3,12-13 참조).

4. 현인들의 첫째 잠언집(22,17—24,22)[17)]

17 귀를 기울여 현인들의 말씀을 듣고
나의 지식에 마음을 쏟아라.[18)]
18 그것들을 가슴에 간직하고

---

17) 이 표제는 히브리어 성경에는 없고 그리스어 성경에 등장한다. 잠언 10,1에서 '솔로몬의 잠언'이라고 명시한 이후 처음으로 솔로몬이 아니라 "현인들의 말씀"(22,17)임을 분명히 밝히면서 귀를 기울이라고 초대한다. 또한 솔로몬의 첫째 잠언집(10,1—22,16)과는 달리, 권면한 다음에 그 이유를 제시하는 방식으로 서술되므로 별도의 모음집으로 생각할 수밖에 없다. '잠언집'이라는 표제는 "서른 가지 잠언"(22,20)이라는 표현에서 비롯되었을 것이다.

이 잠언집에서 22,17—23,11은 이집트의 지혜문학 작품인 『아멘호텝의 가르침』과 유사한 부분이 많아 그 영향을 받았을 것으로 여겨진다. 이 작품에는 신왕국 시절에 아멘호텝이라는 관리가 자기 아들에게 이집트의 행정에 참여하는 서기관이 해야 할 일에 대해 일러주는 가르침이 수록되어 있다. 실천적인 삶의 문제를 다룬다는 점에서 현인들의 첫째 잠언집과 유사하다.

18) 17-21절은 잠언 서두에서 사람들을 초대하는 1,2-7과 같은 방식이며, "현인들의 말씀"으로 시작되는 별도의 모음집으로 초대하는 단락이다. 이 모음집이 이집트의 지혜문학에서 영향을 받았다는 것을 감안할 때, '현인들'은 이스라엘의 지혜 교사들로 한정되기보다는 출신 국가와 상관없이 삶의 통찰을 나누는 지혜로운 사람들을 가리킨다. "나"는 전통으로 내려오는 현인들의 말씀을 사람들에게 전수해 주는 동시에 자신의 가르침을 덧붙였던 특정 지혜 교사를 가리킨다.

다 말할 수 있게 준비를 갖추는 것은 흐뭇한 일이다.[19)]
19 네가 **주님**을 신뢰하도록[20)]
내가 오늘 너에게, 바로 너에게 가르쳐 주리라.
20 내가 너에게 충고와 지식이 담긴
서른 가지 잠언을 써주지 않았느냐?[21)]
21 그것은 너에게 진리의 말씀을 참되게 가르쳐

---

19) 현인들의 말씀과 지혜 교사의 지식을 완전히 숙지해야 하는 이유에 대해 밝힌다. 개인적으로 듣고 가슴에 간직하는 지식 습득 차원에 그치는 것이 아니라, 다른 사람에게 "다 말할 수 있게" 정통할 필요가 있음을 짚는다. "가슴(베텐 בֶּטֶן)"은 배를 가리킨다. 머리가 아니라 배에 간직하라는 표현은 '배의 상자'라는 표현을 사용하는 『아멘호텝의 가르침』과 유사하다. 이집트에서는 생각이 머무르는 장소를 배로 보았고, 이런 생각은 이스라엘의 지혜문학에도 퍼져나갔다(18,8; 20,27.30; 26,22 참조).

20) "주님을 신뢰하도록" 지혜를 전수한다고 명시한다. 마음을 다해 주님을 신뢰하는 이는 행복해진다(3,5; 16,20). 이 내용은 『아멘호텝의 가르침』에서는 찾아볼 수 없다.

21) "서른 가지 잠언"은, 자음으로 기록된 히브리어 본문으로는 '이전에(실솜 שִׁלְשׁוֹם)'라는 뜻이며, 직역하면 '내가 너에게 충고와 지식을 이전에 써주지 않았느냐?'다. 하지만 이 잠언에 영향을 미친 『아멘호텝의 가르침』에 '삼십 장'이라는 표현이 나올 뿐 아니라, 히브리어를 수정해 '삼십(슬로심 שְׁלוֹשִׁים)'으로 번역해 온 전통을 따라 우리말 성경도 '서른 가지 잠언'으로 옮겼다. 현인들의 첫째 잠언집이 어떻게 서른 가지 잠언으로 구분될 수 있는지는 명확하지 않지만, 구전이 아니라 기록으로 전해졌다는 점을 명시하고 있다.

너를 보낸 이들에게 네가 진실한 대답을 할 수 있게 하려는 것이다.[22)]

22 빈곤한 이를 강탈하지 마라. 그가 빈곤하지 않으냐?
성문에서 가난한 이를 억누르지 마라.[23)]
23 **주님**께서 그들의 송사를 떠맡으시고
그 약탈자들의 목숨을 약탈하신다.

24 화를 잘 내는 자와 사귀지 말고
성을 잘 내는 사람과 다니지 마라.[24)]

---

22) "너를 보낸 이들"이라는 표현은 잠언을 받은 이가 사절 역할을 하고 있음을 시사한다. 서른 가지 잠언을 써준 이유는 사절에게 진리의 말씀을 참되게 가르치고, 사절을 보낸 이들에게 진실한 대답을 할 수 있게 하려는 것이었다. 사절은 정확한 메시지를 상대방에게 전달한 후 회답을 받아와야 한다. 사절에 관해서는 잠언에서 여러 차례 다룬다(10,26; 13,17; 25,13 참조).

23) 22-23절은, 빈곤한 이를 강탈하면 주님이 빈곤한 이의 편에 서서 고스란히 되갚아 주시리라고 한다. 성을 오가는 사람들이 모이는 "성문"은 상거래와 재판이 이루어지는 공공장소였다. 고대 이스라엘에서는 시장이나 재판장에서 권력이나 재력을 내세워 가난한 이들을 부당하게 억누르는 일이 종종 있었다(1열왕 21,1-16 참조). 아무도 편들어 주지 않는 현장을 지켜보며, 현인들은 인과응보의 원칙을 내세워 사회정의를 옹호한다. 주님밖에 의지할 데가 없는 이들이기에 주님이 직접 송사를 맡아 약탈자들을 처벌하신다고 선포한 것이다. 예수님이, 작은 이들 가운데 하나라도 업신여기지 않도록 주의하라면서 그들의 천사들이 하느님을 대면하고 있다는 이유를 드셨던 것과 유사하다(마태 18,10).

24) "화를 잘 내는 자"나 "성을 잘 내는 사람"은 일시적으로 감정이

25 네가 그의 길에 익숙해져
너 스스로 올가미를 써서는 안 된다.

26 너는 담보 서는 이들 가운데에,
빚보증 서는 이들 가운데에 끼지 마라.[25]
27 네가 갚을 길이 없을 때
네 밑의 잠자리까지 빼앗기려 하느냐?

28 네 선조들이 만들어 놓은
옛 경계선을 밀어내지 마라.[26]

29 너는 제 일에 능숙한 사람을 보았느냐?
그런 이는 임금들을 섬기고
하찮은 이들은 섬기지 않는다.[27]

흐트러진 사람을 가리킨다기보다 성격으로 굳어진 사람을 나타낸다. 그들의 삶의 방식에 익숙해져 거기서 비롯되는 위험을 자초할까 우려해 그들과 어울리지 말라는 것이다. '화'에 대해서는 잠언 14,17 주해 참조.

25) "담보"나 "빚보증"을 설 때 일이 잘못될 경우 대신 갚을 능력이 있는지 숙고하라고 권한다. 잠언은 보증을 섰을 때 파생되는 온갖 난관을 여러 차례에 걸쳐 다룬다(6,1; 11,15; 17,18; 20,16; 27,13). 여기서는 자신의 주거지에서 쫓겨나 편안한 삶이 쑥대밭이 될 위험성을 경계한다. '보증과 담보'에 대해서는 6,1 주해 참조.

26) '경계선'에 대해서는 15,25 주해 참조.

27) '제 일에 능숙한 사람은 임금들을 섬기고 하찮은 이들은 섬기지 않는다'라는 한 문장으로 압축될 수 있는 금언이 두 문장으로 제시된다. 첫 문장의 수사적 물음은 다음 문장에서 제시하는 통찰에 관심을

23 1[1)] 군주와 식사하는 자리에 앉게 되면
네 앞에 무엇이 있는지 잘 살펴라.
2 배가 몹시 고프면
네 목구멍에 칼을 세워두어라.
3 그의 진수성찬을 탐내지 마라.
그것은 사람을 속이는 음식이다.

4 부자가 되려고 애쓰지 말고
너의 예지를 포기하지 마라.[2)]

집중시키면서 자연스럽게 받아들이게 한다. "제 일(멀락토 מְלַאכְתּוֹ)"과 "임금들(멀라킴 מְלָכִים)"에 해당하는 히브리어는 발음이 유사해서 말놀이가 성립된다. 제 일에 능숙한 이들은 임금들과 가까운 관계에 놓이게 됨을 시사한다.

1) 1–3절은 군주와 함께 식사할 때 갖추어야 할 예절에 대해 다룬다. "네 앞에 무엇이 있는지"는 식사하는 자리임을 감안하면 일차적으로 음식을 지칭한다. 더 나아가 앞으로의 인생에 영향을 미치는 군주와 함께 식사하는 자리임을 명심하라는 뜻으로 '네 앞에 누가 있는지'로 이해할 수도 있다. 또한 식탐에 빠져 추한 모습을 보이다가는 생명까지 위험할 수 있으므로, 진수성찬에 혹하지 말고 자제하는 모습을 보일 것을 당부한다. 『아멘호텝의 가르침』에서도 군주 앞에서 빵을 먹지 말라는 비슷한 내용이 나온다.

교부들은 성경을 지적·영적 의미로 이해해야 한다면서, 군주는 그리스도를 예표하고 식탁에는 주님의 말씀과 성경이라는 빵이 놓여있다고 풀이한다(폰투스의 에바그리우스, 요한 크리소스토무스, 아우구스티누스, 오리게네스, 히에로니무스).

2) 현인은 주님을 경외함으로써 부유해질 수 있기에(3,9–10; 10,22;

5 네 눈길이 재물을 향해 날아가려 하면
그것은 바로 없어지고 만다.
날개를 달아
독수리처럼 하늘로 날아가 버린다.[3]

6[4] 눈길 사나운 자의 빵을 먹지 말고
그의 진수성찬을 탐내지 마라.
7 그는 속으로 계산하는 그런 자이니
말로는 "먹고 마시게!" 하면서도

14,24 참조), 부를 추구하기 위해 지혜와 예지를 포기하지 말라고 촉구한다. 암브로시우스는 이를 재물에 휘둘리지 말라는 의미로 풀이하면서, 신앙인은 신앙 자체로 넉넉해지고, 현인은 모든 것을 자신의 것으로 사용하기에 온 세상을 소유하고 있다고 일깨운다.

3) 재물이 사라지는 모습을 날개 달린 새의 이미지로 묘사한다는 점에서 『아멘호텝의 가르침』과 유사하다. 거기에서는 재물이 거위처럼 하늘로 날아갈 뿐만 아니라, 대지가 입을 벌려 삼켜버릴 것이라고 상세하게 서술한다(9,14—10,5). 재물을 땅에 쌓아두면 좀과 녹이 망가뜨릴 것이라며 하늘에 보물을 쌓기를 권유하는 예수님의 가르침도 이와 무관하지 않다(마태 6,19-21). 재물에 대한 탐욕이 빚는 허무한 결과에 대해서는 지혜 문헌에서 곧잘 다루어진다(코헬 4,7-8; 5,13-17 참조).

4) 6-8절은 1-3절과 비슷한 내용을 다루지만, 진수성찬에 초대받은 이가 취해야 할 식사 예절이 아니라 초대한 사람의 성품에 초점을 맞춘다. "눈길 사나운 자"에서 '사나운(라아 רַע)'은 '악하다'라는 뜻이다. 눈빛이 악한 사람이 제공하는 식사는 아무리 좋은 말로 초대한다 하더라도 불순한 속셈과 의도가 있으므로, 겉으로 보이는 호의만 믿고 선뜻 응했다가는 호된 대가를 치를 수 있다고 경고한다.

마음은[5] 너와 함께 있지 않다.
8 너는 먹은 것을 토해내야 하고
네가 한 찬사도 소용이 없어진다.[6]

9 우둔한 자의 귀에는 아무 말도 하지 마라.
식견 높은 너의 말을 업신여길 뿐이다.[7]

10 옛 경계선을[8] 밀어내지 말고
고아들의 밭을 침범하지 마라.

---

5) '마음'에 대해서는 잠언 2,2 주해 참조.

6) 먹은 것을 토해내는 모티브는 『아멘호텝의 가르침』 11장에서 가난한 이들을 억압해서 빼앗은 재산을 구역질나는 것으로 표현한 것과 유사하고, "찬사"도 공식 만찬에서 발설된 아첨을 가리키는 데 사용되었다. 잠언에서는 이 두 주제를 차용하여 높은 이와의 만찬에서 벌어지는 일로 변형시켰다.

7) 우둔한 자에게 바른길을 가르치려는 시도는 헛될 뿐이라고 지적한다. '우둔한 자'에 대해서는 1,22 주해 참조. 여기서는 업신여김을 받는다고 제시되지만, 26,4에서는 말도 통하지 않는 이들과 어울리다가는 비슷해질 뿐이니 아예 대답도 하지 말라고 권유한다. 신약성경에서도 보석이 얼마나 귀한지 모르는 돼지에게 진주를 던지지 말라고 하여 이와 비슷한 가르침을 전한다(마태 7,6). 암브로시우스는, 현명한 사람은 말하고자 할 때 무엇을 말해야 하며 누구에게 언제 어디에서 말할지를 신중하게 고려한다고 가르친다. 또한 많은 이들은 침묵하는 법을 알지 못해 말을 한다며 침묵의 중요성도 강조한다. '식견'에 대해서는 잠언 12,8 주해 참조.

8) '경계선'에 대해서는 15,25 주해 참조.

11 그들의 후견인은 강력하신 분
그분께서 너에게 맞서 그들의 송사를 떠맡으신다.

12[9] 네 마음이 교훈을 향하도록 이끌고
네 귀가 지식의 말씀을 향하도록 인도하여라.

13 아이를 훈육하는 데에 주저하지 마라.
매로 때려도 죽지는 않는다.[10]
14 아이를 매로 때리는 것은
그의 목숨을 저승에서 구해내는 일이다.

부성적 충고

15[11] 내 아들아, 너의 마음이 지혜로우면

---

9) 12-14절은 아이들을 지혜롭게 키우기 위해서는 체벌도 필요하다고 이른다. 12절에 거론된 '너'가 누구를 가리키는지는 분명치 않다. 아이들을 가리킨다면, 현인은 12절에서는 아이에게 지침을 주고 13-14절에서는 부모에게 교육의 중요성을 설파하는 셈이다. 반면에 부모를 가리킨다면, 부모가 먼저 지혜에 눈을 돌리고 자식들에게도 엄하게 교육시킬 것을 당부하는 이야기가 된다.

10) "훈육하는(무사르מוּסָר)"에 해당하는 단어는 '교훈'으로도 번역된다. '교훈'에 대해서는 1,2 주해, 체벌 교육에 대해서는 13,24 주해 참조.

11) 15-16절은 현인들이 제자를 교육하면서 추구하는 기쁨에 대해 다룬다. 그들은 현인답게, 제자들의 성공이나 명성이 아니라 제자들이 지혜로운 마음을 품거나 올바른 것을 말함으로써 그들의 지혜를 드러낼 때에 보람을 맛본다고 이른다(16,23 참조). 올바른 것들을 말하는 제

내 마음도 기뻐하고
16 너의 입술이 올바른 것을 말하면
내 속도 즐거워한다.
17[12] 너의 마음은 죄인들을 부러워하지 말고
날마다 **주님**을 열심히 경외하여라.
18 그래야 미래가 있고
너의 희망이 끊기지 않는다.

19 내 아들아, 너는 잘 듣고 지혜로워져
너의 마음을 바른길로 이끌어라.[13]
20 술을 폭음하는 자들과
고기를 폭식하는 자들과 어울리지 마라.
21 폭음가와 폭식가는 가난해지고
늘 술에 취하면 누더기를 걸치게 된다.

자들은 지혜 여인과 유사한 행태를 보인다(8,6 참조).

12) 17-18절은 죄인들이 누리는 편안함과 부귀영화를 샘내거나 흥분하다가는 자칫 그릇된 길로 빠져들 수 있다고 경계한다(시편 47; 73편 참조). 그런 마음이 들 때에는 무엇보다도 유혹에 빠지지 않도록 주님을 경외하는 가운데 앞날을 주님께 맡기는 겸손한 자세가 요청된다.

13) "내 아들아"로 시작하여 마음의 문제를 다룬다는 점에서 15-18절과 대비된다. 15절이 제자들을 교육하는 현인들의 마음을 언급했다면, 여기서는 제자들이 스스로 자신의 마음을 바른길로 이끌어 가기를 권유한다는 점에서 차이를 보인다. 죄인들을 부러워하는 기미가 생기지 않도록 내적으로 성찰하고(16-18절), 폭음과 폭식을 하는 자들과 거리를 두라고 함으로써(20-21절) 외적으로 휘둘리지 않도록 차단하는 데에 초점을 맞춘다.

22 너를 낳은 아버지에게 순종하고
어머니가 늙었다고 업신여기지 마라.[14)]

23 진실을 구하되 팔아넘기지 마라.
지혜와 교훈과 예지도 그리하여라.[15)]

24 의로운 이의 아버지는 몹시 즐거워하고
지혜로운 이를 낳은 아버지는 기뻐한다.
25 너의 아버지와 어머니가 기뻐하고
너를 낳은 여인이 즐거워하게 하여라.

---

14) 22–25절은 자녀들에게 지혜를 전수해 주었던 부모에게 올바르게 행동하고 즐거워하게 하라고 권유하고 있어, 잠언 1—9장에 자주 언급된 주제를 연상시킨다(1,8–9; 3,1–12; 4,1–4; 6,20–21). 바른길을 걷는 이들은 대외적으로 어떤 이들과 친분을 나누는지도 중요하지만, 대내적으로 부모를 공경하고 순종하는 것도 중요하다고 이른다. 부모가 나이 들 때까지 자신들을 돌보며 세월을 보냈다는 점을 들어 업신여기지 말 것을 당부한다. 또한 오랜 세월 동안 겪어온 다양한 경험으로 풍요로운 지혜를 간직하고 있느니만큼 귀담아듣기를 촉구한다.

15) 재판에서는 시시비비가 정당하게 가려져야 하지만, 진실을 가리거나 왜곡시키는 거짓 증언으로 그릇된 판결이 종종 발생하였다(1열왕 21,1–16; 다니 13장 참조). 이러한 사회현상을 반영하여, 뇌물에 매수되어 진실을 팔아넘기는 일이 있어서는 안 된다고 지적한다. 더군다나 자연과 사회가 돌아가는 방식을 간파해 내는 지혜를 지닌 현인들은 사회 지도층으로서 그런 불미스러운 일에 연루되지 않도록 각별히 조심할 필요가 있다.

26 내 아들아, 너의 마음을 나에게 다오.[16)]
너의 눈이 내 길을 즐겨 바라보게 하여라.

27 창녀는 깊은 구렁이고
낯선 여자는 좁은 우물이다.[17)]
28 그런 여자도 강도처럼 숨어 기다리다가
사람들 사이에 배신자를[18)] 늘린다.

---

16) "내 아들아"란 호칭에 이어 "마음"과 "길"을 언급한다는 점에서 19절과 유사하다. '마음'은 한 사람의 행동을 좌지우지하는 의지가 머무는 장소로, '길'은 한 사람의 삶을 이끄는 여정을 나타내는 비유로 사용되었다. 19절에서는 아들이 스스로 자신의 마음을 바른길로 이끄는 것으로 서술된다면, 여기서는 아들이라고 부르는 이에게 마음을 내맡기고 그가 보여주는 길을 바라보게 한다는 점에서 관점의 차이를 보인다. 바른길을 걸으라고 권유한 이후에 폭음과 폭식(20–21절)이나 음행(27–28절) 등을 예로 들며 그릇된 행보를 경계하는 논조는 동일하다. 사람들을 '내 아들'이라고 부를 수 있는 이로는 아버지와 어머니, 현인과 지혜 등을 꼽을 수 있다. 아우구스티누스는 하찮고 쓸모없는 것에 끌려다녔던 마음 상태를 바로잡기 위해 사랑이 지혜를 통해 건네는 말로 풀이한다.

17) "깊은 구렁"은 혼자서 올라가기에는 너무 깊고, "좁은 우물"은 옴짝달싹할 수 없도록 붙잡혀서 자력으로는 빠져나갈 수 없는 위험한 상태를 나타낸다. '낯선 여자와 낯모르는 여자'에 대해서는 잠언 2,16 주해 참조.

18) '배신자'에 대해서는 2,22 주해 참조.

주정꾼의 모습[19)]

29 누가 비탄에 젖어있느냐? 누가 애통해하느냐?
누가 싸움질하였느냐? 누가 원망하느냐?
누가 까닭 없이 상처를 입었느냐?
누가 슬픔에 잠긴 눈을 하고 있느냐?
30 늦도록 술자리를 뜰 줄 모르는 자들
혼합주를 맛보러 온 자들이다.
31 빛깔이 좋다고 술을 들여다보지 마라.
그것이 잔 속에서 광채를 낸다 해도,
목구멍에 매끄럽게 넘어간다 해도 그러지 마라.
32 결국은 뱀처럼 물고

---

19) 주정꾼이 어떤 사람인지를 질문과 답변, 관찰과 묘사 등의 기법을 혼용하여 제시한다. 우선 여섯 가지 수사학적 질문으로 술에 취한 사람들이 울고 다투며 원망과 불평을 늘어놓는 모습을 생생하게 그려낸다(29절). 이어 주사酒邪를 부리는 이들은 밤이 늦도록 오래 마시거나 술을 섞어 마시는 주정뱅이임을 명시한다(30절). 혼합주는 빛깔이 영롱하고 반짝이거나 향과 식감을 좋게 하는 등의 감각에 의존해 마시고 싶은 욕구를 불러일으켜 취하게 만든다(31-32절). 이후로는 취기로 외부 감각 기관이 제대로 작용하지 않아 돛대에 누워있는 것처럼 이리저리 흔들리게 하는가 하면 사람들의 시비에 휘말리게 하기도 한다(34-35절).

교부들은 습관적으로 술을 마시는 주정꾼은 자기 안에 나병을 얻게 되어 하느님께는 역겹고 사람들에게는 비난받는다고 지적한다(아를의 카이사리우스). '슬픔에 잠긴 눈'은 참된 삶을 추구하도록 자극하는 동기들을 잊어버려 타락으로 끌려들어 가는 죽음의 표지라고 이른다(알렉산드리아의 클레멘스).

살무사처럼 독을 쏜다.
33 네 눈은 이상한 것들을 보게 되고
네 마음은[20] 괴상한 소리를 지껄이게 된다.
34 너는 바다 한가운데에 누운 자와 같고[21]
돛대 꼭대기에 누운 자와 같아진다.
35 "사람들이 날 때려도 난 아프지 않아.
사람들이 날 쳐도 난 아무렇지 않아.
언제면 술이 깨지?
그러면 다시 술을 찾아 나서야지!" 하고 말한다.

현인들의 다른 말씀

24
1[1]) 악한 사람들을 부러워하지 말고
그들과 어울리려 하지 마라.

---

20) '마음'에 대해서는 2,2 주해 참조.

21) 대 그레고리우스는 우리의 마음을 이 세상의 폭풍우 한가운데에서 몸이라는 배를 인도하는 항해사에 비유한다. 이 세상에서 산더미 같은 파도처럼 우리를 위협하는 악의 공격에 대해 온갖 노력으로 극복하고 앞을 내다봄으로써 미래의 난관에 맞설 힘을 모으라고 권면한다.

1) 1-2절에서는 악한 사람들의 성공을 부러워해 그들에게 편승하여 이권을 챙기려는 유혹에 빠져들지 말라고 권면한다. 함께 어울릴 때에는 부드러운 얼굴을 일시적으로 보여줄지 모르지만, 내면의 본질은 바뀌지 않기에 폭력과 재앙을 야기하는 사건에 휘말릴 위험이 있기 때문이다. 이겨내기 어려운 역경 가운데서 손쉬운 해결책을 찾아 악한 사람들에게 줄을 대기보다는 하느님께 충실한 가운데 어떻게 해야 좋은지를 모색하라고 이른다. 다른 구절에서도 이와 유사하게 포악한 사람이

2 그들 마음은[2)] 폭력을 꾀하고
그들 입술은 재앙을 말한다.

3[3)] 집은 지혜로 지어지고
슬기로 튼튼해진다.
4 방들은 지식으로[4)] 말미암아
온갖 귀하고 아름다운 보화가 가득 찬다.

나 죄인들을 부러워하지 말고, 악인의 길은 어떤 것이든 따르지 말며, 날마다 주님을 경외하라고 가르친다(3,31; 23,17 참조).

2) '마음'에 대해서는 2,2 주해 참조.

3) 3-4절은 무엇을 기반으로 집을 지어야 하는지에 초점을 맞춘다. 곧 규격에 맞추어 바른 방식으로 지어야 튼튼한 집을 지을 수 있다는 것이다. 특히 '지혜와 슬기'를 강조함으로써 집으로 상징되는 공동체를 굳건하게 세우기 위해서는 편법이나 비리가 아니라 정해진 절차와 틀에 따라야 한다고 이른다. 지혜와 슬기로 집을 짓는 행위는 우주의 질서와 조화를 이루는 가운데 세상을 창조하신 주님의 일을 계승하는 행위이기도 하다(3,19 참조). 지혜로 집을 짓는 구체적인 실례는 집안을 지혜롭게 건사하고 화목하게 하는 훌륭한 아내의 경우에서 찾아볼 수 있다(31,10-31 참조). 지혜로운 사람들의 집은 지혜로 지어진 만큼 지식으로 말미암은 보화가 방들에 채워지는 데 비해, 어리석은 악인들의 집은 온갖 값진 재물로 채워지기는 하지만 약탈해 온 물품일 뿐이다(1,13 참조).

요한 크리소스토무스는 지혜로 지어지는 집이 그리스도가 세우신 교회를 나타낸다고 보고, 방에 가득 채워진 귀하고 아름다운 보화는 그리스도를 믿고 본받으며 선하게 살아가는 사람들의 마음을 뜻한다고 가르친다.

4) '영리함과 지식과 현명함'에 대해서는 1,4 주해 참조.

5[5] 지혜로운 남자는 힘센 자보다 강하고
지식을 갖춘 사람은 장사보다 굳세다.

6 전쟁은 현명한 지휘로 수행해야 하고
승리는 조언자들이 많아야 거둘 수 있다.[6]

7 지혜는 미련한 자에게 너무나 높아
그는 성문 광장에서 입을 열지 못한다.[7]

---

5) 5–6절은 '지혜가 힘보다 강하다'는 점을 전쟁과 비교해 예시한다. '…보다 낫다'에 대해서는 3,14 주해 참조. 전쟁의 승패는 각 나라의 군사력이 아니라 현명한 지휘와 전략에 따라 갈린다. 분노를 참아내고 자신을 다스리는 이가 성을 정복한 용사보다 나으며(16,32), 지혜로운 이 하나가 용사들이 지키는 성읍에 쳐 올라가 그들이 믿는 요새를 허물어뜨린다(21,22). 이처럼 지혜는 큰 힘을 발휘하지만, 지혜로운 사람을 알아볼 수 있는 안목이 있어야 그 힘을 활용할 수 있다고 지적한다(코헬 7,19; 9,13–16). 존자 베다는 악마와 연관시켜 힘센 사람이라고 다 지혜롭지는 않지만, 현인은 신체적으로 허약하더라도 악마의 모든 힘을 이길 수 있기에 강하다고 이른다.

6) '전쟁은 현명한 지휘로 수행해야 한다'는 선행구는 잠언 20,18의 후행구를 반복한다. '영리함과 지식과 현명함'에 대해서는 1,4 주해 참조.

7) 7–9절은 "미련한 자"라는 표현을 반복하면서 그들이 어떤 사람들인지를 밝힌다. '미련한 자'에 대해서는 1,7 주해 참조. "성문 광장"은 공동체 구성원의 의견을 수렴하거나 시시비비를 가리는 재판이 열리는 장소였다. 따라서 당면한 문제를 분석하거나 해결책을 제시할 수 없는 미련한 자는 성문 광장에서 의견을 말할 수조차 없었다. 또한 공개석상에서 공동체에 유익한 지혜를 드러내 보이지 않으면서, 자신만을 위해 일

8 악행을 저지르려고 궁리하는 자를
음모꾼이라 부른다.

9 미련한 자는 죄악만 꾸며낸다.
빈정꾼은[8] 사람들이 역겨워한다.

10[9] 네가 환난을 당할 때에 낙심하면
너의 힘도 줄어든다.

11 죽음에 사로잡힌 이들을 구해내고
학살에 걸려드는 이들을 빼내어라.
12 "이봐, 우리는 그걸 몰랐어" 하고 네가 말하여도
마음을[10] 살피시는 분께서 알아보시지 않느냐?

을 꾸미는 음모꾼에 불과하다고 따끔하게 꼬집는다.

8) '빈정꾼'에 대해서는 1,22 주해 참조.

9) 10-12절은 생명을 위협하는 환난에 직면했을 때 어떻게 처신해야 하는지에 대해서 다룬다. 우선, 환난 앞에서 마음을 굳세게 다잡는 일이 무엇보다도 중요함을 일깨운다. 히브리어 발음이 유사한 '환난(차라 צָרָה)'과 '줄어들다(차르צַר)' 단어를 사용하여 환난을 겪으면 심신이 위축되기 마련이라는 점을 지적한다. 이어 생명을 구하는 일이 무엇보다도 시급하니 굳이 변명하거나 회피하지 말고 모든 것을 알아차리고 심판하시는 하느님께 모두 맡기라고 이른다. 이와 같은 맥락에서 요한 크리소스토무스도 운동선수들이 훈련할 때에 모래자루를 사용하듯이, 우리의 삶에는 우리를 훈련시키고 강하게 만드는 것들이 가득하다면서 낙담하거나 좌절하지 말라고 당부한다.

10) '마음'에 대해서는 2,2 주해 참조.

영혼을 지켜보시는 분께서 아시고
사람에게 그 행실대로 갚으신다.

13[11] 내 아들아, 꿀은 좋은 것이니 먹어라.
송이 꿀도 입에 달다.
14 지혜도 네 영혼에 그러함을 알아라.
네가 그것을 얻으면 미래가 있고
네 희망이 끊기지 않는다.

15[12] 너는 악인처럼 의인의 보금자리를 노리지 말고
그의 안식처를 망쳐놓지 마라.
16 의인은 일곱 번 쓰러져도 일어나지만[13]

---

11) 13-14절은 "내 아들아"라는 호칭으로 주의를 환기시킨 다음, 지혜가 꿀처럼 우리의 삶에 달콤한 미래와 희망을 선사해 주므로 반드시 얻어야 된다고 가르친다.

12) 15-22절은 악인과 의인을 대비시켜 의인의 보금자리를 노리는 악인의 행태를 부러워해서 따라하거나 격분하지 말라고 당부한다(시편 37,1.7 참조). 의인은 설사 넘어졌다 하더라도 다시 재기할 수 있다. 그렇지만 악인은 주님의 진노로 멸망에 이를 것이기에 미래가 없으므로, 그들이 쓰러졌다고 해서 기뻐하지 말며 아예 어울리지도 말라고 이른다.

13) "일곱"이라는 숫자는 완전함을 나타내는 상징수다. 의인은 환난과 시련이 닥쳐올 때마다 쓰러질 수는 있지만 좌절하거나 포기하지 않고 언제나 재기할 수 있음을 나타낸다. 교부들은 '일곱 번 쓰러지는 행위'와 '다시 일어나는 행위'를 영적으로 풀이한다. 의인은 고난으로 비참해지거나(아우구스티누스) 자주 잘못한다 하더라도(요한 카시아누스, 아를의

악인은 불행 속으로 넘어지기 때문이다.

17 네 원수가 쓰러졌다고 기뻐하지 말고
그가 넘어졌다고 마음속으로 즐거워하지 마라.[14)]
18 **주님**께서 그것을 보시고 좋지 않게 여기시어
그에게 내리신 노여움을 돌이키신다.

19 악을 행하는 자들 때문에 격분하지 말고
악인들을 부러워하지 마라.
20 악한 자에게는 미래가 없고
악인의 등불은 꺼지고 만다.[15)]

카이사리우스, 존자 베다), 기도와 선행으로 치유받는 가운데 다시 일어남으로써(존자 베다) 이익을 얻는다고 가르친다(아우구스티누스).

14) 16절에 나오는 '쓰러지다'와 '넘어지다' 어휘를 연결고리 삼아, 원수가 추락했을 때라도 기쁜 반응을 보이지 말라고 이른다. 16절에서는 의인과 악인이 추락 후에 재기할 수 있는지의 여부를 제시했다면, 17절에서는 원수가 추락했을 때 보이는 사람들의 반응을 제시한다. 여기서 원수는 동족의 생명을 노리는 적대 집단이라기보다 개인적으로 원한 관계를 맺고 있는 동족으로 여겨지는데, 아무리 원수 관계에 있다 하더라도 상대방의 불행을 즐거워하는 반응을 보인다면, 뜻하지 않은 허물이나 숨겨진 잘못이 될 수밖에 없다는 통찰이 깃들어 있다(시편 19,13-14; 139,23-24 참조). 복수는 인간이 아니라 하느님의 몫이기에 복수심으로 야기되는 불필요한 인과관계에서 벗어나 선으로 악을 굴복시켜야 한다(신명 32,35; 로마 12,17-21 참조).

15) '빛과 등불'에 대해서는 잠언 6,23 주해 참조.

21 내 아들아, **주님**과 임금을 경외하고
너와 생각이 다른 자들과는 사귀지 마라.[16)]
22 그분들이 내리시는 재앙은 갑자기 들이닥치는 법
그 두 분이 일으키시는 멸망을 누가 알겠는가?

---

16) 주님이 임금이라는 표현은 종종 나오는데(시편 93,1; 96,10; 97,1; 99,1 참조), 이 구절에서만 주님 경외를 임금 경외와 연결시킨다. 주님이 임금에게 다스릴 나라를 맡기면서 정의와 공정을 실행하도록 위촉하셨다고 여기기 때문이다(잠언 21,3; 시편 72편; 로마 13,1-8; 1티모 3,1-3; 티토 3,1; 1베드 2,13-17 참조). 여기서는 둘 다 압도적인 권력을 가지고 있기에, 그들에게서 오는 재앙은 급작스럽고 피할 수 없음을 역설한다.

5. 현인들의 둘째 잠언집(24,23-34)[17]

23 이 또한 현인들의 말씀이다.

재판할 때에 한쪽을 편드는 것은 좋지 않다.[18]
24 악인에게 "너는 무죄다!" 말하는 자
백성들이 그를 저주하고
민족들이 그에게 악담한다.
25 그러나 공정하게 판결하는 이들은 잘 지내며
좋은 복을 받는다.

26 올바른 대답을 하는 이는

---

17) '이 또한 현인들의 말씀이다(גַּם־אֵלֶּה לַחֲכָמִים)'라는 표현에서 잠언 24,23–34이 현인들의 첫째 잠언집(22,17—24,22)에 덧붙여졌음을 알 수 있다. 칠십인역에서는 이 표현을 표제로 삼아 히브리어 본문에 없는 다섯 절을 30,14 이후에 추가함으로써 잠언이 획일적으로 집대성되지 않았음을 보여준다. 현인들의 둘째 잠언집은 '재판'(23–25절과 28절)과 '말'(26절과 29절)과 '일'(27절과 30–34절)에 대해 다룬다.

18) 23–25절은 공정한 심판에 대해 다룬다. 편파적인 판결은 정의를 침해해 백성의 저주를 초래할 뿐 아니라 하느님이 역겨워하신다(잠언 17,15; 신명 1,17; 16,19 참조). 민족들의 악담은 나라와 문화가 다를지라도 정의에 관한 기본 규범은 보편적임을 시사한다. '편들다(하케르 파님 הַכֵּר־פָּנִים)'는 직역하면 '얼굴을 인지하다'라는 뜻이다. 안면이 있다고 해서 사건을 공정하게 판결하지 않는 일이 있어서는 안 된다고 강하게 당부한다.

입술을 맞추어 주는 이와 같다.[19)]

27 바깥일을 정리하고
밭일을 준비한 다음
집을 지어라.[20)]

28[21)] 까닭 없이 이웃을 해치는 증인이 되지 마라.
네 입술로 남을 속이지 마라.

29 "그가 나에게 한 것처럼
나도 그에게 하여
그 사람이 한 행실대로 갚겠다" 하지 마라.

---

19) 입술을 맞추어 주는 것이 호의의 표시로 제시된다. 이권이 개입되어 매수와 협박이 오가는 재판에서 사실 그대로를 진술하는 이는 사건에 말려든 이에게 호의를 보이는 사람이다.

20) 일의 중요도에 따라 순서를 정한다. 농경사회에서는 농경이 무엇보다도 중시되었고, 개인보다는 공동체의 일에 우선순위를 두었다. 따라서 개인의 편안과 안전을 확보하기 위해 집을 짓는 행위는 공동체에 필요한 바깥일과 생계를 위한 밭일보다 뒤로 밀렸다.

21) 28-29절은 거짓 증언에 대해 다룬다(잠언 14,5; 19,5; 25,18 참조). 외압에 굴복하거나 매수되어 거짓 증언을 하거나 복수하려는 생각에 사로잡혀서는 안 된다고 이른다. 둘 다 삶에 부정적인 영향을 미치는 만큼 복수는 하느님께 맡기고 과거에서 벗어나 자유롭게 살아가기를 바라는 현인들의 통찰이 깃들어 있다. '거짓 증인'에 대해서는 6,19 주해 참조.

게으름뱅이[22]

30 내가 게으른 사람의 밭과
지각없는 자의[23] 포도원을 지나갔는데
31 보아라, 온통 엉겅퀴가 우거지고
전부 쐐기풀이 뒤덮었으며
돌담이 무너져 있었다.
32 나는 그것을 바라보며 깊이 생각하고
그것을 보며 교훈을[24] 얻었다.
33 "'조금만 더 자자. 조금만 더 눈을 붙이자.
손을 놓고 조금만 더 누워있자!' 하면
34 가난이 부랑자처럼,
빈곤이 무장한 군사처럼 너에게 들이닥친다."

---

22) 이스라엘의 현인들은 일의 가치를 높이 평가한다. 일을 통해 소득을 얻을 뿐 아니라, 자아를 실현하고 다른 사람과 관계를 맺어나가기 때문이다. 여기서는 게으른 삶에서 비롯되는 참담한 모습을 다섯 절에 걸쳐 신랄하게 풍자한다. 그동안 두 절로 된 경구를 선호했던 것과 달리, 예화(30-32절)를 덧붙여 경구(33-34절)가 이야기되는 상황을 구체적으로 제시한다. 경구는 6,10-11의 내용과 똑같다.

23) '지각없는 자'에 대해서는 6,32 주해 참조.

24) '교훈'에 대해서는 1,2 주해 참조.

6. 솔로몬의 둘째 잠언집(25,1—29,27)[1)]

25 1 이것도 솔로몬의 잠언으로서
유다 임금 히즈키야의 신하들이 수집한 것이다.[2)]

2[3)] 일을 숨기는 것은 하느님의 영광이고

---

1) "솔로몬의 잠언"(잠언 25,1)이라는 표제어를 사용하여 솔로몬 임금의 이름으로 수집된 두 번째 모음집임을 시사한다. 서두에 '이것도(감 엘레 גַּם־אֵלֶּה)'를 덧붙임으로써 "이 또한 현인들의 말씀이다"(24,23)로 시작하는 현인들의 둘째 잠언집의 문체와 유사한 형태를 취한다. 이 잠언집은 솔로몬의 첫째 잠언집처럼 두 부분으로 구성된다. 25—27장은 사회를 구성하는 위계질서와 여러 장소를 배경으로 하여 다양하고 풍부한 은유로 바르게 처신하는 법을 가르치고, 28—29장은 임금과 정의라는 주제에 특별히 관심을 보이며 통치자들이 추구해야 할 덕목을 다룬다는 점에서 '왕자들의 귀감'으로 불린다.

2) 솔로몬의 잠언을 누가 언제 수집했는지에 대해 전해준다. "히즈키야의 신하들"이 수집했다는 내용으로 보아, 솔로몬의 잠언이 계속 전해오면서 발전했음을 알 수 있다. 히즈키야 임금은 북왕국 이스라엘이 멸망한 다음 야훼 제의를 혁신하고 개혁하는 정책을 펴 두 번째 솔로몬으로 여겨졌다(2열왕 18—20장; 이사 36—39장 참조). 그의 신하들은 자연스럽게 솔로몬의 잠언을 수집해서 편찬했다. 여기서 "수집한(아테크 עָתֵק)"을 직역하면 '이동하다'라는 뜻이다. 사역형 동사로 사용되었기에, 그동안 전해 내려온 솔로몬의 잠언을 필사본으로 옮겼다는 뜻인지 아니면 편집했다는 뜻인지 분명하지 않다.

3) 2-3절은 모두 "임금(멜렉 מֶלֶךְ)"과 '찾다(하카르 חָקַר)'라는 두 단어를

일을 밝히는 것은 임금의 영광이다.
3 하늘이 높고 땅이 깊은 것처럼
임금의 마음도[4] 헤아릴 길 없다.

4[5] 은에서 불순물을 없애야
은장이가 쓸 재료가 나온다.
5 임금 앞에서 악인을 없애야
왕좌가 정의로 굳건해진다.
6[6] 임금 앞에서 잘난 체하지 말고

사용함으로써, 하느님과 임금이 서로 연관성이 있으면서도 궁극적으로는 다르다는 것을 일러준다. 하느님은 숨기기도 하고 드러내기도 하시는 분이다(신명 29,28; 2열왕 4,27; 이사 45,15; 시편 68,29 참조). 여기서 임금은 일을 밝히는 모습으로 묘사되므로, '찾다' 동사는 범죄가 일어났을 때 그 사건의 진상을 밝혀내어 올바르게 판결하는 사법적 기능을 나타내는 것 같다(잠언 18,17; 1열왕 3,28 참조). 그런데 3절에서는 하느님만이 아니라 임금의 마음도 직접 드러내지 않는 한 알 길이 없다는 점을 명시한다. 그런 면에서 하느님과 임금은 유사하다. 임금의 마음을 헤아리는 것이 현명한 신하가 추구해야 할 영광이다.

4) '마음'에 대해서는 잠언 2,2 주해 참조.

5) 4–5절은 은을 제련하는 방식에 빗대어 임금의 왕좌를 굳건하게 할 방안을 제시한다. 어떤 사람을 가까이 하느냐에 따라 그 영향을 받을 수밖에 없으므로(1,8–19 참조), 정의롭게 다스리기 위해서는 반드시 악인을 제거해야 한다. 2–3절에 적용시키면, 임금이 재판 때에 숨겨진 진상을 파악하고 난 후에는 다른 문제를 고려해 덮어두려 하지 말고 과감하게 쳐내야 한다고 조언하는 셈이다.

6) 6–7ㄴ절은 임금 앞에 섰을 때에 겸손한 자세를 취해야 한다고 권

지체 높은 이들 자리에 서지 마라.
7 "이리 올라오게!" 하는 말을 듣는 것이
귀족들 앞에서 하대받는 것보다 낫다.[7)]

네 눈으로 보았다 해서
8 성급히 법정에 나서지 마라.
네 이웃이 너를 부끄럽게 하면
결국 어찌 하려느냐?

9 이웃과 다툴 일이 있으면 다투되
남의 비밀은 들추지 마라.
10 그것을 들은 이가 너를 꾸짖고
너를 두고 하는 험담이 그치지 않는다.[8)]

한다. 신하는 자신의 역량을 지나치게 내세우기보다 자신을 낮추어 임금에게 인정을 받는 편이 훨씬 낫다는 처세술에 가깝다. 집회 13,9-10에서도 이와 유사하게 권력자가 초대할 때에 현명하게 처신하는 법을 다룬다. 루카 14,7-11은 궁정이 배경은 아니지만 잔치에 초대받았을 때에 윗자리에 앉지 말고 끝자리에 앉을 것을 당부한다.

대 바실리우스는 스스로 자신을 칭송하거나 다른 사람들의 칭송을 받는 일이 없도록 자신의 남다른 재능을 감추라고 이른다. 반면에 자신이 저지른 죄에 대해서는 다른 사람들이 고발할 때까지 기다리지 말고 스스로 자신을 먼저 고발하는 의인이 되라고 권한다.

7) '…보다 낫다'에 대해서는 잠언 3,14 주해 참조.

8) 7ㄷ-10절은 눈으로 목격한 단순한 증거로 법정에 나서거나, 시비를 가리려고 무분별하게 폭로하지도 말라고 당부한다. 재판이 열리면 피소된 상대방이 어떤 증거를 내세워 반론을 펴는지에 따라서, 고소인

11[9] 알맞게 표현된 말은
은 쟁반에 담긴 황금 사과와 같다.
12 들을 줄 아는 귀에 지혜로운 훈계자는
금 고리요 순금 장식과 같다.

13 믿음직한 심부름꾼은 그를 보낸 주인에게
수확 때의 시원한 얼음과 같아

이나 증인의 증거가 유효하고 합당한지 최종적으로 검증받게 된다. 이에 따라 증거의 채택 여부가 결정되는데, 처음과는 다른 상황으로 바뀌어 버리는 경우도 있음을 현인들은 지적한다(18,17 참조). 이때는 무고죄로 고소를 당할 수도 있다. 나아가 재판에 이기려고 상대방과 공유했던 비밀까지 마구 폭로하다 보면 공동체에서 배척당하는 불상사를 맞을 수도 있음을 경계한다. 현인들은 분쟁을 멀리하는데, 미련한 자는 모두 싸움에 뛰어든다는 가르침도 이와 상통한다(20,3 참조). "들은 이"는 쌍방의 의견을 듣고 판결을 내리는 재판관을 가리키는 것 같다.

9) 11-12절은 말이 지닌 가치를 황금에 빗댄다. 또한 현인들의 조언이 이를 알아들을 줄 아는 이들에게 가치 있는 패물이 될 수 있다고 이른다. "알맞게"는 히브리어로 '상황(오펜 אֹפֶן)'을 뜻한다. 상황에 맞추어 올바르게 응답한 말은 "은 쟁반에 담긴 황금 사과"처럼 귀한 가치가 있다는 뜻이다. 사람이 알맞은 때에 나오는 올바른 대답으로 기쁨을 얻는다고 이르는 15,23의 통찰과 유사하다. 우둔한 자는 언제 말을 해야 하는지 모르지만, 현인들은 침묵을 지켜야 할 때에는 침묵을 지키고 적절한 때에 꼭 필요한 말을 한다(12,23; 17,27-28; 23,9; 26,4-5.7-9 참조). 그 말의 가치를 헤아려 들을 줄 아는 사람은 "금 고리"와 "순금 장식"처럼 삶을 알차게 꾸밀 수 있다고 지적한다. '말'에 대해서는 10,18 주해 참조.

그 주인의 생기를 돋우어 준다.[10)]

14 거짓 선물을 자랑하는 자는
구름과 바람은 있으나 비가 없는 것과 같다.[11)]

15 끈기는 판관을 설득하고
부드러운 혀는 뼈를 부순다.[12)]

---

10) 어떤 일을 추진하거나 계약하는 데 책임자의 의중을 제대로 반영하는 심부름꾼은 문제를 해결하는 데 결정적인 역할을 하였다(13,17; 25,25 참조). '사신과 사절'에 대해서는 13,17 주해 참조. "수확 때의 시원한 얼음"은 한참 땀 흘려 일하는 추수기에 더위를 식혀주듯이, 심부름꾼이 주인의 일을 속 시원히 해결해 주었음을 나타내는 비유다. "수확(카치르קָצִיר)"과 "심부름꾼(치르צִיר)"은 발음이 비슷해 말놀이가 성립된다.

11) "거짓 선물을 자랑하는 자"는 구름이 끼고 바람이 불어 비가 올 듯하다가 결국 오지 않는 상황처럼 실속이 없음을 지적한다. 엘리야 예언자가 이스라엘에 극심한 가뭄이 든 상황에서 카르멜 꼭대기에서 비구름을 기다리며 기도하는 상황을 떠올리게 한다(1열왕 18,41-45 참조).

12) 솔로몬의 첫째 잠언집이 음식과 샘에 대한 비유에서 탁월한 면모를 보인다면, 둘째 잠언집은 폭력을 다루는 방식을 비유로 표현하는 데 탁월하다(브라운). 실제로 "부드러운 혀는 뼈를 부순다"는 은유는 첫째 잠언집에서 "부드러운 대답은 분노를 가라앉히고"(잠언 15,1)란 서술적인 설명보다 훨씬 강하게 전달된다. 판관은 사건을 객관적으로 바라보며 증인과 증거에 입각해 사법적 판단을 하는 인물이므로, 한 개인의 감정이나 주장에 휘둘리지 않기에 설득하기가 쉽지 않다. '뼈'는 이러한 판관의 강직한 특성을 나타내는 듯하다. 현인들은 이들을 상대로 화난 감정을 발산하는 것은 싸움만 일으키는 미련한 짓이라고 단정한다

16[13] 꿀을 발견하더라도 적당히 먹어라.
질려서 뱉어버리게 된다.

17 이웃집이라고 너무 자주 드나들지 마라.
질려서 너를 미워하게 된다.

18[14] 이웃에게 해로운 거짓 증언을 하는 자는
방망이와 칼과 날카로운 화살과 같다.

(14,29; 15,18; 16,32 참조). 분노에 더딘 이가 자신의 주장이 옳다고 인정받을 때까지 부드러운 말로 끈기 있게 설득하는 자세야말로 지혜로운 처사다. 불의한 재판관을 계속 찾아가 올바른 판결을 내리도록 이끌어 낸 과부를 연상시킨다(루카 18,1-5).

13) 16-17절은 '충족하다, 과도하다'라는 뜻의 "질려서(사바 שָׂבַע)"란 단어로 서로 연결된다. 음식이든 이웃이든 즐기며 친교를 나누는 정도를 넘어설 때 오히려 역효과를 가져온다는 것이다.

14) 18-20절은 이웃 간의 친교를 무너뜨리는 세 가지 경우를 열거한다. 우선, "거짓 증언"은 "방망이와 칼과 날카로운 화살"과 같은 무기류에 비유될 정도로 치명적이다. 거짓 증언은 무고한 이웃을 해치는 죄악이자 공동체를 무너뜨리는 촉매 역할을 하기에 십계명에서도 금령으로 제시된다(탈출 20,16). '거짓 증인'에 대해서는 잠언 6,19 주해 참조. 다음으로, 한 식구로 여길 만큼 친숙한 사이라고 생각해서 믿었다가 배신을 당하는 아픔은 이가 부서지거나 제 발로 딛고 서지 못할 만큼 통렬하다. 끝으로, "마음이 아픈 이"에게 공감해 주지는 못할망정 노래를 부르며 조롱하는 행동은 상처를 더욱 악화시킨다. 상처에 기름과 포도주를 붓고 싸매는 행위는 치유에 도움이 되지만(예레 51,8; 루카 10,34 참조), 식초를 끼얹는 행위는 상처를 덧나게 하거나 통증을 더 심하게 할 뿐이다.

19 환난을 당할 때에 배신자를[15] 믿는 것은
부서지는 이요 비틀거리는 발과 같다.

20 마음이[16] 아픈 이에게 노래를 불러대는 자는
추운 날에 옷을 벗기는 자와 같고
상처에 식초를 끼얹는 자와 같다.

21 네 원수가 주리거든 먹을 것을 주고
목말라하거든 물을 주어라.[17]

---

15) '배신자'에 대해서는 잠언 2,22 주해 참조.

16) '마음'에 대해서는 2,2 주해 참조.

17) 이웃에게 해를 입히거나 화를 불러일으키는 행동을 하는 이들을 한마디로 표현하면 "원수"다. 이들에게는 받은 만큼 되돌려주거나 그 이상으로 앙갚음하려는 복수심을 품게 된다(창세 4,23-24 참조). 고대 사회에서는 사회가 폭력의 악순환에 빠지지 않도록 제도적 장치를 마련하였다. 우선, "목숨은 목숨으로, 눈은 눈으로, 이는 이로, 손은 손으로, 발은 발로, 화상은 화상으로, 상처는 상처로, 멍은 멍으로 갚아야 한다"(탈출 21,23-25)는 동태복수법으로 과도하게 복수하지 못하도록 했다. 다음으로, 살인을 했어도 고의와 실수로 벌어진 행위를 구분하여 피해자의 가족이 과하게 복수하는 사태를 막기 위해 도피성이라는 제도를 운영하였다(여호 20장). 또한 원수라 할지라도 원수의 소나 나귀에 문제가 생겼을 때에는 기꺼이 호의를 보이라고 권하며(탈출 23,4-5 참조), 동포에게는 앙갚음하거나 앙심을 품어서도 안 된다고 가르친다(레위 19,17-18). 잠언에서도 원수에게 앙갚음하려는 생각을 품지 말고, 원수에게 불행한 일이 닥쳤다 하더라도 마음속으로 즐거워하지 말라고 이른다(잠언 20,22; 24,17.29). 나아가 절친한 이웃을 대하듯이 원수에게 필요한

22 그것은 숯불을 그의 머리에 놓는 셈이다.[18)]
주님께서 너에게 그 일을 보상해 주시리라.

23 북풍이 비를 몰고 오듯
숨어 헐뜯는 혀는 성난 얼굴을 몰고 온다.[19)]

음식을 채워주라고 권한다. 이런 가르침은 원수를 사랑하라는 예수님의 말씀으로 이어진다(마태 5,44). 바오로 사도도 이 본문을 인용하여 원수들에게 복수할 생각에 사로잡혀 인생을 망치지 말고, 선한 마음으로 모든 사람에게 한결같이 대하라고 권유한다(로마 12,20).

18) '숯불을 원수의 머리에 놓는다'는 표현이 무슨 뜻인지 모호하다. 외경에서는 "어느 죄인도 죄를 짓지 않았다고 말하게 하지 마라. 왜냐하면 하느님이 '나는 하느님과 그분의 영광 앞에서 죄를 짓지 않았다'고 말하는 이의 머리 위에 숯불을 타오르게 할 것이기 때문이다"(2에스 16,53)라고 하여 심판의 의미로 사용한다. 그런데 이집트의 『아멘호텝의 가르침』에서는 "우리는 악인을 인도할 것이다. 우리는 악인처럼 행동하지 않는다. 그가 만족해서 눈물을 흘리도록 그를 끌어올리고 그에게 손을 내밀어라"(5,1–6)라고 하여 참회 예식을 제시한다. 이스라엘에서 이 같은 예식이 시행되었다는 증거는 없다. 머리 위에 놓은 숯불을 비유로 해석하여, 친절하게 대해주는 의인에게 감복하여 악인이 부끄러움으로 얼굴이 붉어진 모습과 연관시키기도 한다. 이런 예로는 다윗을 죽이려 했던 사울이 다윗의 너그러운 처신에 탄복하여 자신의 옹졸한 행동을 부끄러워했던 일을 연상시킨다(1사무 24,8–22).

19) "북풍"에서 북쪽을 가리키는 히브리어(차폰 צָפוֹן)는 '숨어있다'는 뜻으로도 사용된다. "숨어 헐뜯는 혀"는 직역하면 '숨은(세테르 סֵתֶר) 혀'다. 은밀하게 작용한다는 공통점으로 북풍과 뒷담화를 연관시켜, 원인이 있으면 반드시 결과를 낳는다는 점을 환기시킨다. 은밀하게 불어오는 바

24 다투기 좋아하는 아내와 한집에 사는 것보다
옥상 한구석에서 사는 것이 낫다.[20)]

25[21)] 먼 땅에서 온 기쁜 소식은
타는 목에 시원한 물과 같다.

26 악인 앞에서 흔들리는 의인은
흐려진 샘물이며 못 쓰게 된 우물과 같다.

27[22)] 꿀을 너무 많이 먹는 것이 좋지 않듯

람이 어느새 비를 몰고 오듯이, 몰래 비방하고 중상하는 행위는 반드시 그 사람의 분노를 사게 될 것이라는 통찰을 보여준다.

20) 비슷한 본문이 잠언 21,9에 나온다.

21) 25–26절은 '물' 이미지로 한데 묶여있다. 둘 다 무덥고 건조한 이스라엘의 기후를 전제로 하며(2사무 23,15 참조) 한 번은 긍정적인 방향으로, 또 한 번은 부정적인 방향으로 제시된다. 25절은 먼 땅에서 온 기쁜 소식이 오래도록 애타게 기다려온 사람들에게 갈증을 해소하는 시원한 물과 같은 역할을 함을 지적한다. 13절이 소식을 보내는 주인의 입장을 반영한다면, 25절은 소식을 받는 사람의 입장을 반영하는 셈이다.

26절은 악인들이 판치는 혼탁한 사회에서 시원한 물의 역할을 해야 할 의인이 흔들릴 때 주는 실망감을 "흐려진 샘물"과 "못 쓰게 된 우물"이라는 이미지로 표현한다. 잠언 10,30에서는 의인이 영원히 흔들리지 않는다고 천명하지만, 실제 생활에서는 악인이 주도하는 현실과 타협하면서 맑은 기운을 잃어버리고 흐려진 삶을 살아가는 이들도 있다. 물이 제 역할을 하지 못하면 쓸모가 없다는 발상은, "소금이 제 맛을 잃으면 아무 쓸모가 없다"(마태 5,13)는 예수님의 말씀과도 일맥상통한다.

명예에 명예를 추구하는 것도 좋지 않다.

28 정신에 자제력이 없는 사람은
파괴되어 성벽이 없는 성읍과 같다.[23)]

우둔한 자[1)]

26 1[2)] 여름에 눈처럼, 수확 철에 비처럼[3)]
우둔한 자에게는 명예가 맞지 않는다.

---

22) 27–28절은 식욕이나 명예욕에도 자제력이 필요함을 역설한다. 꿀을 적당히 먹지 않으면 질려서 뱉어버리듯이(16절), 명예도 적당히 추구하지 않으면 안 좋은 결과를 가져올 것임을 암시한다. 자신의 욕구를 자제하지 못하는 사람은 성벽이 파괴된 성읍과 같아서 외부의 위협에 굳건히 대처하지 못하고 휘둘릴 수밖에 없다며 경계할 것을 촉구한다(잠언 16,32 참조).

23) 요한 카시아누스는 정신을 딴 데 쏟는 사람은 마음의 훈육을 멀리하기에, 자신의 소득을 구멍 뚫린 자루에 넣는 것과 같아 자신을 발전시킬 수 없다고 가르친다.

1) 1–12절은 2절 외에는 모두 "우둔한 자(커실 כְּסִיל)"가 다른 사람들이나 상황이나 심지어 자기 자신을 어떻게 생각하는지에 대해 집중적으로 다룬다. 똑같은 상황에서 서로 다르게 반응했을 때에 나오는 결과를 나열하기도 하고(4–5절), 우둔한 자가 명예를 갖거나 잠언을 이야기했을 때에 벌어지는 현상을 이런저런 비유로 부연 설명하기도 한다(1.7.8.9절).

2) 1–3절은 서로 어울리는 조합에 대해서 다룬다. 1절에서는 자연현상을 바탕으로, 2절에서는 날짐승에 빗대어 부자연스러운 현실을 지적

2 참새가 떠돌듯, 제비가 날아다니듯
까닭 없는 저주는 들어맞지 않는다.

3 말에게는 채찍, 나귀에게는 재갈
우둔한 자의 등에는 매.

한 다음, 3절에서 우둔한 자를 이성적으로 대해서는 안 된다는 통찰을 이끌어 낸다. 우선, 1절에서는 여름에 눈이 내리거나 수확 철에 비가 내리는 일은 거의 일어날 수 없는 기상이변인 것처럼(1사무 12,17-18 참조), 우둔한 자에게 명예가 주어지는 일도 일어날 수 없음을 강조한다. 1절에서 명예라는 긍정적인 가치를 예로 들었다면, 2절에서는 부정적인 가치인 저주를 예로 든다. 저주는 불의한 행위가 만연되었을 때, 하느님이 개입하셔서 이를 바로잡기를 바라는 마음으로 행해지곤 했다(잠언 11,26; 24,24 참조). 아무런 이유도 없이 저주를 하는 행위는 제멋대로 날아다니는 참새와 제비처럼 의도했던 목표를 이루지 못할 뿐이라고 이른다. 3절에서는 합당한 대우에 대해 다룬다. 말귀를 알아듣지 못하는 말에게는 채찍을, 나귀에게는 재갈을 사용하여 방향을 조절하듯이, 우둔한 자를 가르치기 위해서는 매를 들 수밖에 없다고 한다(잠언 13,24; 17,10; 시편 32,8-9; 야고 3,3 참조).

3) "수확 철"은 이스라엘의 삼대 축제와 관련된다(탈출 23,14-17; 34,18.22-23 참조). 삼대 축제는 4-5월에 드리는 보리 수확 축제인 무교절, 6월에 드리는 밀 수확 축제인 주간절, 9월에 드리는 포도와 올리브 수확 축제인 추수절이다. 이스라엘은 지중해성기후라 건기와 우기가 뚜렷하게 구분되는데, 6-9월에는 비가 거의 오지 않고 곡식과 열매가 익어 수확하는 건기에 해당한다. 따라서 수확 철에 내리는 비는 극히 드문 현상이었다.

4[4] 우둔한 자에게 그 어리석음에 맞추어 대답하지 마라.
너도 그와 비슷해진다.

5 우둔한 자에게 그 어리석음에 맞추어 대답하여라.
그러지 않으면 자기가[5] 지혜로운 줄 안다.

---

4) 4–5절은 똑같은 조건인데 상반되게 행동하라고 조언함으로써, 상황에 따라 상대적으로 적용되는 지혜를 드러내 보인다. 지혜는 어떤 상황에서 어떻게 하라는 일률적인 지침이 아니라, 같은 조건에서도 다르게 행동하는 예민한 분별력이 필요한 것이다. 4절에서 우둔한 자에게 대답하지 말라는 권유는 그와 말을 주고받다가는 그의 시각으로 판단하게 되기에 아예 상종하지 말라는 지침으로 제시된다(잠언 23,9; 마태 7,6 참조). 이와 달리 5절에서는 아예 상종하지 않다가 우둔한 자가 자신이 지혜롭다는 착각을 하게 되면 더 큰 재앙을 불러일으킬 위험도 있기에 제지할 책무가 현인들에게 있음을 상기시킨다. 그런데 언제 대답하고 언제 대답하지 않아야 하는지를 분별하기가 어렵다. '우둔한 자'라고 통칭하고 있지만, 다른 사람의 조언을 흘려듣기만 하는지, 조금이나마 받아들일 가능성이 있는지에 따라서 처신이 달라질 수 있다. 그리고 상황의 심각성이나 조언 시기에 따라서도 수용 여부가 달라지기에 그 모든 것을 감안해 신중히 대처할 필요가 있음을 일깨운다. "침묵할 때가 있고 말할 때가 있다"(코헬 3,7).

5) 4절에서는 이인칭으로 서술하다가 5절 후반부에서 삼인칭으로 서술함으로써 우둔한 자의 반응에 초점을 맞춘다. "자기가(버에나우 בְּעֵינָיו)"에 해당하는 히브리어를 직역하면 '제 눈에는'이다. 남들이 어떻게 바라보는지는 생각지 않고 제 생각에 빠져 자신을 미화한다는 뜻이다. 우둔한 자는 다른 사람에게 잠언을 말할 수 있는 능력도 갖추었기에(잠언 26,7.9) 자신이 지혜로운 줄 착각해서 어리석은 행동을 일삼다가 명예는

6 [6] 우둔한 자 편에 소식을 전하는 자는
제 다리를 잘라내거나 폭력을 삼키는 자와 같다.

7 우둔한 자의 입에 담긴 잠언은
절름거리는 이의 다리와 같다.

8 우둔한 자에게 명예를 부여하는 것은
투석기에 돌을 붙들어 매는 격이다.[7]

9 우둔한 자의 입에 담긴 잠언은
술취한 자의 손에 놓인 엉겅퀴와 같다.[8]

커녕 호된 질책을 초래하고 만다(26,1.3).

6) 6–7절은 우둔한 자가 하는 말이 어떤 역할을 하는지에 대해서 다룬다. 우선, 6절에서는 우둔한 자가 사자使者가 되면 핵심을 전달하지 못하거나 듣는 이의 상태를 살피지 못해 분노를 부추길 위험성이 있음을 함축하고 있다(10,26; 15,1 참조). '사자와 사절'에 대해서는 13,17 주해 참조. 7절에서는 우둔한 자를 절름발이에 비유해서, 잠언을 말한다 하더라도 상황에 맞추어 제때에 말할 수 있는 분별력이 부족하므로 효과를 내기 어렵다는 점을 지적한다. 잠언에는 지혜가 담겨있다 하더라도, 그 자체가 효력을 발휘하지는 않는다는 통찰이다.

7) '우둔한 자에게는 명예가 맞지 않는다'는 1절의 가르침을 투석기에 돌을 붙들어 매는 비유로 생생하게 전달한다. 투석기는 돌을 얹어 발사하는 공격 무기이기에 발사할 수 없도록 돌을 붙들어 매는 행위가 있을 수 없듯이, 우둔한 자는 존재 자체가 사회에서 제 역할을 할 때 부여되는 명예와 무관함을 강조한다.

8) "우둔한 자의 입에 담긴 잠언"의 역할을 다루는 방식이 7절과 유

10 지나가는 우둔한 자나 주정꾼을 고용하는 사람은
닥치는 대로 사람에게 부상을 입히는 궁수와 같다.[9]

11 자기가 게운 데로 되돌아가는 개처럼
우둔한 자는 제 어리석음을 되풀이한다.[10]

사하다. 7절에서 잠언이 제 기량을 발휘하지 못한다고 지적했다면, 여기서는 자신에게나 타인에게나 도움은커녕 해를 입힌다고 말한다. 우선 우둔한 자는 이성이 제대로 작동하지 않을 뿐 아니라 제 몸 하나도 통제하지 못하는 술 취한 자와 유사하다고 한다. 이어 술 취한 자의 손에 놓인 엉겅퀴의 비유를 통해, 잠언을 말하는 것만으로도 자신의 손에 상처를 입힐 수 있고 휘두를 경우에는 다른 사람에게 위협이 될 수 있다고 경고한다.

9) 우둔한 자나 술 취한 자를 고용하는 사람들의 책임을 묻는다. 그들을 고용하는 것은 피해를 사주하거나 원격 조종하는 궁수와 다르지 않다.

10) 우둔한 자는 사람들의 말에 귀 기울이지 않기 때문에 실수를 통해 배우는 것이 없고 같은 실수를 되풀이한다. 이와 같은 행태를 자신이 게운 데로 되돌아가는 개에 비유함으로써 신랄하게 비꼰다. 신약성경에서는 개만이 아니라 돼지의 행태를 함께 열거하면서, 복음을 듣고도 회개하지 않고 이전의 삶으로 돌아가는 거짓 교사들을 비판한다(2베드 2,22). 교부들은 이 구절을 신앙생활에 열의를 보이지 않는 이들을 영성적으로 질책하는 데 사용한다. 거룩한 믿음의 봉사자로서의 삶을 시작한 성직자, 수도자, 동정녀들이 열성을 다하지 않아 영적 은총이 충만하지 않게 되어 세상으로 돌아가는 현상을 비판한 것이다(아를의 카이사리우스, 브라가의 프룩투오수스). 또한 구원에 대한 경각심과 악마의 올가미로 뛰어드는 길 사이에서 방황하는 사람들을 가리켜 개와 비교하기

12 스스로 지혜롭다고 여기는 사람을 보았느냐?
그보다는 우둔한 자가 더 희망이 있다.[11]

게으름뱅이[12]

13 게으름뱅이는 "거리에 사자가 있어!

도 한다(요한 크리소스토무스).

11) 이 구절은 우둔한 자를 다루는 대목을 마무리하면서, 자신을 지혜롭다고 여기는 사람에게 따끔하게 일침을 가한다. "스스로(버에나우 בְּעֵינָיו)"는 5절에 언급된 '자기가'와 같은 단어다. 자신이 어떤 상태에 있는지를 냉철하게 파악하지 못하고 지혜롭다고 자처하는 사람은 자신의 한계를 받아들일 수 없을 뿐만 아니라, 교만이 아니라 겸손만이 지혜로운 사람이 보일 수 있는 자세임을 알아차릴 수 없다(잠언 3,5.7; 27,1; 28,11.26 참조). 잠언은 서두에서부터 하느님에게서 비롯된 지혜만이 참지혜임을 일깨우면서 겸손하기를 당부한다(1,7). 제 눈에 옳게 보이는 방안보다는 하느님 눈에 옳게 보이는 방안을 추구하는 것이 지혜로운 길이다(신명 6,18; 12,25; 판관 17,6; 21,5; 1열왕 15,5.11; 22,43 참조).

바오로 사도도 지혜롭다고 자처하는 이들이 바보가 되는 일이 있다면서, 스스로를 슬기롭다고 여기지 말라고 당부한다(로마 1,22; 12,16). 요한 크리소스토무스는 이 말씀을 근거로 들어 스스로 지혜롭게 여기는 것이나 모든 것을 제 마음대로 판단하는 것은 작은 잘못이 아니라고 한다. 우둔한 자는 지속적인 훈계와 교훈으로써 더딘 속도로마나 더 좋아질 희망이 있지만, 자신이 지혜로운 줄 착각하는 이들은 어떤 가르침도 받아들이지 않고 제 주장만 되풀이하기에 더 이상 나아질 전망이 보이지 않기 때문이다. 제 눈에 지혜롭다는 이들이 우둔한 자보다 더

길거리에 사자가 있어!" 하고 말한다.[13)]

14 문짝이 돌쩌귀에 달려 돌아가듯
게으름뱅이는 잠자리에서만 뒹군다.

15 게으름뱅이는 손을 그릇 속에 넣고서도
입으로 가져가기조차 힘들어한다.[14)]

희망이 없다는 통찰은, 눈이 성하지 못하면 제 안에 있는 어둠도 빛으로 받아들인다는 통렬한 비판과 상통한다(마태 6,22–23 참조).

12) 13–28절은 '게으름뱅이'라는 단락으로 묶여있지만, 실제로는 13–16절만 이에 해당한다. 게으름뱅이가 일하러 가지 않는 이유를 거리에 사자가 있다는 식으로 합리화하고, 잠자리에서만 뒹구는 모습을 돌쩌귀에 달린 문짝에 빗댈 정도로 생생하게 묘사한다. 나아가 게으름을 피우느라 몸이 허약해져 밥 먹는 행위조차 힘들어 한다고 제시한다. 그런 상태에서도 자기가 지혜로운 줄 안다고 지적함으로써 12절에서 언급한, 우둔한 자보다 더 절망적인 사람이 누구인지를 암시한다. 게으름뱅이에 대해서는 잠언 6,6 주해 참조.

13) 고대사회에서 "사자"는 때때로 포도밭에 나타나기도 했던 야생동물이기에, 길거리에 사자가 나타난다는 핑계가 허무맹랑한 소리는 아니었다(판관 14,5–6; 2사무 23,20; 1열왕 13,24–26; 20,36; 2열왕 17,25–26 참조). 이 절에서는 길거리에 나가면 사자에게 찢겨 죽는다는 식으로 더 호들갑을 떤다.

14) 비슷한 내용이 잠언 19,24에도 나온다. 거기서는 힘들어한다는 표현 대신에 입으로 가져가려 하지 않는다고 하여 게으름뱅이에게는 의지가 없음을 암시한다.

16 게으름뱅이는 재치 있게 대답하는 사람 일곱보다[15)]
자기가 더 지혜로운 줄 안다.

17[16)] 지나가다가 자기와 상관없는 싸움에 흥분하는 자는
개의 귀를 잡아당기는 자와 같다.

18 불화살과 사람 죽이는 화살을
미친 듯이 쏘아대는 자,
19 이웃을 속이고서는
"그냥 장난삼아 그랬어!" 하는 사람도 그와 같다.

20[17)] 장작이 다하면 불이 꺼지듯

---

15) "일곱"은 구체적인 숫자라기보다는 많은 사람을 나타낸다. 수많은 사람과 이야기를 나누더라도 아무런 영향을 받지 않고 자기 의견만 내세우는 외골수적인 모습을 반영한다.

16) 17–28절은 세 절씩 묶어서 네 차례에 걸쳐 이웃 간의 갈등과 그 갈등을 일으키는 요인에 대해 다룬다. 그중 17–19절은 이웃과 불화를 일으키는 세 가지 악의적인 행동을 다룬다. 자기와 상관없는 싸움에 흥분해서 끼어들거나 이웃에게 상해를 입히거나 속이는 행동은 개를 자극해서 물어뜯게 만드는 무책임하고 무모한 행위일 뿐이라고 지적한다.

17) 20–22절은 중상꾼이 일으키는 다툼을 숯불과 장작불과 맛난 음식에 빗대어 설명한다. 중상꾼은 숯과 장작과 같아 다툼과 싸움의 불길을 지속시키는 역할을 하며, 중상꾼의 말은 아무리 신경 쓰지 않으려 해도 그 말을 들은 사람에게 큰 영향을 미친다는 것이다. 25,18에서는 거짓 증언을 하는 자가 미치는 영향력을 '방망이와 칼과 날카로운 화살'에 비유해 그만큼 해롭다는 점을 강조하기도 한다. 중상꾼의 말을

중상꾼이 없으면 다툼도 그친다.

21 숯이 숯불을, 장작이 불길을 일으키듯
다투기 좋아하는 사람은 싸움을 일으킨다.

22 중상꾼의 말은 맛난 음식과 같아
배 속 깊은 곳까지 내려간다.

23[18] 악한 마음에 매끄러운 입술은
겉만 매끈하게 칠한 질그릇 같다.

24 앙심을 품은 자는 입술로는 시치미를 떼면서
속으로는 속임수를 품는다.
25 목소리를 다정하게 해도 그를 믿지 마라.
마음속에는[19] 역겨운 것이 일곱 가지나 들어있다.
26[20] 미움을 기만으로 덮는다 해도

맛난 음식에 비유한 22절은 18,8을 그대로 반복한다.

18) 23-25절은 20-22절에서 다룬 중상꾼의 말을 심도 있게 다룬다. 겉으로는 매끄럽게 들려도 속에는 속임수가 들어있을 수 있기에, 매끄러운 입술과 다정한 목소리에 홀려 신뢰를 주어서는 안 된다고 지적한다. 신약성경에서도 겉과 속이 다른 위선자들에 대해 신랄하게 비판한다(마태 23,13-36 참조). "일곱"은 마음속에 역겨운 것이 가득 차 있음을 나타내는 상징수다(12,45 참조).

19) '마음'에 대해서는 잠언 2,2 주해 참조.

20) 26-28절은 인과응보적 시각을 반영한다. 미움을 일시적으로는 가릴 수 있어도 결국 악의를 들킬 수밖에 없으며, 다른 사람에게 해를

그 악의는 회중에게 드러나고야 만다.

27 구렁을 파는 자는 제가 그곳에 빠지고
돌을 굴리는 자는 제가 그것에 치인다.

28 거짓된 혀는 자기가 희생시킨 자들을 미워하고[21]
아첨하는 입은 파멸을 만들어 낸다.

27 1[1] 내일 일을 자랑하지 마라.
하루 사이에 무슨 일이 생길지 알 수 없다.

입히려고 구렁을 파거나 아첨을 하여도 끝내는 스스로 그 대가를 치러야 한다는 사실을 일깨운다. 인과응보적 시각은 여러 곳에서 찾아볼 수 있다(잠언 1,18-19; 시편 7,5-6; 코헬 10,8 참조).

21) '미워하다'에 대해서는 잠언 1,29 주해 참조.

1) 1-2절은 '자랑하다, 칭찬하다'라는 뜻의 히브리어 동사(할랄הָלַל)로 연결된다. 내일 일을 자랑하지 말라는 1절의 권유는 겸손한 자세를 취하라는 뜻이 아니라 미래가 불투명하다는 현실 진단을 기반으로 한다. 미래를 자기 마음대로 통제할 사람은 아무도 없기에 전적으로 하느님께 맡겨야 한다는 통찰이 담겨있다(16,1.3.9.33). 그러기에 아합 임금은 벤 하닷의 사자를 만나 "갑옷을 입을 때 자랑하는 것이 아니라 갑옷을 벗을 때 자랑하는 법이라고 전하여라"(1열왕 20,11) 하고 단언할 수 있었다. 예레미야 예언자도 "지혜로운 이는 제 지혜를 자랑하지 말고 힘센 이는 제 힘을 자랑하지 말며 부유한 이는 제 부를 자랑하지 마라"(예레 9,22)라고 하면서, 미래를 좌우하는 하느님을 이해하고 알아 모시는 일을 자랑하라고 이른다. 신약성경에서도 내일 일을 알지 못하기에 허세를 부리며 자랑하지 말 것을 당부한다(야고 4,13-17). "자랑하려는 자는 주님

2 네 입이 아니라 남이 너를 칭찬하고
네 입술이 아니라 다른 이가 너를 칭찬하게 하여라.[2)]

3[3)] 돌이 무겁고 모래가 묵직하지만
미련한 자가 일으키는 불쾌감은 이 둘보다 무겁다.

4 분노가 잔인하고 격분이 홍수 같다 해도
질투를 누가 당해낼 수 있으랴?

안에서 자랑하라"(1코린 1,31; 2코린 10,17).

교부들은 오늘이 우리의 마지막 날일 수도 있기에(아를의 카이사리우스), 회개하고 탄원하며 결실을 거두는 일을 내일로 미루지 말고 오늘 행동하라고 촉구한다(바바이). 그러면 하느님이 우리의 불타는 영혼과 즉시 일을 처리하는 부지런함을 보시고 우리 영혼을 변화시키기 위하여 도와주신다고 가르친다(요한 크리소스토무스).

2) 2절에서는 현재 자신이 이룬 업적이나 특성을 뽐내는 것에 대해 경계한다. 업적이나 특성은 다른 사람이 객관적으로 바라보고 평가할 때 의미가 있는 것이지, 자아도취에 빠지거나 자화자찬하는 행위는 바람직하지 못하다고 이른다. '칭찬'에 대해서는 잠언 12,8 주해 참조.

교부들은 자기 자신을 칭송할 궁리를 하는 사람은 으레 비웃음을 사거나 오만한 사람으로 비칠 수 있기에 경계하라고 권유한다(알렉산드리아의 키릴루스, 아우구스티누스).

3) 3-4절은 마음에 이는 불쾌감이 몸으로 느끼는 무게감보다 더 묵직하고, 질투는 분노와 격분보다도 치명적이라고 이른다. 여기서 "불쾌감"은 일반적으로 느끼는 감정을 말하는 것이 아니라, 미련한 자와 얽히면서 겪게 되는 감정 소모를 가리킨다. 질투의 감정은 심리적으로 제어받지 않은 채 무지막지하게 쏟아낸다는 사실을 지적한다(6,34-35 참조).

5[4] 솔직한 훈계가
숨은 사랑보다 낫다.

6 사랑하는 이의 매는 신실하고
미워하는 자의 입맞춤은 헤프다.[5]

7[6] 배부른 자는 꿀도 짓밟아 버리지만
배고픈 자에게는 쓴 것도 모두 달다.

8 고향을 잃고 떠도는 사람은
둥지를 잃고 떠도는 새와 같다.

9[7] 향유와 향이 마음을 기쁘게 하듯

---

4) 5–6절은 '사랑'이라는 어휘로 연결된다. 아무 말 없이 품어주는 사랑보다는 무엇이 잘못되었는지 솔직하게 훈계하고 질책하는 사랑이 훨씬 낫다. 아울러 미워하는 자가 형식적으로 입맞춤하는 것이라면 아무런 의미가 없다고 이른다. 예컨대, 입맞춤은 유다가 어두운 밤에 예수님의 정체를 알려주기 위한 표시로 사용하기도 했다(마태 26,48–50).

5) 칠십인역과 불가타는 모두 "사랑하는 이(오헵 אֹהֵב)"를 친구에 해당하는 용어로 옮겼다.

6) 7–8절은 단어를 되풀이하는 형태로 되어있다('…하는 자', '떠도는' 등). 7절은 처한 상황에 따라서 미각도 달라진다고 지적한다. 배부를 때에는 아무리 달콤한 꿀이라도 끌리지 않지만, 배고플 때에는 어떤 음식이라도 맛있게 먹을 수 있다. 이처럼 똑같이 먹는다고 하더라도 반응이 다를 수 있기에 어떤 상황인지를 아는 것이 중요하다.

7) 9–10절은 '친구'라는 주제를 다룬다. 친구는 자신이 겪는 현실을

친구의 다정함은 기운을 돋우어 준다.

10 네 친구와 아버지의 친구를 저버리지 말고
불행할 때 형제의 집으로 가지 마라.
가까운 이웃이 먼 형제보다 낫다.[8)]

11 내 아들아, 지혜롭게 되어 내 마음을 기쁘게 해다오.[9)]
그러면 나를 비웃는 자에게 내가 대답할 수 있을 것이다.

12[10)] 영리한 이는 재앙을 보면 몸을 숨기지만
어리석은 자는 그대로 가다가 화를 입는다.

누구보다도 잘 이해하고 적절하게 조언하며 위로할 수 있는 사이이기에, 그의 말 한 마디는 그 무엇보다도 힘이 된다.

8) 이 절에서는 어려운 상황에 처해 자신을 찾아온 친구를 저버리지 말 것을 당부한다. 자신의 친구만이 아니라 아버지의 친구까지 두 세대를 그 대상에 포함시킨 것은, 아버지와 아들이 밀접한 유대관계에 있었던 대가족제도의 영향으로 보인다(탈출 34,7; 신명 5,9 참조). 불행할 때 멀리 떨어져 있는 혈연보다는 바로 옆에서 사태를 수습하는 데 힘을 보탤 수 있는 이웃이 훨씬 낫다는 실제 경험을 반영하고 있다.

9) "내 아들아"란 호칭으로 잠언 1—9장과 같은 형태를 취하고 있다. 아들의 성공이 아버지의 체면을 세우고 기쁨이 될 정도로 가족이 서로 단단히 결속되어 있음을 시사한다.

10) 12–13절은 앞에서 다룬 22,3과 20,16의 내용과 똑같다. 11절과 관련지어 보면, 아들이 지혜롭게 되어 재앙을 감지하면 몸을 숨기고 낯선 이는 경계해서 반드시 담보를 잡는 식으로 행동하기를 바라는 아버지의 심경이 반영되어 있다.

13 낯선 이가 보증을 서면 그의 옷을 저당 잡아라.
낯모르는 자이므로 그것을 담보로 삼아야 한다.[11]

14 이른 아침부터 이웃에게 큰 소리로 축복하면
그 축복이 저주로 여겨진다.[12]

15 폭우가 쏟아지는 날의 끊임없는 낙숫물은
투덜거리는 아내와 비슷하다.[13]

---

11) '보증과 담보'에 대해서는 6,1 주해 참조.

12) 축복 자체는 나쁠 리 없는데, 축복이 저주로 여겨지는 이유가 "이른 아침부터" 때문인지 "큰 소리" 때문인지 명확하지 않다. 알맞은 때에 나오는 말을 좋다고 한 15,23과 연관지으면, 꼭두새벽부터 축복의 인사를 남발하지 말라는 뜻일 수 있다(집회 22,6 참조). 큰 소리로 울부짖으며 아버지께 축복을 내려달라고 간청한 에사우와 연관지으면, 상대방을 고려하지 않고 자신의 감정만을 앞세우는 행위를 경계하라는 뜻일 수 있다(창세 27,34; 2사무 18,28; 집회 21,20; 30,7 참조).

13) 잠언 19,13에서 아내의 투덜거림을 '끊임없는 낙숫물'에 비유했는데, 여기서는 "폭우가 쏟아지는 날의 끊임없는 낙숫물"로 묘사해서 강도를 높인다. "투덜거리는 아내"의 모습은 "다투기 좋아하는 아내"(21,9; 25,24)와 "성 잘 내는 아내"(21,19)와 유사하다. 앞에서는 아내의 잔소리에 신경이 곤두선 남편이 아내와 멀리 떨어진 옥상 한구석이나 황량한 땅에서 처량하게 보내는 광경을 연상시키는데, 여기서는 아내가 투덜대는 소리가 발휘하는 엄청난 위력을 자연현상에 빗댄다. 낙숫물 한 방울은 위력이 없지만, 끊임없이 떨어지는 낙숫물은 바위에 구멍을 낼 정도로 강하다. 미리 차단하려 하여도 손가락 사이로 빠지는 바람이나, 미끄러운 기름을 잡을 때처럼 빠져나가고 만다(16절).

16 그 여자를 막는 것은 바람을 막는 것과 같고
오른손으로 기름을 잡는 것과 같다.

17 쇠는 쇠로 다듬어지고
사람은 이웃의 얼굴로 다듬어진다.[14)]

18 무화과나무를 돌보는 이는 그 열매를 먹고
자기 주인을 보살피는 이는 존경을 받는다.[15)]

19 물이 얼굴을 비추듯
사람의 마음도 그 사람을 비춘다.[16)]

---

14) 쇠는 쇠로 다듬어지지만, 사람은 사람이 아니라 이웃의 얼굴로 다듬어진다. 여기서 "이웃(레아 רֵעַ)"은 9–10절의 '친구'와 같은 단어로서, 사람은 친구들과 얼굴을 맞대면서 우정을 나누고 의사소통을 할 때에야 비로소 다듬어져 지혜롭게 된다는 뜻이다. 이에 특별히 "얼굴(파네 פָּנֶה)"을 명기한 것으로 보인다.

15) 현인들이라고 해서 다 존경을 받는 것이 아니라 자신을 고용한 주인에게 충실할 때 존경받을 수 있다는 점을 무화과나무 돌보는 일에 빗대어 설명한다. 제 역할을 다할 때 그 결실을 나눌 수 있다는 모티브는 타작 일을 하는 소에게 부리망을 씌워서는 안 된다거나 일꾼이 품삯을 받는 것은 당연하다는 가르침에서 찾아볼 수 있다(신명 25,4; 루카 10,7; 1코린 9,9; 1티모 5,18).

16) 히브리어 문장을 직역하면 '물처럼 얼굴은 얼굴에게, 이렇게 사람의 마음은 사람에게(כַּמַּיִם הַפָּנִים לַפָּנִים כֵּן לֵב־הָאָדָם לָאָדָם)'다. '비추다'라는 단어는 언급되지 않았지만 "물"과 "얼굴"을 자연스럽게 연결시키는 서술어로 삽입되어 번역되었다. 그런데 "사람의 마음도 그 사람을 비춘

20 저승과 멸망의 나라가 만족할 줄 모르듯
사람의 눈도 만족할 줄 모른다.[17)]

21 은에는 도가니, 금에는 용광로
사람은 그가 받는 칭찬으로 가려진다.[18)]

22 미련한 자는 절구에 넣고
곡식과 함께 찧어도
그 미련함이 벗겨지지 않는다.[19)]

다"의 의미가 분명치 않다. 마음을 살핌으로써 자기 자신을 알 수 있다는 뜻일 수도 있고, 상대방의 웃음이나 말씨에 매이지 않으면 마음으로 상대방을 평가할 수 있다는 뜻일 수도 있다(집회 37,13 참조). 17절에서 쇠와 쇠를 대응시킨 다음에 사람과 사람(이웃)의 일부인 얼굴을 대응시킨 방식과 유사하다.

17) "저승"과 "멸망의 나라"는, 사람의 마음도 주님께 환히 드러나 있음을 일깨울 때 언급되었다(잠언 15,11). 여기서는 만족할 줄 모르는 특성을 내세워 사람의 눈에 담긴 욕망도 채워지지 않는다는 사실을 일깨운다(코헬 2,10-11; 4,8; 5,10 참조).

18) "도가니"나 "용광로"는 불순물을 제거하여 금이나 은의 순도를 높인다. 금과 은을 도가니와 용광로에서 제련하는 내용은 주님이 마음을 시험하신다는 의미로 잠언 17,3에서 이미 언급되었다. 여기서는 주님이 사람을 칭찬하는 방식으로 시험하신다고 여길 수 있다. 칭찬을 받아 우쭐해져서 자화자찬하는 교만에 떨어질 수도 있지만, 칭찬에서 힘을 받아 도덕적으로 더욱 성숙해질 수도 있다. 어떤 칭찬을 받는지에 주목하기보다는 칭찬을 받은 이후에 어떻게 변화하고 성장하느냐에 따라 그 사람의 진면목이 가려진다. '칭찬'에 대해서는 12,8 주해 참조.

농사에 대한 권고[20)]

23 네 양 떼가 어떤지를 잘 살피고[21)]
가축 떼에게 관심을 기울여라.
24 재물은 길이 남지 않고
왕관도 대대로 이어지지 않는다.
25 풀이 스러지고 다시 새 풀이 돋아나
산에서 목초를 거두어들이고 나면
26 새끼 양들은 네 옷을 장만해 주고
숫염소들은 밭을 살 돈이 된다.
27 염소젖은 넉넉하여 네 양식이 되고
네 집안의 양식과 네 여종들의 생계가 되어준다.

---

19) 1–22절을 마무리하면서 교육적인 가르침을 남긴다. 사람은 칭찬으로 진면목과 불순물을 분리할 수 있지만, 미련한 자는 아무리 훈육하고 질책하더라도 곡식을 빻을 때처럼 알곡과 쭉정이가 분리되지 않는다.

20) 23–27절은 방목하며 사는 농부의 삶을 그려낸다. 이미 축적해 놓은 재물과 왕관도 영원히 지속될 수 없다는 사실을 일깨우는 가운데, 생활의 기반이 되는 양과 염소 등 가축을 잘 돌보아야 생계를 이어나갈 수 있으며 밭을 장만할 수 있다고 서술한다. 왕관을 명시적으로 언급할 뿐 아니라 백성들을 양 떼로 비유하는 것으로 보아 임금에게 하는 훈계로 볼 수 있다(시편 23편; 에제 34장 참조).

21) 알렉산드리아의 키릴루스는 양 떼를 잘 살피라는 권유를 제자 교육과 연관시켜, 그리스도를 믿는 모든 이에게 모든 것을 똑같이 훈육하는 것은 적절하지 않다고 말한다. 막 제자가 된 사람에게는 이해하기 쉬운 단순한 가르침을 베풀라고 충고한다.

28[1] 1 악인은 쫓는 자가 없어도 달아나지만
의인은 사자처럼 당당하다.[2]

2 나라에 반란이 일어나면 우두머리가 많아지지만
슬기롭고 올바름을 아는 사람이 다스리면 나라가 오래간다.[3]

---

1) 잠언 25—27장에는 '우둔한 자'와 '게으름뱅이'와 '농사에 대한 권고'라는 단락이 연달아 나오는데 비해, 28—29장은 10—15장처럼 반의적 대구로 이루어져 있다. 의인과 악인에 대한 가르침으로 시작하고 끝맺는가 하면(28,1; 29,27), 여러 차례에 걸쳐 의인과 악인을 대비시켜 의인들이 다스리는 바른 사회 정립을 촉구한다(28,12.28; 29,2.7.16). 그리고 토라를 현인들의 가르침이나 훈계라는 지혜문학적인 맥락이 아니라(1,8; 3,1; 4,2; 7,2), 하느님의 율법이라는 절대적인 형태로 언급하는 가운데 이를 충실히 준수하는 이들은 행복하다고 말한다(28,4.7.9; 29,18).

2) 쫓는 자가 없어도 달아나는 악인의 모습은 하느님의 말씀을 듣지 않는 이들에게 주어지는 벌이다(레위 26,17.36). 양심이나 사법 당국이나 적대자 등이 악인이 달아나게 하는 요인으로 추정된다. 반면에 의인은 그 누구도 두려워하지 않고 주님을 경외하기에 당당하게 나설 수 있다(잠언 1,7 참조). 교부들은 악인과 의인이 어디에 근거해 행동하는지에 관심을 보인다. 악인은 자기 자신의 양심 안에 고발자가 있어 아무도 쫓지 않아도 달아나지만(요한 크리소스토무스), 의인은 주님을 신뢰하기에 당당하다(니네베의 이사악).

3) "우두머리(사르שַׂר)"는 재판관, 장군, 왕자를 가리킨다. 어느 신분이든 반란 세력을 진압하고 자신의 세력권을 구축한 우두머리가 많아져 정국이 불안하다는 뜻이다. 북왕국 이스라엘에서 끊임없이 반란이 일어나게 된 상황이 반영되어 있을 법하다. 오래도록 나라를 다스리기 위해서는 군사정변으로 정권을 잡은 후에 군사력이 아니라 무엇이 슬기롭고

3 자기도 가난하면서 빈곤한 이들을 억누르는 사람은
양식을 남김없이 쓸어가는 호우와 같다.[4)]

4[5)] 율법을 저버리는 자들은 악인을 찬양하지만
율법을 지키는 이들은 그런 자에게 맞선다.

5 악한 사람들은 바른 것을 깨닫지 못하지만
주님을 찾는 이들은 모든 것을 깨닫는다.

6 그릇된 길을 걷는 부자보다
가난해도 흠 없이 걷는 이가 낫다.[6)]

올바른지를 아는 현인을 영입하는 일이 무엇보다도 중요함을 일깨운다.

4) 가난했던 시절이 있었거나 현재 가난한 상황에 처해있는 이들이 빈곤한 이들을 억압하는 사실을 호우 현상에 빗댄다. 다른 구절에서는 종이 권력을 잡으면 자비로운 주인으로서 처신하는 법을 모르기에 자신이 종으로서 겪었던 방식 그대로를 적용해 땅이 몸서리치고 견디지 못하게 된다고 비판한다(30,21-23).

5) 4-5절은 주님을 찾는 이들과 그렇지 않은 사람들을 구분하여 그들이 어떤 특성을 보이는지 설명한다. 주님을 찾지 않는 사람들은 율법을 저버리고 악인이 살아가는 방식을 추구한다면, 주님을 찾는 이들은 율법을 지키며 악인과 맞서는 삶을 추구한다는 것을 분명히 한다. "모든 것을 깨닫는다"는 것은 이 세상의 지식을 완전히 파악한다기보다는, 하느님의 뜻이 무엇인지를 깨달아 옳고 그른 것을 분간하기가 더 수월해진다는 뜻이다(집회 48,22; 이사 53,10; 미카 4,12; 사도 4,28; 21,14; 2코린 11,17; 에페 5,17; 묵시 4,11 참조).

6) "가난해도 흠 없이 걷는 이가 낫다"라는 표현은 잠언 19,1에도 나

7 슬기로운 자식은 율법을 준수하지만
폭식가들과 사귀는 자는 아버지를 욕되게 한다.[7]

8 변리와 이자로 재산을 불리는 자는
빈민을 불쌍히 여기는 이를 위해 그것을 쌓는 것이다.[8]

9 율법을 듣지 않고 귀를 돌리는 자는
그 기도마저 역겹다.[9]

온다. 거기서는 '그릇된 입술을 가진 우둔한 자'에 빗대서 함부로 말하지 않고 올곧게 살아가는 자세를 부각했지만, 여기서는 "그릇된 길을 걷는 부자"에 빗대서 어떤 삶을 사는지에 초점을 맞춘다. '흠 없이'에 대해서는 2,21 주해, '…보다 낫다'는 표현에 대해서는 3,14 주해 참조.

7) 자식과 아버지가 함께 언급되어 있으므로, "율법(토라תּוֹרָה)"을 아버지의 가르침으로 이해해도 무방하다. 폭식가들과 사귀는 자를 율법 준수와 대비시켜, 친교나 쾌락을 위해서 폭식을 하다 보면 율법을 어기는 경우가 있음을 시사한다. 다른 구절에서는 이유를 밝히지 않은 채 폭식가가 가난해진다고 평하며 어울리지 말라고 권하는데(23,20-21), 여기서는 그 이유가 율법 준수 여부에 달려있다. 더 나아가 신약성경에서는 폭식과 폭음이 불경스러운 우상 숭배로 이어져 하느님 나라를 상속받지 못한다고 경계한다(갈라 5,21; 1베드 4,3 참조).

8) 변리와 이자로 악착같이 돈을 버는 이가 자선을 베푼다는 내용은 이 구절 외에는 성경에서 언급되지 않는다. 불법적으로 번 돈이 가난한 이나 그들을 불쌍히 여기는 이에게 돌아가도록 하느님이 개입하신다는 것을 은연중에 암시한다(잠언 13,22; 14,31; 19,17 참조). '부와 재산'에 대해서는 8,18 주해 참조.

9) 하느님의 말씀인 율법에 귀 기울여야만 하느님도 우리가 드리는

10 올곧은 이들을 나쁜 길로 유혹하는 자는
제 구렁에 자기가 빠지지만
흠 없는 이들은 좋은 것을 상속받는다.[10)]

11 부자가 제 눈에는 지혜롭게 보여도
가난하지만 슬기로운 이는 그를 꿰뚫어 본다.[11)]

기도에 귀 기울이신다. 율법 경청은 곧 순종한다는 뜻이므로, "귀를 돌리는" 행위는 아예 순종하려는 마음조차 없음을 암시한다. 그러고서도 남들이 보는 앞에서 하느님께 기도드리니 역겹다는 것이다(잠언 28,9; 집회 10,7; 이사 1,13; 예레 6,20 참조).

교부들은 기도가 응답되기를 바라는 사람은 먼저 하느님께 귀를 기울이는 자세를 갖추어야 한다고 지적한다(아를의 카이사리우스, 대 그레고리우스). 하느님의 가르침을 읽지 않을 만큼 하느님을 업신여기는 상태에서 자신의 기도를 들어달라고 청하는 것은 면목 없는 일이다.

10) 다른 사람에게 해를 입히려는 사람은 자신이 그 피해를 고스란히 입으리라는 응보론에 기반한다(잠언 26,27). 여기서 "구렁(셔홋 שְׁחוּת)"은 함정이나 위험을 나타내는 이미지로 사용되었다. 신약성경에서는 계명 준수에 적용시켜, 가장 작은 계명이라도 어기거나 그렇게 하도록 가르치는 사람은 하늘나라에서 가장 작은 자라고 불릴 것이라고 한다(마태 5,19). 흠 없는 이들이 상속받는 "좋은 것"이 무엇인지는 명시되지 않지만, 부와 건강, 영적 활력과 원만한 가정생활 등으로 추정된다.

11) "제 눈에는"이라는 표현은 자기 스스로 추정을 할 때 곧잘 사용된다(잠언 16,2; 20,8; 21,2). 부자는 가난한 사람보다 활용할 수 있는 자원을 더 많이 보유하고 있기에, 자신의 본래 능력보다 더 많은 것을 할 수 있다고 여긴다. 예를 들면 외부 인력을 동원해 개인은 할 수 없는 일들

12 의인들이 승리하면 그 영광이 크지만
악인들이 일어서면 사람들이 숨어버린다.[12)]

13 자기 잘못을 감추는 자는 성공하지 못하지만
그것을 고백하고 끊어버리는 이는 자비를 얻는다.[13)]

을 수행할 수 있기에 자기 자신이 지혜롭다는 착각에 빠질 위험이 높다는 것이다. 반면에 가난한 사람들 중에는 부자의 허세와 위선을 간파해 낼 수 있는 지혜를 간직한 이가 있다고 상기시킨다. 통찰력은 빈부와 무관하게 주님을 찾는 이들에게 주어진다(5절).

12) 의인들과 악인들의 승리가 가져오는 결과를 대비시킨다. 의로움은 지혜의 윤리적인 면을 나타내기에, 의인들이 승리하면 세상의 질서와 법칙에 정통해 있는 현인들이 국정에 참여한다는 의미이므로 사회 전반이 활기를 띤다(시편 68,1–4 참조). 그러나 악인들이 득세하면 반대 세력에 대한 숙청과 탄압이 이어지므로 능력 있는 이들이 잠적해서 사회가 침체된다(판관 9,5 참조).

13) 죄를 고백하고 끊어버리면 자비를 입는다고 가르치는 유일한 경구다. 지혜문학에서는 의인은 의인이고 악인은 악인이라는 전형적인 인간관을 견지하고 있어서 추후에 뒤바뀌는 경우가 거의 없다. 그런데 여기서는 악인도 자기 잘못을 뉘우치고 더 이상 말려들지 않으면 하느님의 자비를 입어 새 인간이 될 수 있는 가능성을 열어놓는다(시편 32편 참조). 다른 구절에서는 회개만이 아니라 사랑이 모든 허물을 덮어준다고 명시한다(잠언 10,12). 그런데 자신의 죄악과 잘못을 감추는 이들이 적지 않다는 사실이 욥의 말에서 시사된다(욥 31,33). 이를 바탕으로 알렉산드리아의 클레멘스는 진정한 회개와 거짓 회개를 분간해서 참되게 회개할 것을 촉구한다. "반복해서 잘못을 저지르고 반복해서 용서를 청하는 것은 회개가 아니라 회개하는 체하는 것일 뿐이다."

14 행복하여라, 늘 두려워하는 마음을 지닌 사람!
그러나 마음을 완고하게 하는 자는 불행에 빠진다.[14)]

15[15)] 가난한 백성을 사악하게 다스리는 자는
포효하는 사자와 덮치는 곰과 같다.

---

14) 어떤 마음을 품느냐에 따라서 행복과 불행이 갈린다. 두려워하는 마음은 무슨 일이 일어날지 모른다는 생각에 늘 경계하며 살게 한다. 그런데 두려워하는 마음을 지닌 사람이 행복하다고 선포되는 것을 보면 하느님을 두려워하며 신중하게 살아가는 지혜로운 이를 말하는 것 같다. 하느님이 두려우신 분이라는 칭호는 이사악의 하느님을 묘사하는 데에서 찾아볼 수 있다(창세 31,42). 반면에 마음을 완고하게 하는 자로는 이스라엘 백성이 이집트를 떠나게 해달라는 요청을 거부한 파라오를 연상케 한다(탈출 4,21; 7,3; 9,12; 10,20.27; 11,10; 14,4.8). 따라서 파라오는 누구를 두려워하고 무엇을 굳게 믿어야 하는지 알지 못하는 우둔한 자다(잠언 14,16 참조). 13절과 연관지으면 하느님을 두려워하는 마음을 지닌 사람은 자기 잘못을 고백하고 끊어버리지만, 완고한 마음을 지닌 사람은 자기 잘못을 감추는 데 전전긍긍한다는 뜻이다.

교부들은 이 세상에서 안전을 누리느라 인생을 소홀히 살아서는 안 된다고 지적하며, 하느님께 대한 경외와 전율로 자신의 구원을 위해 노력하라고 당부한다(대 그레고리우스, 요한 크리소스토무스).

15) 15-16절은 백성을 억압하고 사악하게 다스리는 불의한 통치자를 다루며, 12절에서 악인들이 일어설 때 사람들이 숨어버리는 이유를 구체적으로 제시하는 역할을 한다. 사자와 곰은 제대로 다스리든 그렇지 않든 강력한 통치자들을 가리키는 비유로 곧잘 사용되었다(잠언 19,12; 다니 7,1-8 참조). 그들의 위력은 사자와 곰을 묘사하는 "포효하는", "덮치는"과 같은 수식어에 잘 반영되어 있다. 16절에서는 그들이 사악하

16 슬기가 모자라는 제후가 억압은 많이 한다.
부정한 이득을 미워하는 이는 오래 산다.

17[16] 살인한 죄책감에 시달리는 사람은
구렁에 이르기까지 도망 다닌다.
아무도 그를 붙들지 마라.

18 온전하게 걷는 이는 구원을 받고
그릇된 길을 걷는 자는 구렁에 빠진다.[17]

19 자기 땅을 가꾸는 이는 양식으로 배부르고
헛것을 좇는 자는 가난으로 배부른다.[18]

게 다스리는 이유가 "슬기가 모자라는" 품성과 "부정한 이득"을 추구하기 때문으로 나온다. 동시에 오래 살기 위해서는 통치자들이 부정한 이득을 추구해서는 안 된다는 것을 은연중에 암시한다. 임금의 권세를 나타내는 '사자'의 비유에 대해서는 잠언 16,14 주해 참조.

16) 17-18절은 "구렁"에 빠진다는 점에서 맥락을 같이한다. "살인한 죄책감"은 15절의 포효하는 사자와 덮치는 곰처럼 백성들을 사악하게 다스리다가 끝내 피를 보는 지경에 이르렀음을 암시한다. 앞날이 평탄치 못하고 구렁에 빠진다는 점은 오래 살 수 없다고 묘사한 16절과 상통한다. 우리 앞에는 온전한 길과 그릇된 길이 놓여있다는 점을 부각한다.

17) '길과 행로'에 대해서는 1,15 주해 참조.

18) 이와 유사한 내용이 12,11에도 나온다. 거기서는 지각이 없다는 것에 초점을 맞추었지만, 여기서는 양식으로 배부르다고 서술한 선행구에 대비시켜 "가난으로 배부른다"고 역설적으로 서술한다. "헛것"은 폭

20 성실한 사람은 많은 복을 받지만
부자가 되려고 서두르는 자는 벌을 면하지 못한다.[19)]

21 한쪽을 편드는 것은 좋지 않다.
사람은 빵 한 조각 때문에 죄를 짓기도 한다.[20)]

22 눈길이 탐욕스러운 사람은 재물 모으기에 급급하지만
빈곤이 자기에게 들이닥치리라는 것은 깨닫지 못한다.[21)]

식과 폭음, 게으름과 음행 등 수확과는 무관한 일체의 활동을 가리킨다. '땅'에 대해서는 2,21 주해 참조.

19) "성실한 사람"을 "서두르는 자"와 대비시켜, 일확천금을 노리지 않고 날마다 꾸준히 일하는 자세가 필요함을 일깨운다. 서두른다는 표현은 정도를 걷지 않고 편법이나 위험을 무릅쓴다는 어감을 주어 윤리적으로 의심스러운 상황을 떠올리게 한다. 성경은 부를 하느님에게서 오는 복으로 서술하기도 하지만(10,22 참조), 부를 추구하려고 지나치게 연연하는 행동에 대해서는 경계한다(13,11; 20,21; 23,4–5 참조).

20) 비슷한 내용이 24,23에도 나온다. 거기서는 재판할 때라고 상황을 명시하는데, 여기서는 특정 상황으로 한정시키지 않아 재판만이 아니라 상거래나 일상적인 상황까지도 포함한다. 친분이나 연고뿐 아니라 "빵 한 조각"으로 대표되는 소소한 이권 때문에 쌍방을 공정하게 대하지 않는 방식으로 죄를 짓게 된다는 통찰을 드러낸다.

21) "눈길이 탐욕스러운(רַע עָיִן)"은 직역하면 '악한 눈'이다. 23,6에서는 만찬을 함께하기에 '눈길 사나운'으로 옮겼고, 여기서는 재물 쪽으로 시선이 가있기에 '눈길이 탐욕스러운'으로 옮겼다. 21절과 연관시켜 볼 때, 사람보다 음식이나 재물에 더 우선가치를 두고 살아가는 사람은 작은 이권도 놓치지 않기에 가난하지 않게 살아갈 수 있다고 자신한다.

23 남을 훈계해 주는 이가 결국은
아첨하는 자보다 더 큰 호의를 얻는다.[22)]

24 제 아버지와 어머니를 강탈하고도 "죄 없다!" 하는 자
그는 살인자와 한통속이다.[23)]

25[24)] 욕심 많은 자는 싸움을 일으키지만

현인들은 예상치 못한 순간에 그에게 불행이 들이닥쳐 빈곤이라는 구렁에 빠질 수 있음을 넌지시 경고한다(18절 참조).

22) "결국은"이라는 표현에 함축되어 있듯이, 훈계는 처음 듣기에는 껄끄러워도 사람들에게 도움이 되는 결과를 가져다준다. 이 결과는 슬기로운 이에게는 그대로 적용되지만, 우둔한 자에게는 깨우침을 주는 한편 반발을 초래하기도 하는 등 예측할 수가 없다(9,8; 13,1; 17,10; 19,25 참조). 솔직한 조언은 상대방을 성장시키는 데 기여하지만, 아첨은 귀에만 솔깃할 뿐 결국에는 그물로 옭아매어 앞으로 나아가는 데 장애가 된다(29,5 참조).

23) 자식이라고 해서 부모의 재산과 노력을 당연하게 여기고 강탈해서는 안 된다는 것을 살인자와 비교하면서까지 강하게 경고한다. 어린 시절에는 부모의 보살핌을 받고 성장하지만, 어른이 된 후에는 재정적으로나 심리적으로나 자립해서 제 앞가림을 해야 한다. 그런데 나이든 부모를 봉양하지는 못할망정 유산으로 물려받을 재산을 미리 떼어달라는 식으로 강탈하고도 죄의식조차 없거나, 하느님께 봉헌했다는 이유로 부모를 외면해 버리기도 한다(루카 15,12; 마르 7,9-13 참조). 그러기에 잠언에서는 여러 차례에 걸쳐 부모에게 순종하지 않고 저주하는 젊은 세대에게 경고한다(잠언 20,20; 30,11.17). 부모를 구박하고 저주하는 행동에 대해서는 19,26 주해 참조.

주님을 신뢰하는 이는 풍요를 누린다.

26 제 마음을 신뢰하는 자는 우둔한 자이지만[25]
지혜 속에 걷는 이는 구원을 받는다.

27 가난한 자에게 주는 이는 모자람이 없지만
못 본 체하는 자는 많은 저주를 받는다.[26]

---

24) 25–26절은 '신뢰하다(바타בָּטַח)'라는 말로 연결된다. "주님을 신뢰하는 이"와 "제 마음을 신뢰하는 자"를 대비시켜, 무엇을 신뢰하는지에 따라서 인생길이 달라진다는 점을 부각한다. 주님을 신뢰하는 이는 욕심이 많지 않아 싸움을 일으키지 않고, 우둔한 자는 제 마음의 판단을 따르다가 죽음에 이르는 길을 걷는다. 사람의 마음은 교활하다고 여겨졌으므로(예레 17,9), 제 마음을 신뢰하는 것은 주님을 신뢰하지 않고 제가 지혜로운 줄 착각하는 우둔한 자들이 보이는 어리석은 행태다(잠언 26,12; 28,11 참조).

25) '마음'에 대해서는 2,2 주해, '우둔한 자'에 대해서는 1,22 주해 참조.

26) "가난한 자에게 주는 이"는 재산이 아니라 사람에게 시선을 돌릴 줄 아는 사람이다. 자선을 하면 재산이 줄어들 수밖에 없지만, 그럼에도 모자람이 없다고 함으로써 재산에 의존하지 않고 자신의 형편에 맞추어 지혜롭게 살아갈 수 있음을 암시한다. 반면에 가난한 자를 외면하는 이는 움켜쥔 재산으로 말미암아 부유해질 것 같지만, 역설적으로 자신의 재산이 늘 부족하다는 생각으로 살아갈 수밖에 없음을 나타낸다. 그들이 받는 "많은 저주"에는 사람들의 원성을 사거나 비난의 대상이 되는 것도 포함된다.

교부들은 가난한 이들이 서러워하는 것을 보면 부자들이 적합하게

28 악인들이 일어서면 사람들이 숨어버리고
그들이 멸망하면 의인들이 많아진다.[27)]

29

1 훈계를 자주 듣고도 목을 뻣뻣이 세우는 사람은
졸지에 파멸하여 구제될 가망이 없다.[1)]

2 의인이 많으면 백성이 기뻐하지만
악인의 통치 밑에서는 백성이 탄식한다.[2)]

3 지혜를 사랑하는 사람은 아버지를 기쁘게 하지만

행동해야 한다면서(시마에의 발레리아누스), 가난한 이들을 위해 따로 떼어 놓은 재산을 기꺼운 마음으로 주라고 권유한다(아를의 카이사리우스).

27) "악인들이 일어서면 사람들이 숨어버리고"는 12절에서 이미 언급되었다. 거기서 악인들과 의인들을 대비시켰다면, 여기서는 악인들이 승리했을 때와 멸망했을 때를 대비시킨다. 누가 통치하느냐에 따라서 백성의 반응은 달라질 수밖에 없다(29,2 참조). "의인들이 많아진다"는 악인들이 멸망하여 사람들이 숨지 않는다는 뜻이다.

1) 훈계와 충고를 많이 하고 있지만 늘 거절당하고 업신여겨진 체험을 전한다(1,25.30 참조). "목을 뻣뻣이 세우는 사람"은 하느님께 거스르는 백성을 가리킨다(탈출 32,9-10). 이처럼 훈계를 듣지 않는 이들에게 같은 표현을 사용하는 것은, 과거만이 아니라 지금도 하느님이 품으셨던 진노와 재앙을 고스란히 받을 수밖에 없다고 경고하는 셈이다(잠언 13,18; 15,10 참조). "졸지에 파멸하여 구제될 가망이 없다"는 진단은 현인들이 모세처럼 그들을 구제하기 위하여 포기하지 않고 훈계를 계속해야 함을 암시한다.

2) 28,12.28과 유사한 내용을 다룬다.

창녀들에게 드나드는 자는 재산을 탕진한다.[3)]

4 공정으로 다스리는 임금은 나라를 튼튼하게 하지만
무거운 세금을 강요하는 자는 나라를 망친다.

5 이웃에게 아첨하는 사람은
그의 발걸음에 그물을 치는 자다.[4)]

6 악한 사람은 자기 죄악으로 올가미에 걸리지만
의인은 환호하고 기뻐한다.[5)]

---

3) 창녀들과 어울려 지내는 행동은 우둔한 이들이 보이는 삶의 행태로 잘 알려져 있다(5—7장). 여기서는 "지혜를 사랑하는 사람"과 "창녀들에게 드나드는 자"를 대비시킴으로써, 서로 다른 방식으로 사람들에게 영향을 미치는 지혜 여인과 간음녀를 연상시킨다(7,4–5; 9,1–5.13–18 참조). 통치자와 백성에 대해 다루고 있는 문맥상, 임금이 될 왕자에게 주색잡기에 빠지지 말고 나라를 바르게 다스리는 지혜를 터득하려고 애쓰라고 조언하는 것으로 보아도 무방하다(31,3 참조).

4) 잠언에는 아첨과 아양에 대한 가르침이 여러 차례 나온다(5,3; 6,24; 7,5.21; 26,28). 진실을 기반으로 격려할 때에는 상대방에게 용기를 주지만, 거짓을 기반으로 아첨할 때에는 일시적으로 우쭐해지는 마음을 줄 수는 있어도 끝내 해를 입힌다. 귀에 솔깃한 말에 넘어가 자신의 능력을 제대로 파악하지 못한 채 마구 일을 벌이다가는 보이지 않는 그물에 걸려 패가망신하기 쉽다.

5) 5절에서 사람을 걸려 넘어지게 하는 장애물이 그물이었다면, 여기서는 "올가미"를 제시함으로써 두 구절을 연결시킨다. 5절에서는 자기 잘못이 아니라 아첨에 솔깃해서 걸려 넘어졌다면, 여기서는 자기 죄악

7 의인은 가난한 이들의 권리를 알지만
악인은 그러한 것을 이해하지 못한다.[6)]

8 빈정대는 사람들은 성읍을 들끓게 하지만
지혜로운 이들은 화를 누그러뜨린다.[7)]

9 지혜로운 사람과 미련한 사람이 다투게 되면
미련한 사람은 흥분하여 비웃어 대며 가만히 있지를 못한다.[8)]

으로 걸려 넘어진다. "죄악"은 말과 행동과 생각을 모두 포괄할 수 있지만, 5절과 연관해서 보면 아첨으로 이웃을 걸려 넘어지게 하는 짓을 가리킨다. 입술이 저지르는 잘못에는 해로운 올가미가 놓여있다는 12,13을 연상시킨다.

6) "가난한 이들의 권리"는 법정에서 벌어지는 상황과 부합한다. 하느님을 경외하는 지혜를 간직한 사람들은 부와 재산을 복으로 받아야 마땅하지만(3,9–10.15–16), 사회구조적인 불의나 예상치 못한 재난으로 가난하게 될 수도 있다(13,23; 30,14 참조). 의인들은 그들이 먹고살 수 있도록 자선을 베풀 뿐만 아니라 인간으로서의 기본권을 누릴 수 있도록 배려하고 민감하게 대응한다.

7) "빈정대는(라촌 לָצוֹן)" 사람들은 당면한 문제를 해결할 수 있는 지혜가 부족할 뿐만 아니라, 현인들의 타개책도 비꼬는 경향을 보여 아무런 도움도 주지 못했다(이사 28,14 참조). "지혜로운 이들은 화를 누그러뜨린다"로 볼 때, 그들은 때때로 감정싸움으로 분란을 초래했던 것 같다. '빈정꾼들'에 대해서는 잠언 1,22 주해, '화'에 대해서는 14,17 주해 참조.

8) 재판 상황에서 지혜로운 사람과 미련한 사람이 이성적으로 조리 있게 이야기를 주고받을 수 없다는 점을 지적한다(26,4–5 참조). 우리말 성경에서는 후행구의 주어로 "미련한 사람"을 명시하는데, 히브리어 본

10 피에 주린 자들은 흠 없는 이를 미워하지만
올곧은 이들은 그의 목숨을 돌본다.[9)]

11 우둔한 자는 화를 있는 대로 다 터뜨리지만
지혜로운 이는 화를 가만히 가라앉힌다.[10)]

12 통치자가 거짓된 말에 귀 기울이면
신하들이 모두 사악해진다.[11)]

13 서로 마주치는 가난한 이와 학대하는 사람

문에는 동사가 삼인칭 단수 형태로 연달아 나올 뿐이다. 지혜로운 사람이나(새미국성경) 미련한 사람을 주어로 설정하기도 하고(개역표준성경, 영어표준성경), 주어 없이 흥분하거나 비웃는 일이 있다는 식으로 번역하기도 한다(새개역표준성경).

9) "흠 없는 이"는 다른 구절에서 "올곧은 이"의 유의어로 제시된다(2,21; 28,10 참조). 이런 시각으로 보면 흠 없는 이는 목숨을 위협받기도 하지만, 자신과 유사한 성향을 지닌 올곧은 이들의 도움으로 살아남을 수 있다는 통찰을 전한다.

10) 말귀를 알아듣지 못하는 상황에 처하면 누구나 속이 터지고 울화가 치미는 건 매한가지다. 다만 지혜로운 이는 그 화를 조절하는 능력을 발휘한다는 점에서 우둔한 자와 구별된다.

11) 통치자의 역량에 따라서 신하들과 백성들이 크게 영향을 받는다(28,15; 29,2.4 참조). 통치자가 지혜롭지 못해 거짓말을 간파해 내지 못할 때, 신하들은 감언이설로 자기 이권만을 추구하는 사악한 집단으로 전락할 위험이 많아진다.

그 두 사람 눈에 빛을 주시는 분은 **주님**이시다.[12)]

14 임금이 가난한 이들을 진실하게 재판하면
그의 왕좌는 길이 굳건해진다.[13)]

15[14)] 회초리와 꾸짖음은 지혜를 가져오지만
내버려진 아이는 제 어머니를 욕되게 한다.

---

12) 구약성경의 어법에서는 서로 대응되는 두 쌍을 함께 열거하여 전체를 포괄하는 의미로 사용했다. 예를 들면 '하늘과 땅'은 우주를 의미하고(창세 1,1; 2,4; 14,19; 신명 4,26; 2역대 2,11), '남자와 여자'는 모든 사람을 나타낸다(탈출 21,28-29; 레위 13,29; 민수 5,3; 여호 6,21). 이런 맥락에서 "가난한 이와 학대하는 사람"은 재산이나 권력에 상관없이 인간 모두를 포함한다. 또한 "눈에 빛을 주시는 분"은 생명을 주시는 분이라는 뜻이다. 빈부 차이로 억압 관계에 얽매여 있더라도, 모두 주님이 창조하신 자녀라는 점을 일깨우는 셈이다(잠언 22,2 참조). 그럼으로써 가난한 이들에게 따뜻한 관심을 보여 자선을 베풀며 학대하지 말 것을 부자들에게 은연중에 촉구한다.

13) 임금의 통치 활동을 다룬다는 점에서는 12절과 연관되고, 가난한 이들에게 관심을 보인다는 점에서는 13절과 연관된다. 상대적 약자인 가난한 이들을 재판하면서 부와 세력에 흔들리지 않고 사건의 진실만을 추구하게 되면 정의를 바로 세울 수 있어 왕좌를 지탱하는 기반을 굳건히 할 수 있다(4절 참조).

14) 15-18절은 가족과 사람들이라는 주제를 번갈아 다룬다. 15절과 17절에는 아이들을 지혜롭게 성장시키기 위해서는 꾸지람과 매를 아껴서는 안 된다는 고대의 교육 철학이 반영되어 있다(13,24; 19,18; 22,15; 23,13-14). 그렇게 하면 자식 문제로 수치를 겪지 않고 평안과 기쁨을 누

16 악인들이 많아지면 죄악도 많아지지만
의인들은 그들의 몰락을 보게 된다.[15]

17 자식을 징계하여라. 그가 너를 평안하게 하고
네 영혼에 기쁨을 가져다주리라.

18 예언이 없으면 백성이 문란해지지만
율법을 지키는 이는 행복하다.[16]

19[17] 말로는 종을 길들이지 못하니

리리라는 보상이 언급된다. 16절과 18절은 가정에서 사회로 시선을 돌려, 악인들이 많아져서 죄악이 범람하는 가운데에서도 의인들이 꿈꾸는 미래의 희망과 행복을 전한다.

15) 악인들이 늘어나면서 일어나는 사회 현상은 여러 차례 다루어진다(28,12.28; 29,2). 악인들이 득세하면 의인들이 숨거나 백성의 탄식이 뒤따르는 등 암울한 결과를 초래하지만, 그런 현상은 일시적일 뿐 악인은 끝내 몰락할 수밖에 없다는 인과응보 사상이 전제되어 있다.

16) "예언"에 해당하는 히브리어 '하존חָזוֹן'은 잠언에서 여기에만 나오는데, 정확히 번역하면 '환시, 전망'이다. '환시'도 예언자들이 받는 계시의 한 유형이므로(이사 1,1; 29,7; 예레 14,14; 23,16; 에제 7,13), 후행구에 나오는 "율법"과 호응하는 용어로 보아 '예언'으로 번역해도 무방하다. 그런데 하존을 예언과 무관하게 '전망'으로 번역하면, 미래에 대한 전망이 없을 때 백성이 아무런 계획 없이 제멋대로 행동한다는 의미로 풀이할 수 있다. 이때 후행구는 미래의 목표를 이루기 위해 지침을 따라가는 이는 행복한 미래를 맞을 수 있다고 약속하는 내용으로 해석할 수 있다.

17) 19-22절은 종을 길들이는 방식과 성급한 사람이라는 주제를 번

알아들으면서도 따르지 않기 때문이다.

20 성급하게 말하는 사람을 보았느냐?
그보다는 우둔한 자가 더 희망이 있다.[18]

21 종을 어려서부터 응석받이로 기른 자는
결국 곤욕을 치르게 된다.

22 화를 잘 내는 사람은 싸움을 일으키고
성을 잘 내는 자는 죄를 많이 짓는다.[19]

갈아 다룬다. 19절과 21절은 종을 제대로 교육시켜야 한다고 역설하는데, 자식이 아니라 종이기 때문에 상해를 입힐 위험이 있음을 경계한다(탈출 21,20-21.26-27 참조). 후대의 지혜문학에서는 이런 현실을 감안하여 종들을 훈육하여 일을 시킬 때 못되게 굴면 매로 다스리되, 학대해서 가출하면 되찾을 길이 없으니 형제처럼 대하라고 균형 잡힌 지침을 내린다(집회 33,25-32). 20절과 22절은 말하거나 행동하기 전에 신중하게 고려하지 않는 사람들이 끝없이 문제를 일으킨다는 것을 거론한다(잠언 26,12; 15,18 참조).

18) "우둔한 자가 더 희망이 있다"는 표현은 26,12에서 이미 언급되었다. 우둔한 자를 질책하고 지혜를 추구하는 논조에서, 우둔한 자보다 더 희망이 없는 부류로 '스스로 지혜롭다고 여기는 사람'에 이어 "성급하게 말하는 사람"을 거론한다. 우둔한 사람은 말이라도 삼가며 자중하는 모습을 보이지만, 성급하게 말하는 사람은 자신이 지혜롭다고 여겨 되지도 않는 방안을 해결책으로 제시한다. '우둔한 자'에 대해서는 1,22 주해 참조.

19) '화'에 대해서는 14,17 주해 참조.

23 사람이 교만하면 낮아지고
마음이 겸손하면 존경을 받는다.[20]

24 도둑과 장물을 나누는 자는 제 목숨을 미워하는 자
그는 저주하는 소리를 듣고도 실토하지 않는다.[21]

25 사람을 무서워하면 그것이 올가미가 되지만
주님을 신뢰하면 안전해진다.[22]

---

20) 교부들은 교만과 겸손을 대비시켜 가르친다. 하느님이 교만한 이는 물리치시지만 겸손한 이에게는 은총을 베푸신다는 내용은 성경 어디에서나 찾아볼 수 있다(아우구스티누스). 겸손한 이들은 설사 악행으로 상처를 입더라도 겸손하게 자신을 맡겨 치유의 선물을 받는다(존자 베다). 다른 죄는 변명거리라도 있지만 교만은 어떤 변명도 할 수 없고, 다른 악한 행위는 그것을 저지르는 이에게만 해롭지만 교만은 모두에게 훨씬 더 많은 해를 끼친다(히에로니무스).

21) 십계명에서 도둑질은 살인과 간음 다음에 나오는 금령이다(탈출 20,15; 신명 5,19). 도둑질한 행위가 발각되었을 경우 소나 양 같은 가축은 다섯 배와 네 배로 배상하고(탈출 21,37), 돈이나 물건은 갑절로 배상해야 하며(22,6), 배상할 돈이 없으면 제 몸을 팔아서라도 갚아야 할 정도로 엄격히 처벌되었다(22,2). 허기진 배를 채우려고 훔친 생계형 도둑질도 가볍게 다루어지지 않았다(잠언 6,30). 그러기에 증인으로 소환된 이들은 거짓 증언을 할 경우 저주를 받는다는 소리를 듣고도 재판장에서 진상이 밝혀질 때까지 도둑질에 연루되었다는 사실을 실토하지 않았다(레위 5,1 참조).

22) 누구를 신뢰하고 두려워하느냐에 따라서 사람의 운명이 갈린다는 점을 함축한다. 24절과 연관하면 도둑의 보복이 무서워 거짓 증언했

26 많은 이가 통치자의 환심을 사려 하지만
사람의 권리는 **주님**에게서 온다.[23)]

27 의인은 불의한 사람을 역겨워하고
악인은 길이 올곧은 이를 역겨워한다.[24)]

다가 발각되면 올가미가 되어 생명을 잃을 수 있지만, 생명의 주인이신 주님을 온전히 신뢰해 내맡기면 오히려 안전해질 수 있다는 역설적인 통찰이다. 실례로 주님 앞에 죄를 짓느니 원로들의 거짓 증언에 맞서겠다고 결심해 생명의 위협에서 벗어난 수산나의 경우를 들 수 있다(다니 13장). 시편에서는 그 확신을 다음과 같이 노래한다. "하느님께 의지하여 두려워하지 않으니 사람이 나에게 무엇을 할 수 있으랴?"(시편 56,12)

23) 사람으로서 누려야 할 권리를 누가 보장해 주는가에 대한 근원적인 통찰이 담겨있다. 사람은 누구나 자신이 바라는 것을 해결해 줄 수 있는 능력자를 찾기 마련이다. 사울은 잃어버린 암나귀들을 찾으려고 사무엘에게 문의하였고(1사무 9,1–25), 트코아 여인은 살인한 아들을 지키려고 다윗 임금에게 나아갔다(2사무 14,1–11). 이와 같은 민원은 대부분 통치자들이 해결할 수 있기에 그들에게 환심을 사려 하지만, 현인들은 사람의 권리가 원천적으로 주님에게서 온다는 사실을 잊지 말 것을 일깨운다(잠언 20,22; 21,1–3 참조). 통치자들은 주님에게서 공정과 정의를 세우도록 권한을 위임받았다(시편 72,1–2; 로마 13,1–7 참조).

24) 잠언 27—29장을 마무리하면서 의인과 악인의 성향을 근원적으로 대비시킨다. 여기서는 의인과 악인이 서로를 역겨워하는 관계로 명시하는데, 3,32에서는 주님이 역겨워하시는 이와 가까이 하시는 이를 대비시킨다. '역겨워하다'에 대해서는 11,1 주해 참조.

7. 아구르의 잠언(30,1-33)[1]

30[2] 1 마싸 사람[3] 야케의 아들 아구르의 말.
그 사람이 이티엘에게 하고, 또 이티엘과 우칼에게 한 담화.

---

1) 아구르의 잠언은 번역하거나 이해하기에 가장 어려운 대목으로 손꼽힌다. 우선, 아구르라는 이름은 이곳 외에 성경을 포함한 어떤 문헌에서도 찾아볼 수 없다. 아구르의 아버지로 명명된 야케도 누군지 알 수 없다. 다만, 마싸 사람이라는 것에서 이스마엘과 연관되어 아라비아에 거주하는 부족으로 간주할 뿐이다(창세 25,14; 1역대 1,30 참조). '아구르 אָגוּר'의 어근을 '떠돌다(구르 גּוּר)'와 연관시키면 '떠돌이'라는 뜻이다. 솔로몬의 지혜가 탁월해 모든 민족이 교류하러 찾아왔고(1열왕 5,9-14), 고대 근동의 일반적이고 보편적인 통찰은 서로 통용되었기에 이스라엘 사람이 아닌 아구르의 잠언도 자연스럽게 잠언에 수록되었을 것이다. 아구르는 거룩하신 분을 아는 지식도 깨치지 못하였다고 고백하지만(잠언 30,3), 하느님의 권능을 깨닫고 하느님의 말씀을 신뢰하며 경건하게 살아왔던 현인으로 보인다(잠언 30,4; 욥 38—39장; 아모 4,13; 5,8; 9,6 참조). 아구르의 잠언은 수사학적 질문과 잠정적인 답변을 통해 하느님과 사람 사이에는 엄청난 간격이 있음을 일깨우며, 겸손하면서도 경건하게 살아갈 것을 촉구한다.

2) 잠언 30—31장은 이스라엘 사람이 아닌 아구르의 잠언(30,1-14)과 수 잠언(30,15-33), 마싸 임금 르무엘의 잠언(31,1-9)과 훌륭한 아내에 대한 찬가(31,10-31)로 구분된다. 수 잠언을 아구르의 잠언에 포함시켜 셋으로 구분하기도 하지만, 칠십인역에는 24,22 이후에 아구르의 잠언이, 24,23-34 이후에 수 잠언과 르무엘의 잠언이 나온다. 따라서 아구르의 잠언(30,1-14)은 수 잠언과 별도의 모음집으로 여겨졌을 것이다.

2[4] 정녕 나는 여느 사람보다 멍청하였고
나에게는 인간의 예지가 없었다.
3 나는 지혜를 배우지 못하였고
거룩하신 분을 아는 지식도[5] 깨치지 못하였다.

4 누가 하늘에 올라갔다 내려왔느냐?
누가 제 손바닥에 바람을 모았느냐?

---

3) "마싸 사람(하마싸הַמַּשָּׂא)"에서 마싸מַשָּׂא를 고유명사가 아니라 '신탁'으로 해석하면(즈카 9,1: 12,1: 말라 1,1 참조), '야케의 아들 아구르의 말. 그 신탁은…'으로 옮길 수 있다. 그럴 경우 잘 알려지지 않은 사람의 말을 신탁으로 승격시키는 무리수가 따르기에, 청중이 잘 모르는 이방인이 누구의 후손이며 어디 출신인지를 소개하는 방식이 더 자연스럽다.

4) 2–3절은 인간 존재와 이해력에는 한계가 있음을 과장되면서도 역설적으로 이야기한다. '멍청하다(바아르בָּעַר)'는 어리석다는 의미로(잠언 12,1) 다른 사람에게는 객관적인 평판으로 사용되지만, 자신에게는 다른 사람의 가르침과 훈계를 받아들이려는 열린 태도로 사용된다. 진정으로 지혜로운 이는 제 눈에 지혜롭게 보이는 착각에 빠지지 않고(28,11) 자신의 무지를 인정하는 데 망설임이 없다. 시편 저자가 자신을 멍텅구리이자 사람들의 우셋거리라고 하면서 하느님의 업적을 찬양하는 것과도 유사하다(시편 22,7; 73,22; 92,6–7 참조). 지혜의 길은 인간이 아무리 애를 써도 찾을 수 없다는 것이 지혜문학의 일관된 가르침이다(코헬 7,23–24; 바룩 3,15–31 참조). 그러니 아라비아 출신의 현인 아구르가 "거룩하신 분을 아는 지식"을 깨치지 못하였다고 고백하는 것은 당연한 귀결이다. 지혜는 곧 거룩하신 분을 아는 지식이다. 이 지식은 하느님이 하신 일을 제시하는 4절의 수사학적 물음으로 구체적으로 드러난다.

5) '영리함과 지식과 현명함'에 대해서는 잠언 1,4 주해 참조.

누가 겉옷으로 물을 감쌌느냐?
누가 세상 끝들을 세웠느냐?
그의 이름이 무엇이냐? 그리고 그 아들의 이름은?
정녕 너는 그것을 알고 있지 않느냐?[6)]

5 하느님의 말씀은 모두 순수하고
그분께서는 당신께 피신하는 이들에게 방패가 되신다.[7)]

---

6) 히브리어 본문에는 다섯 개의 수사학적 물음으로 제시된다. 앞의 네 물음은 사람이 할 수 없는 일을 하느님은 하실 수 있음을 강조한다. 사람이 하늘에 올라갔다가 내려올 수 없다는 사실은 분명하다(창세 11,4–5.7; 28,12–13; 신명 30,12; 판관 13,20; 바룩 3,29; 요한 3,12–13 참조). 그 외에도 손바닥에 바람을 모으거나 겉옷으로 물을 감싸거나 세상 끝들을 세우는 우주적인 행동을 '누가' 할 수 있겠느냐고 연달아 물음으로써, 하느님만이 그 일을 하실 수 있음을 강조한다(욥 38—39장 참조). 그런데 다섯째 물음은 하느님의 정체성을 묻는 '누가(미 מִי)'라는 의문사 대신에 '무엇(마 מָה)'이라는 의문사를 사용하여 그의 이름과 그 아들의 이름을 묻는다. 이미 청중이 정답을 알고 있다는 것을 전제하고 있으므로, 그의 이름은 '야훼 하느님'이다. 그런데 그 아들이 누구인지는 분명치 않아 의견이 갈린다. 아들이 혈연관계가 아니라 종속관계를 나타낸다면, 우주를 관장하는 하느님의 아들이라는 점에 착안하여 '사람들', 야훼 하느님의 아들이라는 점에 착안하면 '이스라엘'로 볼 수 있다. 이는 전능하신 하느님과 계약 관계에 있음을 다시금 상기시키는 역할을 한다.

7) 4절이 하느님께 초점을 맞추었다면 5–6절은 '하느님의 말씀'에 집중한다. 5절에서는 시편 18,31을 그대로 인용하는데, 다윗의 승전가에도 이 구절이 반영되어 있다(2사무 22,31). '하느님의 말씀이 모두 순수하다'는 것은 다 깨끗하게 정제되어 아무리 무지한 사람이라도 거리낌 없

6 그분의 말씀에 아무것도 보태지 마라.[8]
그랬다가는 그분께서 너를 꾸짖으시고 너는 거짓말쟁이가 된다.

7[9] 저는 당신께 두 가지를 간청합니다.

이 받아들일 수 있음을 나타낸다. 또한 그 말씀으로 보호받을 수 있음을 군사용 장비 "방패"의 이미지로 선명히 그려낸다. '방패'에 대해서는 잠언 2,7 주해 참조.

8) 경전으로서의 권위를 나타낼 때 곧잘 쓰이는 전형적인 문구다. 잠언에서는 뺀다는 문구 없이 아무것도 보태지 말라고 말함으로써 하느님의 지혜에 사람이 기여할 수 없음을 분명히 한다. 반면에 신명기와 요한 묵시록에서는 빼거나 보탤 수가 없다고 이르며(신명 4,2; 13,1; 묵시 22,18-19), 집회서는 거기에다 하느님의 업적을 헤아릴 수 없다는 것까지 추가로 명시한다(집회 18,6).

9) 7-9절은 잠언에 수록된 유일한 기도문이다. 아구르가 하느님의 말씀만이 신뢰할 만하다고 하고 하느님이 주신 지식 외에는 모두 배격하고 있는 문맥의 흐름상 하느님께 드리는 기도로 보는 것이 자연스럽다. 7절에서 두 가지를 간청한다고 했지만, 8절에 나오는 청원은 셋이다. 우선, 허위와 거짓말을 멀리하게 해달라고 청한다. 진실하지 않고 신의를 지키지 않는 행위는 하느님이 이스라엘 백성을 고소하는 죄목에서 우선적으로 거론되었다(호세 4,1-2). 거짓말을 해서 재물을 늘리기보다는 신의를 지키면서 가난한 편이 훨씬 낫다고 평가되었기 때문이다(잠언 19,22; 여호 7,11 참조). 다음으로는 재물의 유혹에 휘둘리지 않기를 바라며 가난하게도 부유하게도 하지 말아 달라고 청한다(욥 31,24-28 참조). 그 이유는 9절에서 구체적으로 제시된다. 끝으로 "저에게 정해진 양식"은 직역하면 '제 몫의 빵(레헴 후키 לֶחֶם חֻקִּי)'이다. 분수에 맞추어 정도를 지키는 삶을 살아갈 수 있도록 해달라는 청원이다(1티모 6,8 참조).

제가 죽기 전에 그것을 이루어 주십시오.
8 허위와 거짓말을 제게서 멀리하여 주십시오.
저를 가난하게도 부유하게도 하지 마시고
저에게 정해진 양식만 허락해 주십시오.
9 그러지 않으시면 제가 배부른 뒤에 불신자가 되어
"**주님**이 누구냐?"10) 하고 말하게 될 것입니다.
아니면 가난하게 되어 도둑질하고
저의 하느님 이름을 더럽히게 될 것입니다.11)

이는 일용할(에피우시오스ἐπιούσιος) 빵을 달라는 주님의 기도문(마태 6,11)을 연상시킨다.

10) "주님이 누구냐?"는 물음은 모세와 아론이 광야에서 이스라엘 백성과 함께 축제를 지내야겠다고 요청했을 때 파라오가 보인 반응이다(탈출 5,2). 파라오처럼 이스라엘 백성을 위하시는 주님이 누구신지를 몰라서 묻는 물음이 아니라, 부와 재산으로 만족하게 되어 우리 삶의 근원이신 주님께 무관심해졌음을 의미한다. 4절에 나열된 근원적인 사색부터 시작하게 되면, 주님이 어떤 분이신지 깨우치기 위해서는 파라오처럼 호된 시련과 질책을 받는 과정을 되풀이할 수밖에 없다. 떠돌이라는 뜻을 연상시키는 아구르가 주님이 누구신지를 묻고 '저의 하느님'으로 고백하는 내용을 담고 있다는 점에서 광야 생활을 연상시킨다. 광야를 떠돌던 히브리인들이 가나안에 정착한 과정을 연상시키는 가운데 신앙인으로서 올곧게 살아갈 것을 제시하는 역할을 한다(무어).

11) 잠언 28,21에서도 극심한 가난으로 죄짓는 현실을 지적한다. '더럽히다(타파스תָּפַשׂ)'는 본래 '붙들다'라는 의미다. 사람들과 함께 주님을 칭송하는 행위가 주님의 이름을 높이는 것임에 반해(시편 34,4), 도둑질은 그가 믿는 하느님 이름이 높아질 수 없도록 붙들기에 더럽힌다고 해석한다.

10 주인에게 그의 종을 헐뜯지 마라.
그 종이 너를 저주하여 네가 죗값을 받게 된다.[12]

11[13] 아버지를 저주하고

---

12) 고대사회에서 주인은 종을 때려도 바로 죽지 않는 한 아무런 처벌도 받지 않는 등 종에 대해 전권을 휘둘렀다(탈출 21,20–21 참조). 그런 주인에게 종을 헐뜯는 행위는 그 종의 생존을 위협하는 것이므로, 상대적으로 무력한 종으로서는 원망하거나 저주하며 푸념하는 수밖에 없었다(잠언 11,26; 28,27 참조). "죗값을 받게 된다"는 표현은 종들이 퍼붓는 저주가 하늘에 닿게 되면 호된 대가를 치르게 될 수도 있다는 점을 말한다. 이스라엘이 믿는 하느님은 이집트에서 종살이하던 이스라엘 선조들의 탄식과 신음 소리를 듣고 개입하셨던 분이기 때문이다(탈출 2,23–25). 따라서 아무런 생각 없이 이웃을 험담하거나 중상하는 이는 우둔한 자다(잠언 10,18; 20,19). 코헬렛은 종의 저주를 듣는 주인의 시각에서 사람들의 이야기를 귀담아듣지 말라거나 너도 저주한 적이 있지 않느냐는 식으로 일이 더 커지지 않도록 무마시킨다(코헬 7,21–22). 아무런 잘못을 하지 않았을 경우에는 상대방이 저주하더라도 하느님이 저주를 복으로 바꾸어 주신다(잠언 26,2; 신명 23,5–6 참조).

13) 11–14절은 '세대(도르 דּוֹר)'라는 단어를 네 번 반복한다. 도입부에 넷이라는 숫자가 나오지는 않지만 주님이 싫어하시는 항목을 다루는 잠언 6,16–19의 수 잠언과 유사하다. 또한 15–33절의 수 잠언 모음집으로 넘어가도록 자연스럽게 유도하는 역할을 한다. 자신을 키워준 부모에게 축복하지 않고 오히려 저주하는 세대가 처음으로 거론되는데, 그들은 선조들의 지혜를 전수해 주는 통로를 차단하고 부모를 공경하라는 십계명을 어기는 범법을 저지른 셈이다(잠언 20,20; 30,17; 탈출 20,12 참조). 10절과 연결하는 고리로 사용된 '저주하다(칼랄 קָלַל)'는 다른 곳에

어머니에게 축복하지 않는 세대
12 스스로 깨끗한 체하면서도
제 밑은 씻지 않는 세대
13 눈은 대단히 높고
눈썹은 치켜올린 세대
14 이는 단도요
이빨은 칼인 세대
이런 세대가 나라의 가난한 이들을,
이 땅의 불쌍한 이들을 집어삼킨다.[14]

수 잠언[15]

15 거머리에게는 딸이 둘 있는데

서는 '욕하다'로 번역되었다. 부모를 구박하고 저주하는 행동에 대해서는 잠언 19,26 주해 참조.

14) 앞서 나열한 네 부류의 사람들이 가난한 이들과 불쌍한 이들을 집어 삼키는 부류임을 명시한다. 그들은 부모에게 막돼먹은 짓을 하거나, 사람들을 만날 때에는 깨끗한 척하지만 실상은 제 한 몸도 건사하지 못한다. 거만한 눈빛에 사람들을 중상하거나 협박으로 난도질하는 행태는 강자 앞에서는 비위를 맞추느라 한없이 비굴하게 굴지만 자신을 제대로 보호할 수 없는 약자들 앞에서는 폭군으로 변모하는 비정한 사회 현실을 반영한다.

15) 수 잠언은 연속되는 두 개의 숫자를 이용하는 잠언으로, 15–33절에서 '셋과 넷'이라는 숫자로 다섯 개의 수 잠언을 나열하고 있다. 연속되는 수 잠언 사이에 끼어들어 간 17절과 20절과 마무리하는 32–33절은 수 잠언과 무관하다. 부모에게 순종하지 않는 자식과 간음하는 여

"더 주세요! 더 주세요!" 하고 보챈다.[16)]

배부를 줄 모르는 것이 셋,
"충분하다!" 할 줄 모르는 것이 넷 있으니
16 저승과 임신 못하는 태
물로 채울 수 없는 땅과
"충분하다!" 할 줄 모르는 불이다.[17)]

인의 행태를 다루고, 분노를 해소하지 못하고 억누르면 싸움으로 번질 수 있다는 점을 지적한다.

16) '셋과 넷'에 앞서 "둘"이라는 숫자와 연관해서 관찰한 내용을 서술함으로써, 잇따라 나오는 '셋과 넷'의 수 잠언으로 이끄는 역할을 한다. 두 딸은 거머리의 앞쪽과 뒤쪽 끝에 달려있는 빨판을 가리킨다. 자족할 줄 모르고 숙주에게 달라붙어서 피를 빨아먹는 거머리를 끊임없이 보채기만 하는 딸들에 비유한다.

17) 아무리 애써도 채워지지 않는 부분으로 네 가지를 예시한다. 그 중에서 "저승"은 아무런 수식어 없이 제시되는데, 그만큼 죽음을 맞는 행렬이 끊이지 않는다는 사실을 누구나 공감할 수 있기 때문이다(27,20). 두 번째로 "임신 못하는 태"는, 대를 이어갈 후손을 낳는 것을 중시하던 문화권에서 자신의 생명과 명예와 윤리규범을 무시할 정도로 절박하게 아이를 갈망했던 상황을 전제한다(창세 30,1; 38,6-26; 1사무 1,11; 루카 1,24-25 참조). 세 번째로 "물로 채울 수 없는 땅"은 비가 내려도 곧바로 흡수되어 사라지는 이스라엘의 석회질 토양을 말한다. 비가 많이 와도 그치면 하천이 흘렀다는 흔적(와디)만 남을 뿐 물기가 일체 없었다. 끝으로 "불"은 탈 것이 있는 한 계속해서 타오르는 속성을 지녀 선정되었다. 이 네 가지 예는 사람의 욕망은 끝이 없어서 무언가를 이루어도 그칠 줄 모르고, 성취된 결과를 기반으로 더 큰 것을 바라고 도전

17 아버지를 비웃고
어머니에게 순종하기를 하찮게 여기는 눈은
개울의 까마귀들이 쪼아내고
독수리 새끼들이 쪼아 먹는다.[18)]

18[19)] 나에게 너무 이상한 것이 셋

한다는 점을 일깨우기 위한 경구로 보인다.

18) 부모를 업신여긴 행동으로 처벌을 받는다고 서술되어 11절의 내용과 연관된다. 까마귀와 독수리 새끼들이 눈을 쪼아 먹는다는 표현은 죽은 뒤에 매장해 줄 사람이 없어 날짐승의 먹이로 방치되었다는 뜻이다(1열왕 14,11; 21,23-24 참조). 다윗과 필리스티아 사람이 서로 맞붙어 싸울 때에도 서로 상대방을 죽여서 새와 들짐승의 먹이로 주겠다고 겁박한다(1사무 17,44.46).

19) 18-19절은 두 번째 수 잠언으로 '길'이라는 단어를 사용하여, 눈에 보이지 않는 하늘과 땅과 바다의 길을 어떻게 오갈 수 있는지에 대해 경탄한다. 2-3절이 인간의 지식 자체에 한계가 있다는 점에 초점을 맞추었다면, 여기서는 인간이 이해할 수 없는 영역에 초점을 맞춘다. 지혜서에서는 배와 새와 화살이 지나간 길을 알 수 없다고 제시하는데(지혜 5,7-13), 여기서는 화살이 날아간 길 대신에 바위 위를 기어 다니는 뱀의 길을 꼽는다. 하늘과 땅과 바다라는 자연계의 세 영역에서 일어나는 경이로움을 관찰한 데 이어서, 네 번째로는 인간의 영역 가운데 "젊은 여자를 거쳐 가는 사내의 길"을 이해할 수 없다고 제시한다. 그런데 각 길을 꾸미는 수식어에 해당하는 단어가 히브리어 본문에는 없다. 직역하면 '하늘 안의 독수리 길, 바위 위의 뱀 길, 바다 한가운데 배의 길, 젊은 여자 안의 사내의 길'이다. 우리말 성경에서는 '…안의(버בְּ)'로 되어있는 표현에 적절한 수식어를 덧붙여서 '하늘을 날아다니는', '바위

내가 이해하지 못하는 것이 넷 있으니
19 하늘을 날아다니는 독수리의 길
바위 위를 기어 다니는 뱀의 길
바다 가운데를 떠다니는 배의 길
젊은 여자를 거쳐 가는 사내의 길이다.

20 간음하는 여자의 길도 이와 같아
먹은 뒤에 입을 닦고서는
"나는 나쁜 짓 안 했어!" 하고 말한다.[20)]

21[21)] 이 셋 밑에서 땅이 몸서리치고

위를 기어 다니는', '바다 가운데를 떠다니는', '젊은 여자를 거쳐 가는' 등으로 옮겼다.

20) "간음하는 여자의 길"은 수 잠언은 아니지만, 19절에 나오는 '젊은 여자를 거쳐 가는 사내의 길'과 연관되기에 잇따라 제시된다. 사내의 길에서는 명시되지 않았지만 여자의 길에서는 성적으로 문란한 생활을 하고 있음을 분명히 밝힌다. '먹다'는 성적인 관계를 맺었음을 나타내는 은유적 표현이다. 그런데 그 뒤에 자신이 나쁜 짓을 안 했다고 하는 것은 19절에서 독수리와 뱀, 배와 사내가 분명히 움직이기는 했지만 흔적을 찾아볼 수 없는 것과 연관된다. 단순히 발뺌하는 것일 수도 있지만, 나쁜 짓이라는 죄의식 자체가 없는 상태임을 시사한다.

21) 21–23절은 세 번째 수 잠언으로, 견디기 힘들 정도로 전도된 세상의 예로 네 가지를 꼽는다. 성경에서는 사회적 격변을 땅이 몸서리치는 등의 물리적 반응으로 묘사한다(아모 7,10 참조). 고대의 우주관은 혼돈의 바다 가운데 기둥을 세워 땅이 무너지지 않도록 지탱하고 있다고 여겼다(1사무 2,8; 시편 75,4 참조). 따라서 전도된 세상에서 벌어지는 일이

이 넷 밑에서 땅이 견디어 내지 못하니
22 임금이 된 종과
음식으로 배부른 바보 밑에서,[22]
23 또 미움을 받다 혼인하게 된 여자와
안주인 자리를 차지한 여종 밑에서이다.[23]

정도를 넘어서서 주님이 더 이상 이 세상이 제대로 설 수 있도록 기둥으로 뒷받침하지 않으실 수도 있다고 경고하는 셈이다.

22) 종이 임금이 되는 경우, 기존의 세력 기반이 모두 무너져 사회적 혼란이 극심해지기에 빠른 시일 내에 수습하기 어려워 그 모든 고통을 감내해야 한다(잠언 19,10; 코헬 10,5–7 참조). "바보(나발 נָבָל)"는 우둔한 이와 같은 부류이기에 지혜롭지 못해 많은 수익을 올릴 수 없어야 하는데(잠언 20,13; 28,19 참조), 수익이 많아서 배부르게 되면 그 수익을 어떻게 나누고 투자해야 되는지 몰라 오히려 화를 초래하기도 한다(1사무 25,2–38 참조).

23) "미움을 받다 혼인하게 된 여자(תַּחַת שְׂנוּאָה כִּי תִבָּעֵל)"는 직역하면 '미움 받는 아내'다. 애증 관계를 거쳐서 혼인하거나 재혼한 여자를 가리키는 것이 아니라, 일부다처제 문화권에서 남편의 눈 밖에 난 부인을 가리킨다(신명 21,15–17; 1사무 1,1–28 참조). 실례로 자매를 부인으로 맞아 사랑싸움에 말려들어야 했던 야곱을 들 수 있다(창세 30,1–24). "안주인 자리를 차지한 여종"은 안주인이 아이를 낳지 못하면 흔하게 벌어지는 일이었다. 친정으로 소박하고 새 아내를 맞거나 여종에게서라도 대를 이으려 했기 때문이다. 여종 하가르는 사라 대신에 아브라함의 대를 이을 아이를 보자, 안주인 행세를 하면서 사라를 타박하다가 쫓겨나기까지 한다(16,1–6; 21,1–14). 집안의 안살림을 이끄는 주도권이 바뀌게 되면, 시행착오를 거쳐 새 질서가 안정될 때까지 심한 고역을 겪을 수밖에 없다.

교부들은 혼인제도에서 생겨나는 다양한 양상을 다룬다. 주님은 책

24[24] 세상에서 가장 작으면서도
더없이 지혜로운 것이 넷 있다.
25 힘없는 족속이지만
여름 동안 먹이를 장만하는 개미
26 힘이 세지 않은 종자이지만
바위에 집을 마련하는 오소리
27 임금이 없지만
모두 질서 정연하게 나아가는 메뚜기
28 사람 손으로 잡을 수 있지만
임금의 궁궐에 사는 도마뱀이다.

29[25] 발걸음이 당당한 것이 셋,

임 있게 혼인 생활을 하며 자녀를 생산하는 사람들과 함께하시지만(알렉산드리아의 클레멘스), 선의로 혼인하지 않는 사람들을 두고 주님 탓으로 돌려서는 안 된다고 이른다(요한 크리소스토무스). 좋은 부부는 육체의 결합만이 아니라 덕행의 결합을 이룬다(나지안주스의 그레고리우스).

24) 24-28절은 다른 수 잠언과는 달리 연속되는 두 개의 숫자가 아니라 최종 숫자 넷만 언급하며 동물의 세계를 다룬다. 작지만 생존의 지혜를 간직한 개미와 오소리, 메뚜기와 도마뱀을 나열한다. 개미는 식량이 충분할 때에도 미래를 위해 미리 비축하고, 오소리는 포식자와 맞서 싸울 힘이 없기에 안전지대인 바위에 집을 마련한다. 메뚜기는 무리지어 일사분란하게 행동하고, 도마뱀은 사람들이 함부로 행동할 수 없는 궁궐에 터전을 마련함으로써 생존을 보장받는다. 이를 통해 신체적 능력이나 재물이나 권력이 보잘것없어도 지혜롭기만 하면 살아남을 수 있음을 암시한다.

25) 29-31절은 발걸음이 당당한 부류로 사자와 수탉과 숫염소를 거

당당하게 걸어 다니는 것이 넷 있으니
30 짐승 가운데 용사로서
어떤 것 앞에서도 물러서지 않는 사자
31 의젓한 수탉과 숫염소
그리고 자기 백성 앞에 선 임금이다.

32 네가 만일 잘난 체하며 바보짓을 하고 나서
잘 생각해 보았다면 손으로 입을 가려라.[26]

론한 다음에 '자기 백성 앞에 선 임금'을 제시한다. 사자는 맹수의 제왕이고(창세 49,9), 숫염소는 돌진해서 숫양의 뿔을 부러뜨릴 정도로 막강한 모습을 보인다(다니 8,5–8). 이에 비해 수탉은 상대적으로 약해 보이지만 암탉들 가운데서 의젓하게 벼슬을 세우고 다닌다는 점에서 눈길을 끌었을 것으로 보인다. 수 잠언은 보통 강세점이 끝에 있기에, 임금은 모름지기 자기 백성 앞에서 당당해야 함을 촉구하는 셈이다. 사자와 같은 거대한 권위가 있으면 좋겠지만, 설사 국력이 약해 수탉이나 숫염소와 같은 힘밖에 없다 하더라도 자기 백성 앞에서만큼은 임금으로서의 몫을 수행해야 함을 전달한다. 히폴리투스는 '넷'이라는 숫자에 맞추어서 당당하게 살아가는 네 부류로, 하늘에 있는 천사들과 땅 위에 있는 성인들, 땅 아래 있는 의인들의 영혼들과 강생하신 말씀이신 하느님을 거론한다.

26) 손으로 입을 가리는 행위는 당황하거나 더 이상 할 말이 없음을 나타낸다(욥 21,5; 29,9; 40,4). 잘난 체하며 바보짓을 하지 않아야겠지만, 설사 그런 짓을 했더라도 자신의 행동을 돌아보며 생각할 수 있는 사람이라야 비로소 겸손한 태도를 취할 수 있다. 그러지 않고 계속해서 압박해 나가면 상대방의 분노를 사 결국에는 싸움으로 이어질 수밖에 없음을 버터와 코피가 나오는 과정을 통해 예시한다(33절).

33 우유를 누르면 버터가 나오고
코를 누르면 피가 나오고
화를 누르면 싸움이 나온다.[27)]

27) '화'에 대해서는 잠언 14,17 주해 참조.

8. 르무엘의 잠언(31,1-9)[1]

31 1 마싸 임금 르무엘의 말로서
그의 어머니가 가르친 것.

2 아, 내 아들아! 아, 내 몸에서 난 아들아!
아, 내가 서원하여 얻은 아들아![2]
3 여자들에게 네 정력을 쏟지 마라.

---

1) 이스라엘 이외의 지역에서 들어온 잠언이다. '마싸'(1절)는 신탁으로 해석할 수도 있지만, 아라비아의 어느 지역을 가리키는 지명으로 여겨진다(잠언 30,1 주해 참조). "내 몸에서 난 아들"(2절)이라는 표현에서 드러나듯이 이곳에서만 유일하게 어머니의 목소리가 아버지의 가르침과 별도로 제시된다. 고대 근동에서는 아이들을 가르치는 데 어머니가 관여했다(1,8; 6,20 참조). 1-7절이 임금으로서 주색잡기에 빠져 정사를 제대로 돌보지 못하는 일이 일어나지 않도록 경계하는 가르침이라면, 8-9절은 임금으로서 의로운 재판을 수행할 것과 백성의 권리를 지켜줄 것을 명시하는 가르침이다.

2) 이 구절을 직역하면 '아, 내 아들아! 아, 내 몸의 아들아! 아, 내 서원의 아들아!'이므로, 훨씬 간결하면서도 율동감이 드러난다. '아(마 מָה)'라는 단어를 세 차례 연달아 사용하는 데서 아들을 친밀하게 여기는 어머니의 모습을 연상할 수 있다. "서원하여 얻은 아들"이라는 표현을 통해서는 어머니가 아들을 하느님께 봉헌했음을 알 수 있다(1사무 1—2장 참조). '아들'이라는 단어가 히브리어 '벤(בֵּן)'이 아니라 아람어 '바르(בַּר)'라는 점에서 이 잠언이 이스라엘 외부에서 기원했음을 알 수 있다.

임금을 파멸시키는 자들에게 네 길을 맡기지 마라.[3]
4 르무엘아! 임금에게 어울리지 않는다.
술을 마시는 것은 임금에게 어울리지 않고
독주를 탐하는 것은 군주에게 어울리지 않는다.[4]
5 술을 마시면 법을 잊어버리고
고통받는 모든 이의 권리를 해치게 된다.[5]

---

3) 3–4절은 "마라(알אַל)"라는 부정어를 사용하여 임금으로서 여자와 술을 탐하는 두 가지 행위를 하지 말라고 이른다. 3절에서 '길'은 '삶의 방식'을 뜻한다. 동의적 대구로 '여자들'을 '임금을 파멸시키는 자들'과 연관시키는 가운데, 자신의 삶을 욕정에 내맡기지 말라고 이른다(잠언 5—7장 참조). 다윗의 경우, 욕정으로 우리야의 아내 밧 세바를 취했다가 잇따른 반란에 쫓겨 다녀야만 했다(2사무 11장 이하 참조).

4) 2절에서 '아들아'라는 호칭으로 시작하여 여자들에게 빠지지 말라고 당부하였듯이(3절), 이 절에서도 "르무엘아"라고 아들의 이름을 부른 다음 술에 빠지지 말라고 당부한다. 그 이유는, 술에 취하면 법으로 고통받는 모든 이의 권리를 지켜주는 데 소홀할 수 있기 때문(5절)이라고 구체적으로 제시한다(잠언 20,1; 23,19–21.29–35 참조). 8–9절에서 임금에게는 버림받은 모든 이들, 가난한 이와 불쌍한 이의 권리를 지켜주어야 할 책무가 있다고 명시하는 것과 상통한다.

5) 과음해서 벌어지는 위험에 대한 경고는 잠언만이 아니라 다른 예언서에도 곧잘 나온다(잠언 20,1; 21,17; 23,31–35; 이사 5,11; 28,1; 아모 6,6; 호세 4,11; 미카 2,11 참조). 반면에 적절한 음주는 살아가는 나날이 고통스러운 사람들에게 현실의 고통을 잊게 하기에, 죽어가는 이와 상심한 이에게는 효과가 있다. 요한 크리소스토무스도 술이 난감하고 울적한 기분을 몰아내고 의기소침을 해결하는 데 가장 좋은 수단이라고 평한다.

6 독주는 죽어가는 이에게,
술은 상심한 이에게 주어라.
7 그것을 마시면 가난을 잊고
괴로움을 더 이상 생각하지 않으리라.
8 너는 벙어리들을 위하여,
버림받은 모든 이들의 권리를 위하여 입을 열어라.
9 입을 열어 의로운 재판을 하고
가난한 이와 불쌍한 이의 권리를 지켜주어라.[6)]

6) '부자와 가난한 이들'에 대해서는 잠언 14,21 주해 참조.

9. 훌륭한 아내에게 바치는 시(31,10-31)[7]

(알렙) 10 훌륭한 아내를 누가 얻으리오?[8]

---

7) 10−31절은 히브리어 알파벳 스물두 자에 맞추어 정교하게 구성된 알파벳 시다. 구약성경에서 남성이나 하느님을 묘사하는 데 주로 사용된 '힘, 능력'을 뜻하는 온갖 단어를 여성에게 결부시켜 이상적인 모습을 그려낸다는 점에서 눈길을 끈다(10.17.25절). 19−20절을 중심으로 10−18절과 21−29절이 서로 아홉 절씩 대칭되는 내용으로 전개되는 가운데, 30−31절에서 훌륭한 일을 한 여인을 칭송하라고 권유하면서 마무리한다. 특히 19−20절은 손(야드 יָד), 손바닥(카프 כַּף), 손바닥, 손으로 교차되는 기법을 사용함으로써, '힘, 능력'에 강세를 두고 있음을 암시한다. 몸의 한 부분으로 전체를 나타내는 방식은 히브리인들의 고유한 문학 기법이다(잠언 6,3; 판관 4,24; 아모 1,8 참조).

8) 성경에서 '훌륭한 여인(에쉣 하일 אֵשֶׁת־חַיִל)'이라는 표현은 세 차례 언급된다(잠언 12,4; 룻 3,11). "훌륭한"은 '힘, 능력, 부'를 뜻하므로 남성을 수식하는 용어로 자주 쓰였고, 여인과 결부되는 경우는 시어머니를 정성껏 모신 룻을 제외하고는 잠언에서만 언급된다. 여인에게 붙은 이 수식어는 가사일도 잘하고 재산도 불리고 불쌍한 이웃도 돌보며 자식들을 자상하게 가르치는 '능력 있는 여인'을 가리킨다. 3절에서도 같은 단어가 언급되는데, 임금이 여자에게 쏟지 말아야 할 것을 나타내므로 '정력'으로 번역되었다. 29절에서는 이 모든 일을 충실히 수행한 팔방미인을 '훌륭한 일을 한 여인'으로 통칭하는데, 실제 인물일 수도 있지만 지혜를 여인으로 의인화한 것으로 보인다. "누가 얻으리오?"라는 물음에서 훌륭한 여인은 누구나 쉽게 얻을 수 없다는 것을 알 수 있다. 주님에게서 호의를 입은 사람만이 산호보다도 귀한 아내를 얻는 행복을 누

그 가치는 산호보다 높다.[9)]
(베트) 11 남편은 그를 마음으로 신뢰하고
소득이 모자라지 않는다.[10)]
(기멜) 12 그 아내는 한평생 남편에게
해 끼치는 일 없이 잘해준다.
(달렛) 13 양모와 아마를 구해다가
제 손으로 즐거이 일하고[11)]
(헤) 14 마치 상인의 배처럼

릴 수 있다(잠언 18,22 참조).

9) 훌륭한 아내의 가치를 따져 산호보다 높은 것으로 제시하는 방식은 교역이나 상거래에서 가치를 비교하여 평가하던 당시의 풍습을 암시한다(요더). 이집트 엘레판틴 여성 노예의 가치는 7세켈이었고, 젊은 여인의 가치는 68세켈이었다(고대 이집트의 아람문헌집 Ⅱ,3). 이스라엘에서도 사람을 봉헌할 때에 성별과 연령에 따라서 서원 예물의 값을 차등 부과하였다. 혼인할 때 딸과 함께 지참금을 보냈기에(1열왕 9,16; 2마카 1,14), 그 가치가 액면가에 따라서 평가되기도 하였다. 지혜의 가치도 훌륭한 아내처럼 산호보다 값진 것으로 제시되므로(잠언 3,15; 8,11) 여기서도 지혜 여인을 염두에 둔 표현으로 보인다.

10) “소득(샬랄 שָׁלָל)”은 본디 ‘전리품, 약탈품’이라는 뜻이다. 전쟁이 잦았던 시대에 남편이 전쟁에서 승리를 거두면, 아내가 승리의 부산물을 챙겼다는 어감을 풍긴다. 또한 아내가 혼인할 때에 가져온 지참금을 활용해서 생긴 소득으로 남편이 공식석상에서 품위를 유지할 수 있도록 재정적으로 내조를 했음을 시사한다.

11) 훌륭한 아내는 가정 안에만 머무는 것이 아니라, 바깥에서 양모와 아마를 구해 와 옷을 지어 입으며(21–22절) 즐거워한다고 이른다.

멀리서 양식을 마련해 온다.[12)]
(와우) 15 아직 어두울 때 일어나
식구들에게 음식을 만들어 주고
여종들에게 분부를 내린다.[13)]
(자인) 16 밭을 봐두었다가 사들이고
자기가 번 돈으로 포도밭을 사서 가꾼다.[14)]
(헤트) 17 허리를 단단히 동이고
힘센 팔로 일을 하며

---

12) "상인의 배"는 티로와 시돈과 비블로스에 거주하던 페니키아 상인들이 해양무역을 관장하여 이집트 곡창지대에서 수확한 양식을 이스라엘과 페니키아 일대에 보급했던 현실을 반영한다. 상인들이 배를 타고 멀리서 양식을 구해오듯이, 훌륭하게 살림하는 여인들은 거주지에 부족한 양식을 멀리 떨어진 시장에서 상거래를 통해 구입했음을 암시한다(24절). 18-19절에서는 아마 속옷과 띠를 만들어 팔아 살림에 보태려고 밤에도 등불을 끄지 않고 물레질을 했다고 한다.

13) "음식(테렙 טֶרֶף)"은 사냥할 때에 쓰이는 먹이와 같은 어감이다. 야채나 과일을 따오든 염소젖을 짜든 어떻게든 식구들을 먹여 살리려고 새벽부터 부지런히 움직이는 모습이 돋보이며(27,27 참조), 멀리서 양식을 마련해 와야 할 정도로 식량 사정이 좋지 않아 늘 생계에 주의를 기울였음을 암시한다(14절). 지혜 여인의 가르침은 사람들을 지혜롭게 성장시키는 음식과 같은 역할을 하고 있음을 나타낸다(브라운).

14) 부동산을 구입하는 데 남편이 관여하지 않는 모습이 특이하다. "자기가 번 돈"이라는 표현에서 구입 자금도 아내가 모아 조달했음이 암시된다. 아들들과 남편이 입을 모아 그 누구보다도 뛰어나고 훌륭한 일을 했다고 칭송하는 것도 당연하다(29절).

(테트) 18 벌이가 좋으리라는 것을 알기에
밤에도 등불을 끄지 않는다.
(요드) 19 한 손으로는 물레질하고
다른 손으로는 실을 잣는다.[15)]
(카프) 20 가난한 이에게 손을 펼치고
불쌍한 이에게 손을 내밀어 도와준다.[16)]
(라멧) 21 온 집안이 진홍색 양모로 옷을 해 입으니
그 집안은 겨울 눈을 두려워하지 않는다.[17)]
(멤) 22 손수 덮개를 만들고
아마포와 자홍색 천으로 옷을 지어 입는다.

---

15) 손과 손바닥을 번갈아 사용해, 가사일과 이웃을 돕는 일에 조금도 소홀함이 없었음을 시사한다. 가난한 이와 불쌍한 이에게 손을 내밀어 도와주는 모습은 르무엘이 임금으로서 해야 할 책무와 상통한다(9절). 한 집안의 생계에만 급급해서 매몰찬 모습을 보이는 것이 아니라, 능력이 되는 한 도움이 필요한 이를 외면하지 않는 넉넉한 품성을 지녔음을 알 수 있다.

16) '부자와 가난한 이'에 대해서는 14,21 주해 참조.

17) 이스라엘에서는 눈을 접하기가 매우 힘들었다. 그래서 눈과 서리를 내려 얼게 하는 기후 현상을 하느님의 권능으로 제시하기까지 한다(시편 147,16-17). 따라서 "겨울 눈"을 대비해서 양모로 옷을 해 입었다는 것은 유다 산악지대나 외국의 상황이라고 할 수 있다(2사무 23,20; 1마카 13,22). 산악지대이기에 식량을 수확할 밭이 부족해 멀리서 양식을 마련해 와야 하고(14절), 산비탈에 포도밭을 가꾸고 옷을 만들어 파는 가내수공업에 밤낮없이 매달릴 수밖에 없었을 것이다(16-19.24절). "소득"(11절)과 "음식"(15절)이라는 용어도 산악지대의 거친 환경이 반영되어 사용되었을 것이다.

(눈) 23 그 남편은 성문에서
지방 원로들과 함께 앉을 때 존경을 받는다.[18]
(사멕) 24 그 아내는 아마 속옷을 만들어 팔고
띠를 만들어 장사꾼에게[19] 넘긴다.
(아인) 25 힘과 위엄이 그 아내의 옷
앞날을 흐뭇하게 바라본다.[20]

---

18) "성문"은 마을의 대소사를 결정하거나 재판과 상거래가 이루어지는 장소였다. 원로들과 함께 앉아있다는 것은 남편도 원로이거나 원로에 준하는 대우를 받고 있음을 나타낸다. 가격이 비싼 자홍색 옷을 입었다는 것은 그만큼 재력이 있다는 표시니 공동체에서 발언권도 강했을 것이다(욥 29,7-11 참조).

19) "장사꾼(커나아니 כְּנַעֲנִי)"은 가나안 땅 원주민이라는 뜻도 지닌다. 이스라엘에서 일상복이 아니라 사제복이나 판매용 의복을 만드는 데에는 특별한 재능이 필요했고, 그 재능은 주님이 슬기의 영으로 가득 채워야 갖출 수 있다고 여겼다(탈출 28,3 참조). 더군다나 수완 좋은 장사꾼에게 팔려면 상거래 재능도 갖추어야 했다. 그러니 이 두 가지 능력을 모두 갖춘 여인을 아내로 맞이하는 것은 아무나 할 수 없다는 데 공감대가 형성되어 있었다(10절).

20) 히브리 문화권에서는 추상명사를 구체적인 이미지로 곧잘 표현한다. 에덴동산에 생명나무와 선과 악을 알게 하는 나무를 자라게 하고(창세 2,9), 사람에게 영광과 존귀의 관을 씌워주었다고 비유적으로 표현된다(시편 8,6). 옷은 그 사람의 지위와 위치를 나타내므로, "힘과 위엄"이라는 옷을 입었다는 것은 아내에게 힘과 위엄이 있다는 뜻이다(93,1; 104,1). 앞날은 불투명하고 위험과 어려움이 예상되기에 불안할 수밖에 없는데, 아내의 시선이 흐뭇한 것은 아무것도 두려워하지 않기 때

(페) 26 입을 열면 지혜이고
자상한 가르침이 그 입술에 배어있다.[21)]
(차데) 27 집안일을 두루 보살피고[22)]
놀고먹는 일이 없다.
(코프) 28[23)] 아들들이 일어나 그를 기리고

문이다(21절 참조). 주님을 경외하는 여인(30절)은 생존을 위협하는 일체의 것들에서 자유롭다.

21) '입을 열면 지혜와 자상한 가르침이 나온다'는 표현은 지혜 여인의 담화를 연상시킨다(잠언 8,6-9 참조). 지혜롭고 자상하게 이야기하는 여인은, 버림받은 이들의 권리를 지키고 의로운 재판을 하라는 어머니의 가르침에 따라 르무엘 임금이 입을 열었을 때의 모습을 연상시킨다(8-9절). 가정이든 나라든 지혜롭게 보살피고 돌볼 필요가 있다. "자상한 가르침(토랏 헤세드תּוֹרַת־חֶסֶד)"은 이곳에만 나타나는 표현으로, 어머니로서 자녀들과 여종들을 따듯하게 대하며 훈육하는 모습을 연상시킨다(1,8; 6,20 참조). 어머니의 가르침을 수식하는 '헤세드'는 당대에 자식들을 교육시키는 방법으로 정당화되던 체벌이나 매질과 달리, 온전하면서도 지속적인 사랑으로 이루어졌음을 연상시킨다(크렌쇼).

22) "보살피고(초피야צוֹפִיָּה)"에 해당하는 히브리어는 그리스어로 지혜라는 뜻을 지닌 '소피아σοφία'와 발음이 유사하다. 지혜가 모든 일이 제대로 돌아가게끔 늘 돌보고 있음을 나타내는 말놀이다.

23) 28-31절은 10절에서 시작된 알파벳 시가 놀라운 일을 이룬 이들을 칭송하는 시라는 것을 분명히 보여준다. 10-12절이 도입이라면, 13-27절은 어떤 일들을 했는지 본격적으로 서술하고, 28-31절은 그 놀라운 일들을 이루었음을 칭송하는 구조로 되어있다. 28-29절은 가정에서 아내이자 어머니가 한 일을 칭송하고, 30-31절은 공동체에서

남편도 그를 칭송한다.
(레시) 29 "훌륭한 일을 한 여인들이 많지만
당신은 그 모든 이보다 뛰어나오."
(쉰) 30 우아함은 거짓이고 아름다움은 헛것이지만
주님을 경외하는 여인은 칭송을 받는다.[24)]
(타우) 31 그 손이 거둔 결실을 그에게 돌리고
그가 한 일을 성문에서 칭송하여라.

주님을 경외하는 여인이 한 일을 칭송한다. 이를 훌륭한 여인을 표상으로 내세워 지혜 여인을 칭송하는 내용이라고 한다면, 28절의 '아들들'은 지혜의 말씀에 귀 기울이는 청중을 나타낸다.

24) 여인에게서 아름다움과 성적 매력만을 추구하던 사회 분위기에서(5,15-19; 11,12 참조), 여인의 참된 가치는 주님을 경외하는 자세로 이루어 나가는 모든 일에 있음을 다시금 강조한다.

주님을 경외한다는 주제가 1,7과 31,30에 등장함으로써, 수미상관법으로 잠언 전체의 틀을 잡아주는 역할을 한다.

줄임말

참고 문헌

성경 찾아보기

줄임말

BI	*Biblical Interpretation*
CBQ	*Catholic Biblical Quarterly*
EQ	*The Evangelical Quarterly*
GOTR	*The Greek Orthodox Theological Review*
HTR	*Harvard Theological Review*
JBL	*Journal of Biblical Literature*
JETS	*Journal of the Evangelical Theological Society*
JTI	*Journal of Theological Interpretation*
JSOT	*Journal for the Study of the Old Testament*
PEQ	*Palestine Exploration Quarterly*
PRS	*Perspectives in Religious Studies*
RQ	*Restoration Querterly*
Theol.Quart	*Theological Querterly*
Theol.Rev	*Theological Review*
USQR	*Union Seminary Quarterly Review*
VT	*Vetus testamentum*
WBC	Word Biblical Commentary
ZAW	*Zeitschrift für die alttestamentliche Wissenschaft*

참고 문헌

Alexander, N.M., *Introduction to Wisdom Literature; Proverbs; Ecclesiasters; Song of Songs; Book of Wisdom; Sirach,* (The) New interpreter's Bible. v.5 (Nashville 1997).

Blenkinsopp, J., "The Social Context of the 'Outsider Woman' in Proverbs 1-9", *Biblica* 72 (1991).

________, *Wisdom and Law in the Old Testament* (London 1995).

Brown, W.P., "The Didactic Power of Metaphor in the Aphoristic Sayings of Proverbs", *JSOT* 29 (2004), 133-154.

Camilla, B., *The Heroine with a Thousand Faces: Woman wisdom in Proverbs 1-9* (Michigan 1990).

Clark, Jr. R.R., "Schools, Scholars, and Students: The Wisdom School Sitz Im Leben and Proverbs", *RQ* 47 (2005), 161-177.

Crenshaw, J.L., "A Mother's Instruction to her Son (Proverbs 31:1-9)", *PRS* 15 (1988), 9-22.

Emerton, J.A., "The Interpretation of Proverbs 21,28", *ZAW* 100 (1988), 161-170.

Fox, M.V, "From Amenemope to Proverbs: Editorial art in Proverbs 22,17—23,11", *ZAW* 126 (2014), 76-91.

________, "The Pedagogy of Proverbs 2", *JBL* 113 (1994), 233-243.

Gilchrist, M.O., "Proverbs 1-9: Instruction or Riddle?", *Proceedings* 4 (1984), 131-145.

Goldingay, J., "The Arrangement of Sayings in Proverbs 10-15", *JSOT* 61 (1994), 75-83.

Hilderandt, T., "Motivation and Antithetic Parallelism in Proverbs 1-15", *JETS* 35 (1992), 433-444.

________, "Proverbial Pairs: Compositional Units in Proverbs 10-29", *JBL* 107 (1988), 207-224.

Imray, K., "Love is (Strong as) Death: Reading the Song of Songs through Proverbs 1-9", *CBQ* 75 (2013), 649-665.

Lang, B., "Women's Work, Household and Property in Two Mediterranean Societies: A Comparative Essay on Proverbs XXXI 10-31", *VT* LIV (2004), 188-207.

Leeuwen, R.C., "Liminality and Worldview in Proverbs 1-9", *Semeia* 50 (1990), 111-144.

________, "Proverbs 30:21-23 and the Biblical World Upside Down", *JBL* 105 (1986), 599-610.

Lenzi, A., "Proverbs 8:22-31: Three Perspectives on Its Composition", *JBL* 125 (2006), 687-714.

Longman, T., *Proverbs* (Michigan 2006).

Mcnamara, B.M.D., "A Theology of Wisdom as the imago Dei: A Response to When God Talks Back", *EQ* 87 (2015), 151-168.

Moore, R.D., "A Home for the Alien: Worldly Wisdom and Covenantal Confession in Proverbs", *ZAW* 106 (1994), 96-107.

Murphy, R.E., "Wisdom and Creation", *JBL* (1985) 3-11.

________, "Wisdom and Eros in Proverbs 1-9", *CBQ* 150 (1988), 600-603.

________, "Wisdom's Song: Proverbs 1:20-33", *CBQ* 48 (1986), 456-460.

Okyere, K., "The rhetoric of work in Proverbs 24:30-34", *Theoforum* 44 (2013), 157-171.

Overland, P., "Did the Sage Draw from the Shema? A Study of Proverbs 3:1-12", *CBQ* 62 (2000), 424-440.

Pemberton, G.D., "The Rhetoric of the Father in Proverbs 1-9", *JSOT* 30 (2005), 63-82.

Pentiuc, E.J., "A Self-Offering God and His Begotten Wisdom (Proverbs 8:22-24)", *GOTR* 46 (2001), 255-265.

Perdue, L.G., *Proverbs*, Interpretation v.17 (Louisville 2000).

Rogers, C.L., *An Exegetical and Theological Study of Proverbs 8* (Michigan 1991).

Schwáb, Z., "I, the Fool: A 'Canonical' Reading of Proverbs 26:4-5", *JTI* 10 (2016), 31-50.

Shupak, N., *Where can Wisdom be found?: The Sage's Language in the Bible and in Ancient Egyptian Literature* (Göttingen 1993).

Stiebert, J., "The People's Bible, Imbokodo and the King's Mother's Teaching of Proverbs 31", *BI* 20 (2012), 244-279.

Szlos, M.B., "A Portrait of Power: A Literary-critical Study of the Depiction of the Woman in Proverbs 31,10-31", *USQR* 54 (2000), 97-103.

Vawter, B., "Prov 8:22: 'Wisdom and Creation'", *JBL* 99 (1980), 205-216.

Waltke, B.K, "Friends and Friendship in the Book of Proverbs: An Exposition of Proverbs 27:1-22", *CRUX* 38 (2002), 27-42.

________, *The Book of Proverbs : Chapters 1-15* (Michigan 2004).

Weeks, S., "The Context and Meaning of Proverbs 8:30a", *JBL* 125 (2006), 433-442.

Whybray, R.N., *The Composition of the Book of Proverbs* (Sheffield 1994).

Williamson, R., "'In the Way of Righteousness is Life': Symbolic Death Transcendence in Proverbs 10-29", *JSOT* 38 (2014), 363-382.

Wolters, A., "Proverbs XXXI 10-31 as Heroic Hymn: A Form-Critical Analysis", *VT* XXXVIII (1998), 446-457.

Yee, G.A., "'I Have Perfumed My Bed With Myrrh': The Foreign Woman (*iššâ zārâ*) in Proverbs 1-9", *JSOT* 43 (1989), 53-68.

Yoder, C.R., "The Woman of Substance(lyx-tva): A Socioeconomic Reading of Proverbs 31:10-31", *JBL* 122 (2003), 427-447.

________, *Wisdom as a Woman of Substance* (Berlin . New York: Walter de Gruyter 2001).

김성진, 「잠언 분석을 위한 해석학적 제안 – 주제적, 전체론적, 세부적 접근」, 『ACTS 신학저널(구 ACTS Theological Journal)』 26 (2015), 41–78.

김혜윤, 「잠언 1—9장의 'אשה זרה'와 'נכריה' – 구조적 일관성과 그 정체성 고찰」, 『가톨릭신학과사상』 (2009), 155–189.

링그렌, H. & 침멀리, W., 『잠언 전도서』, 박영옥 옮김 (천안: 한국신학연구소 2000).

머피, R.E., 『생명의 나무』, 박요한 영식 옮김 (서울: 성바오로출판사 1998).

_______ , 『잠언』, WBC 성경주석 22, 박문재 옮김 (서울: 솔로몬 2006).

박요한 영식, 『생명의 샘과 인생길』 (서울: 성바오로출판사 1999).

_______, 『잠언』 (서울: 성바오로출판사 1998).

박지은, 「여성 지혜에 나타난 여성의 소외: 잠언 1—9장과 31장을 중심으로」, 『여성신학논집』 10권 (2014), 1–24.

브루거만, W., 『성서로 본 땅』, 강성열 옮김 (서울: 나눔사 1992).

안근조, 「구약성서의 "쉐마"와 호크마 : 고대 이스라엘의 지혜교육」, 『기독교교육정보』 21 (2008), 165–190.

여한구, 「솔로몬의 재판을 통해 본 상담이야기」, 『목회와 상담』 11권 (2008), 138–168.

이경실, 「삶과 죽음에 관한 고대근동문학과 잠언서 비교연구」, 『신앙과 학문』 14권 (2009), 159–196.

이순태, 「지혜문학의 새 지평」, 『신학연구』 34 (1993), 221–228.

이용호, 「이스라엘 지혜문학과 그 영향: 구약성서 안에 이스라엘인 민족, 그들만의 고유한 지혜가 있는가?」, 『한국기독교신학논총』 95 (2015), 47–68.

______, 「인간은 자신의 길을 알 수 있을까?: 하나님의 계획에 대한 지혜문학적 답변 시도」, 『한국기독교신학논총』 98 (2015), 5–32.

이희성, 「생명나무의 신학적 의미와 적용: 창세기와 잠언을 중심으로」, 『개혁논총』 20권 (2011), 129–162.

임상국, 「솔로몬 시대의 지혜운동에 관한 비판적 고찰」, 『신학과세계』 42 (2001), 18–40.

조철수 역주, 『선조들의 어록』(성서와함께 1998).

______, 『잠언 미드라쉬』(성서와함께 2007).

크렌쇼, J.L., 『구약 지혜문학의 이해』, 강성열 옮김 (한국장로교출판사 1994).

폰 라트, G., 『舊約聖書神學 제1권 이스라엘의 歷史的 傳承의 神學』, 허혁 옮김 (왜관: 분도출판사 1976).

성경 찾아보기

레위기

민수기

여호수아

판관기

룻기

사무엘기 상권

잠언

코헬렛

이사야서

예레미야서

바룩서

에제키엘서